权威·前沿·原创

皮书系列为
"十二五""十三五""十四五"国家重点图书出版规划项目

GREEN BOOK

智 库 成 果 出 版 与 传 播 平 台

中国社会科学院创新工程学术出版资助项目

旅游绿皮书
GREEN BOOK OF CHINA'S TOURISM

2021~2022 年中国旅游发展分析与预测

TOURISM DEVELOPMENT IN CHINA: ANALYSIS AND FORECAST (2021-2022)

顾　问／何德旭　夏杰长　张广瑞　刘德谦
主　编／宋　瑞
副主编／金　准　李为人　吴金梅
中国社会科学院旅游研究中心

社会科学文献出版社
SOCIAL SCIENCES ACADEMIC PRESS (CHINA)

图书在版编目（CIP）数据

2021－2022 年中国旅游发展分析与预测／宋瑞主编
. －－北京：社会科学文献出版社，2022.2
（旅游绿皮书）
ISBN 978－7－5201－9765－6

Ⅰ.①2…　Ⅱ.①宋…　Ⅲ.①旅游业发展－研究报告
－中国－2021－2022　Ⅳ.①F592.3

中国版本图书馆 CIP 数据核字（2022）第 028594 号

旅游绿皮书
2021~2022 年中国旅游发展分析与预测

主　　编／宋　瑞
副 主 编／金　准　李为人　吴金梅

出 版 人／王利民
组稿编辑／邓泳红
责任编辑／王　展　张　媛
责任印制／王京美

出　　　版／社会科学文献出版社·皮书出版分社 （010）59367127
　　　　　　地址：北京市北三环中路甲 29 号院华龙大厦　邮编：100029
　　　　　　网址：www. ssap. com. cn
发　　　行／社会科学文献出版社 （010）59367028
印　　　装／天津千鹤文化传播有限公司

规　　　格／开　本：787mm × 1092mm　1/16
　　　　　　印　张：21.25　字　数：317 千字
版　　　次／2022 年 2 月第 1 版　2022 年 2 月第 1 次印刷
书　　　号／ISBN 978－7－5201－9765－6
定　　　价／158.00 元

读者服务电话：4008918866

中国社会科学院旅游研究中心
"旅游绿皮书"编委会

本书编撰人员名单

总　报　告

撰稿人　中国社会科学院旅游研究中心

执笔人　宋　瑞　冯　珺

专题报告撰稿人　（按文序排列）

王佳莹　张　辉　金　准　宋昌耀　陶志华

王　莹　张利敏　杨　洋　蒋乃鹏　沈　涵

殷婷婷　顾嘉倩　齐　飞　黄　妹　吴文智

乔　萌　张树民　王　勇　王业娜　宋　瑞

龙　飞　吴金梅　孙　坚　赵立松　陈琳琳

魏　翔　陈奕捷　张　茜　赵　鑫　黄　璜

刘翔艳　杨劲松　万　燕　李咪咪　唐继宗

黄福才　陈伍香

总　　纂

宋　瑞　李为人

编　辑　部

苏永华　李庆梅　孙鹏义　史瑞应　刘美凤

主要编撰者简介

宋　瑞　产业经济学博士，中国社会科学院旅游研究中心主任，中国社会科学院财经战略研究院研究员、博士生导师，长期从事旅游可持续发展、旅游政策、休闲基础理论与公共政策等方面的研究。

金　准　管理学博士，中国社会科学院旅游研究中心秘书长，中国社会科学院财经战略研究院副研究员，长期从事旅游与休闲相关研究工作，主要关注旅游政策、城市旅游等问题。

李为人　管理学博士，中国社会科学院旅游研究中心副秘书长，中国社会科学院应用经济学院副院长，副教授，主要研究领域包括旅游政策及管理、税收理论与政策等。

吴金梅　管理学博士，中国社会科学院旅游研究中心副主任，研究员，正高级经济师，长期从事旅游及相关产业研究与实践，主要关注旅游产业政策、旅游投资、旅游房地产等领域的问题。

摘　要

《2021~2022年中国旅游发展分析与预测》（即旅游绿皮书No.20），是中国社会科学院旅游研究中心组织编撰的第二十本旅游发展年度报告。全书围绕"旅游新发展格局"这一主题，通过一篇总报告和20余篇专题报告，对2021~2022年中国旅游发展进行了透视和前瞻。

2021年，全球经济在疫情影响下呈现非平衡复苏态势，全球旅游市场复苏缓慢且根基不稳。中国经济和社会政策为结构调整提供了支撑，旅游业正在加速形成新格局：旅游融入"十四五"综合发展布局，疫情防控常态化下引导旅游安全健康发展，供给与需求双向调整推进旅游坚韧复苏，数字经济创新激发行业发展新动能，多业态融合助推旅游业高质量发展，红色旅游着力凸显历史和社会价值。2022年，旅游业应从更好适应旅游市场供求变化趋势、推进旅游相关政策和指引的实施、发挥优势领域的带动和引领作用、借力重大事件助推旅游融合发展等方面把握行业复苏的新形势和新契机。"十四五"时期，凝聚市场信心、拓宽产业融合路径、做强科技赋能、国家项目牵引、坚持旅游为民是旅游业高质量发展的路径选择。

围绕"旅游新发展格局"这一年度主题，来自不同领域的专家从不同角度进行了全面分析，具体涉及三个方面。一是在新的发展背景下，如何以新发展理念构建旅游新发展格局，如何推进旅游业绿色低碳转型，如何把握科技革命的契机，如何通过新的营销方式在逆境中探寻发展之路等。二是在新的发展格局下，京张地区、粤港澳大湾区、浙江、上海等地在冰雪旅游、城市旅游、共同富裕、博物馆旅游等方面已经或即将采取哪些创新举措。三

是在新的发展环境下，旅行社、酒店、旅游景区、旅游上市公司等呈现哪些新的发展趋势。作为"旅游绿皮书"的传统优势板块，国内旅游、入境旅游、出境旅游、港澳台旅游等报告则为读者了解相关市场发展提供了翔实数据和系统分析。

关键词： 旅游业　多业态融合　旅游高质量发展

序

不知不觉中，2022 年已悄然到来。

新冠肺炎疫情和数字科技犹如相互交错的两股巨浪，正以前所未有的力量改变着这个世界。不管多么不情不愿，新冠肺炎疫情已与我们共处了两年之久，而它彻底离开的日子仍未可知。不管是主动还是被动，我们的生产生活正在被数字科技的鸿流所挟裹，而它带来的影响远非一个"元宇宙"概念那般简单。世界格局、国家关系、经济运行、社会运转以及人们的观念心态、生活方式和行为习惯都不复如昨。尽管全球经济在波动中有所恢复，但不同经济体、不同区域、不同国家乃至不同领域和不同行业的复苏进程并不相同——疫情改变了以往的格局，更放大了原有的差异。

旅游业经历了 2020 年的蛰伏、2021 年的煎熬，满心期待在 2022 年迎来复苏。持续四十多年高速增长的中国旅游，走过这段风雨之路，从形式到内涵，从样态到逻辑，都将得以重塑。市场群体、消费心态、旅游行为已经悄然改变，行业结构、产业链条、企业战略也因之而易，国家政策支持、经济稳定发展、小康社会实现、科技广泛应用、消费结构升级，则共同托举起旅游发展的美好前景。

面对新的发展形势，如何以新发展理念构建旅游新发展格局？如何推进旅游业绿色低碳转型？如何把握新一轮科技革命的契机？如何通过新的营销方式在逆境中探寻发展之路？步入新的发展阶段，不同区域如何在推进共同富裕、文旅融合、城市建设、产业融合中更好地发挥旅游业的作用？针对新的发展要求，旅行社、酒店、旅游景区、旅游上市公司等如何通过创新举措

应对短期挑战并实现长远发展？对于这些问题的思考和回答，是本年度"旅游绿皮书"的重要任务。为此，围绕"旅游新发展格局"这一年度主题，我们邀请来自不同领域的专家从不同角度进行了分析。

历史潮流，浩浩荡荡。作为中国旅游业的参与者、观察者、记录者和思考者，我们愿与所有关注中国旅游发展的机构和人士一道，为旅游业高质量发展尽绵薄之力。

感谢参与本书编撰工作的所有人，感谢长期关注"旅游绿皮书"的朋友们。你们的努力和期待，是我们一路同行的重要动力。

2022 年，愿一切更好！

2022 年 1 月 10 日

目 录 ⤴

Ⅰ 总报告

Ⅱ 旅游新趋势

Ⅲ 区域新格局

Ⅳ 行业新动向

Ⅴ 三大市场与港澳台旅游

皮书数据库阅读**使用指南**

总报告
General Report

G.1

2021 ~ 2022年中国旅游发展分析与展望

中国社会科学院旅游研究中心 *

摘　要：　2021年，全球经济在疫情影响下呈现非平衡复苏态势，全球旅
游市场复苏缓慢且根基不稳。中国经济和社会政策为发展结构调
整提供了支撑，旅游业正在加速形成新发展格局：旅游融入
"十四五"综合发展布局、疫情防控常态化下引导旅游安全健康
发展、供给与需求双向调整推进旅游坚韧复苏、数字经济创新激
发行业发展新动能、多业态融合助推旅游业高质量发展、红色旅
游着力凸显历史和社会价值、旅游推动生态文明建设迈上新台
阶、旅游业对外开放在变革中深化提升。2022年，旅游业应当
从更好适应旅游市场供求变化趋势、推进旅游相关政策和指引的
实施、发挥优势领域的带动和引领作用、借力重大事件助推旅游

---

* 执笔人：宋瑞、冯珺。宋瑞，中国社会科学院旅游研究中心主任、中国社会科学院财经战略
研究院研究员，博士生导师，研究重点为旅游政策、旅游可持续发展、休闲基础理论与公共
政策；冯珺，北京体育大学体育商学院讲师，硕士生导师，中国社会科学院旅游研究中心特
约研究员，研究重点为服务经济学、旅游管理、体育与旅游融合发展。

融合发展等方面把握行业复苏的新形势和新契机。"十四五"时期，凝聚市场信心、拓宽产业融合路径、做强科技赋能、国家项目牵引、坚持旅游为民是旅游业高质量发展的路径选择。

关键词： 旅游高质量发展 "十四五"规划 新发展格局

一 2021年国内外发展环境分析

（一）国际环境

1. 全球经济：疫情影响下复苏并不均衡

2021年全球经济从新型冠状病毒感染的肺炎疫情（以下简称"新冠肺炎疫情"或"疫情"）影响下的负增长中逐步复苏，但贸易、就业和收入的复苏趋势并不平衡，不同经济体的复苏前景取决于公共健康服务的供给和宏观经济政策的制定。经济合作与发展组织（OECD）于2021年12月发布的《经济展望报告》预测，全球经济2021年有望实现约5.6%的增长，2022年增速将放缓至4.5%左右。国际货币基金组织（IMF）于2021年10月发布的《世界经济展望》显示，美国、欧元区和日本的GDP在2021年预计分别增长6.0%、5.0%和2.4%，2022年将分别实现5.2%、4.3%和3.2%的增长。

2022年和未来一段时间内，全球经济所面临的主要挑战有三个。一是世界经济复苏趋势呈现显著的非平衡性。特别是对于疫苗接种率较低的中等收入经济体和低收入经济体而言，其经济复苏进程可能落后于高收入经济体。二是全球劳动力市场面临较大压力。新冠肺炎疫情发生和持续流行期间，企业新增工作岗位受到抑制，且对员工的技能要求出现较大变化，多重因素共同导致劳动力市场的参与率下降。三是服务业消费下行趋势仍将持续。受公共卫生风险上升的影响，旅游、休闲和餐饮等依赖人际交往的消费行业在复苏过程中将面临更大的不确定性。

2. 全球旅游：复苏进程缓慢且根基不稳

在世界经济复苏面临不确定性以及新冠肺炎疫情持续流行蔓延的双重背景下，全球旅游市场呈现缓慢而脆弱的复苏趋势。世界旅游组织（UNWTO）于2021年11月发布的《世界旅游晴雨表》显示，2021年全球旅游业损失将达到2万亿美元，继续成为受疫情影响最大的行业之一。2021年第三季度，国际游客人数比2019年同期水平下降了约64%，但比2020年同期增加了约58%，市场复苏趋势初步显现。从全球主要旅游目的地的复苏情况来看，欧洲南部和地中海地区、加勒比海地区、美国北部和中部地区等区域市场相对较为乐观，2021年前三季度累计入境游客人数均显著超越了2020年同期水平。

考虑到世界各地疫苗接种率不均衡、近期欧洲感染病例激增、奥密克戎（Omicron）新型毒株正在全球蔓延等因素，未来一个时期全球旅游业的复苏仍将是缓慢而脆弱的。影响世界旅游市场复苏步伐的主要因素在于疫苗接种率、程度各异的旅行行动限制和旅游市场主体的心理预期。目前，疫苗作为全球公共卫生物品的供给缺口仍然庞大，基于传统产能的疫苗对于预防奥密克戎毒株的有效性面临不确定性，由此导致旅游市场主体的复苏信心并不稳固。当确诊病例数量急剧上升时，各国倾向于出台更加严格的旅行禁令，而在经济压力加剧时禁令被迫放松，由此形成短期内旅游市场复苏的摇摆和振荡。

（二）国内环境

1. 发展信心和战略定力得到进一步彰显

2021年是中国共产党成立100周年，十九届六中全会胜利召开，审议通过了《中共中央关于党的百年奋斗重大成就和历史经验的决议》。党和政府针对此前国家发展的重大制度经验予以系统总结，从而以更强的发展信心和战略定力擘画我国中长期发展战略。2021年又是"十四五"规划和2035年远景目标的开局之年，还是第二个百年奋斗目标的启航之年，标志着我国

进入新发展阶段，发展基础更加坚实，发展条件亦发生深刻变化，进一步实现高质量发展面临新的机遇和挑战。特别是中国宣告消除绝对贫困，脱贫攻坚战取得全面胜利，从改善收入分配、夯实消费基础、促进服务业发育等角度为旅游发展提供了更好的环境。面对疫情导致的公共卫生风险，我国确定了"外防输入、内防反弹"总策略、"动态清零"总方针，保障了人民群众生命健康和经济社会发展。

2. 新发展格局助推经济增长和结构调整

2021年以来，我国坚持做好常态化疫情防控工作，强化宏观政策工具的调节作用，经济增长速度和各项宏观经济指标总体处于合理区间。根据中国社会科学院发布的《2022年中国经济形势分析与预测》，2021年我国经济增长速度预计为8.0%，2020年与2021年两年平均增长5.1%左右。在世界经济饱受疫情困扰而呈现整体衰退趋势的大背景下，我国经济复苏速度居于全球领先水平。在当前及未来一个时期内继续保持经济复苏良好趋势，并着力实现更高水平和更高质量的发展，关键在于加快形成以国内大循环为主体、国内国际双循环相互促进的新发展格局。目前世界经济与政治形势复杂多变，但我国具有全球最完整且规模最大的工业体系，拥有超大规模的内需市场，以"一带一路"倡议为代表的国际化发展战略蕴含巨大的投资潜力，国家治理体系和治理能力具有应对公共卫生风险的显著优势。因此，通过发挥阶段性优势构建新发展格局，能够使我国经济实现更高质量、更加公平、更可持续、更为安全的发展。

3. 经济和社会政策组合拳形成发展支撑

2021年，一系列重大经济和社会政策密集出台，对我国高质量发展形成战略支撑。一是区域发展战略陆续出台，增强经济发展的协调性。党中央、国务院先后发布《关于支持浙江高质量发展建设共同富裕示范区的意见》《关于支持浦东新区高水平改革开放打造社会主义现代化建设引领区的意见》，为推动共同富裕和社会主义现代化建设探索制度经验。《关于新时代推动中部地区高质量发展的意见》等区域发展战略的延续和深化，则体现了补齐发展短板、解决发展不平衡不充分问题的制度关切。二是以人民为中心的家庭和社会政策力度加大，有力应对老龄化等挑战。《关于优化生育政策促进人口长期均衡发展的决定》《关于加强新时代老龄工作的意见》是积极应对人口老龄化趋势，促进人口长期均衡发展的重大战略选择。三是农业农村现代化步伐加快，脱贫攻坚成果同乡村振兴有效衔接。《关于实现巩固拓展脱贫攻坚成果同乡村振兴有效衔接的意见》旨在进一步增强脱贫地区经济活力和发展后劲，《关于全面推进乡村振兴加快农业农村现代化的意见》体现出加快农业农村现代化工作在新发展阶段的极端重要性，《关于加快推进乡村人才振兴的意见》指出了促进各类人才投身乡村建设的科学抓手。四是绿色发展扎实推动，碳达峰和碳中和分别成为短期和长期的政策抓手。《关于推动城乡建设绿色发展的意见》等政策的出台，形成了推动绿色发展、建设美丽中国、通过碳达峰和碳中和解决资源环境约束问题的基本方略。

二　2021年中国旅游发展新格局

在加快构建以国内大循环为主体、国内国际双循环相互促进的新发展格局过程中，旅游业应当充分发挥综合性强、涉及面广、开放度高、带动作用突出的优势，着力构建中国旅游发展新格局，实现旅游业高质量发展。首先，为了更好适应我国消费结构加速升级趋势，旅游业有必要深度融入并服务于乡村振兴战略、区域协调发展战略、绿色发展战略等一系列重大国家战略，促进居民收入和公共服务水平提升，打通阻碍消费潜力释放的痛点和堵点。其次，旅游发展要围绕扩大内需这个战略基点。在全球疫情形势导致公共卫生风险上升的背景下，旅游业只有把满足国内市场需求作为行业复苏支点，不断提升旅游产品和服务对人民美好生活需要的适配性，才能充分发挥超大规模市场优势，形成休闲需求牵引市场供给、行业供给创造旅游需求的高水平动态均衡。最后，要把握数字经济、智慧旅游、文旅融合等创新契机，促进行业全要素生产率提升。在疫情风险和人口年龄结构转变的双重背景下，旅游业增量红利难以为继，行业主体只有通过技术革新和产品革命加

强前沿探索与前瞻布局，才能提升旅游产业链现代化水平，打造旅游高质量发展新优势。

（一）旅游融入"十四五"综合发展布局

以"十四五"规划和开启全面建设社会主义现代化国家新征程为起点，旅游业在新发展阶段贯彻新发展理念，构建行业新发展格局。

从国家层面"十四五"整体规划和旅游业专项规划来看，根据《中华人民共和国国民经济和社会发展第十四个五年规划和二〇三五年远景目标纲要》，"十四五"时期，文化和旅游发展的重点任务在于推动文化和旅游融合发展，改善旅游消费体验，推进红色旅游、文化遗产旅游、旅游演艺、乡村旅游、邮轮游艇、低空旅游等特色旅游产品和业态创新发展，以及海南国际旅游消费中心、粤港澳大湾区世界级旅游目的地、长江国际黄金旅游带、黄河文化旅游带等旅游目的地的质量提升等。文化和旅游部印发的《"十四五"文化和旅游发展规划》《"十四五"文化和旅游市场发展规划》明确提出推动文化和旅游市场融合发展，健全文化和旅游市场信用体系，构建服务质量监管和提升体系，建设对外和对港澳台文化交流和旅游推广体系等主要任务。

从地方旅游业"十四五"规划的发展思路来看，其重点在于立足自身资源禀赋优势和比较优势，以推动差异化市场发育和区域均衡发展。在经济发展水平和旅游市场建设具有明显优势省份出台的"十四五"时期文化和旅游发展规划中，北京提出加快建设世界旅游目的地城市，上海将工作重心明确为深化世界著名旅游城市建设，浙江和江苏分别提出建设未来旅游先行地以及打造水韵人文魅力充分彰显的世界著名旅游目的地的发展目标等。在旅游特色省份出台的"十四五"时期文化和旅游发展规划中，江西力图打造红色旅游首选地、最美生态旅游目的地、中华优秀传统文化体验地，黑龙江努力建成国际冰雪旅游度假胜地、中国生态康养旅游目的地、中国自驾和户外运动旅游目的地，海南提出构建国际知名度假天堂、康养天堂、购物天堂和会展高地等。

（二）疫情防控常态化背景下引导旅游安全、健康发展

在疫情防控常态化和推动旅游业高质量发展的背景下，2021年旅游部门继续出台并落实行业纾困政策，通过提升旅游公共服务质量推动行业复苏，做好疫情风险波动下的应急响应与处置工作，从而促进旅游安全、健康发展。

一方面，疫情防控常态化背景下，做好旅游市场主体纾困支持和公共服务供给保障是促进行业复苏的政策抓手。针对旅行社，文化和旅游部印发《关于加强政策扶持进一步支持旅行社发展的通知》，从推进保证金改革、加强金融支持、税收减免、社保及稳岗就业等方面支持旅行社。特别是《关于抓好金融政策落实 进一步支持演出企业和旅行社等市场主体纾困发展的通知》的出台，对于建立健全旅游企业融资渠道和配套服务体系有重要意义。此外，文化和旅游部印发《关于进一步加强政策宣传落实 支持文化和旅游企业发展的通知》，梳理中央部门惠及旅游企业纾困政策的文件清单和落实纾困惠企政策工作的典型经验，通过加强政策宣传和培训夯实纾困政策的落地效果。

另一方面，做好疫情风险波动下的应急响应与处置工作，是推动旅游行业秩序全面恢复并实现高质量发展的前提。在坚持"外防输入、内防反弹"防控策略不动摇的过程中，文化和旅游部印发《关于从严从紧抓好文化和旅游行业疫情防控工作的紧急通知》，要求从严从紧落实旅行社、A级旅游景区、星级饭店疫情防控要求，从严从紧抓好员工健康监测管理和疫情防控监督检查工作。对于旅行社、旅游景区等疫情防控重点行业，文化和旅游部分别印发《旅行社新冠肺炎疫情防控工作指南（第三版）》《旅游景区恢复开放疫情防控措施指南》等，从加强行前排查、控制组团规模、防止人员聚集、强化流量管理和游客防护等方面引导行业做好疫情防控工作。

（三）供给与需求双向调整推进旅游坚韧复苏

疫情之下，旅游市场的需求侧和供给侧都在积极调整，共同推进形成复

苏的基础和新格局。就推动旅游市场复苏的需求侧因素而言，微度假、短途游、徒步游、自驾游等成为亮点。行业主体对此能否敏感捕捉机会并做出正确反应是决定旅游业复苏形势的关键因素。就推动旅游市场复苏的供给侧因素而言，适度运用包括旅游投资在内的逆周期产业政策也会影响旅游市场的复苏效果。

从行业需求侧来看，旅游消费者的产品和服务偏好呈现新的变化。据文化和旅游部数据中心预测，2021 年国内旅游人数将达到 39.15 亿人次，国内旅游收入将达到 3.31 万亿元，同比分别上升 36% 和 48%，分别恢复到 2019 年同期水平的 65% 和 58%。就支撑行业复苏的需求侧特征而言，携程发布的《2021 用户旅行新趋势洞察》报告显示，有三方面的因素较为关键。一是短途游市场需求率先恢复，游客目的地平均游憩半径从 2020 年的 14.2 公里收缩到 2021 年的 13.1 公里。二是徒步游和自驾游引领行业复苏趋势，2~3 天的短途徒步旅游产品同比增长 100% 以上，租车自驾的订单同比增长 80% 以上。三是智慧旅游等新业态有效激发需求潜力，2021 年浏览过站内直播的观众人数同比增长 171%，44% 的用户观看直播后在 24 小时内下单直播间产品，近 70% 的用户观看直播后会在 30 天内下单站内产品。

从行业供给侧来看，产业政策的适度运用形成有效的逆周期支撑。2021 年 12 月，"中国旅游集团化发展论坛"公布了 2021 年中国旅游集团 20 强及提名名单。与 2020 年相比，华住集团、安徽省旅游集团、融创文化旅游发展集团、四川省旅游投资集团跻身 20 强。可见，中央和地方国有旅游集团与民营行业资本共同构成了供给基础。以出境旅游为主营业务的凯撒集团首次退榜，说明疫情对出入境旅游市场的显著不利影响仍将持续。面对疫情形势下旅游业恢复的严峻挑战，适度运用产业政策成为逆周期培育行业复苏潜力的必然选择。根据各省份"十四五"时期文化和旅游发展规划，北京、江苏、浙江、湖南、贵州等省份计划投资规模均超过万亿元，文化旅游、红色旅游、乡村旅游、民族旅游等将成为投资热点。

（四）数字经济创新激发行业发展新动能

2021 年，习近平总书记在中共中央政治局第三十四次集体学习时强调，要把握数字经济发展趋势和规律，推动我国数字经济健康发展。在旅游业实现高质量发展的过程中，数字技术广泛而深入的应用正在成为旅游业产品和公共服务赋能的重要支柱。其中，旅游市场主体积极探索数字技术服务于产品创新和商业模式创新的可能路径，旅游行业组织发挥联结市场供需的纽带作用以助推智慧旅游发展，旅游公共部门加强数字基础设施建设、着力破解"数字鸿沟"以实现旅游便民惠民。

从市场主体作用来看，数字技术既为旅游市场需求满足提供了底层支撑，又是产品、服务和体验创新的集中体现。艾瑞咨询发布的《2021 年中国在线旅游行业研究报告》显示，我国在线旅游市场交易规模在 2021 年实现部分恢复性增长，约达 1.3 万亿元，与 2020 年同期相比增长 29.6%。其中，机票和火车票成为在线出行的两个最大细分市场，分别占在线出行市场交易规模的 53% 和 43%，预计 2021 年机票和火车票的在线化率将分别提升至 89% 和 80% 左右。从具体产品形态来看，2021 年 4 月，中国旅游协会在全国范围内重启"中国服务"旅游产品创意案例收集工作，并于 2021 年 7 月启动年度智慧旅游优秀案例征集活动，智慧旅游景区建设、智慧旅游服务平台运营、数字技术的应用提升旅游适老化水平等成为突出亮点。特别是杭州"数字经济旅游十景"在线预约平台启用，参访预约功能先后向团队、散客开通，使数字经济旅游目的地与文化研学、商旅会展市场深度融合，为游客带来全屋智能家居、车路协同技术、AR 实景智慧景区等体验创新。

从政府作用来看，行业引导和公共服务是政府职能的重要体现。一方面，人才支撑是强化智慧旅游发展的关键。文化和旅游部举办 2021 年全国智慧旅游培训班，通过集中讲授、问答互动、分组研讨、访谈交流、经验分享、现场教学等形式，就智慧旅游内涵和实现路径、智慧旅游理念和实践、沉浸式文旅产品打造等专题内容进行授课。另一方面，关注特定群体从数字经济中受益的普惠性是政府作用的重要体现。2021 年，为贯彻落实《国务

院办公厅印发关于切实解决老年人运用智能技术困难实施方案的通知》，通过发展智慧旅游提高适老化程度，解决老年人"数字鸿沟"问题，文化和旅游部资源开发司在全国范围内征集了一批发展智慧旅游提高适老化程度的示范案例。创新"智慧助老"服务模式，让老年人深切感受到更智能、更舒适、更便捷的旅游产品和服务成为未来的工作重点之一。

（五）多业态融合助推旅游业高质量发展

2021年是旅游业传统动能面临挑战的一年，也是多业态融合发展的破局突围之年。文化和旅游融合纵深发力，发展理念和体制机制更趋成熟。借助北京冬奥会等重大事件契机，体育和旅游融合亮点突出，高质量体旅产品和服务供给不断扩大，有效推动了旅游消费、体育参与以及冰雪产业和事业发展，实现了公共服务和市场发育的平衡、社会效益和经济效益的统一。

文化和旅游融合方面，重点在于深入挖掘与利用文化资源，推动旅游产品和服务提质升级。2021年，中共中央、国务院印发《关于进一步加强非物质文化遗产保护工作的意见》，支持挖掘全国乡村旅游重点村的非物质文化遗产资源，利用非物质文化遗产资源发展乡村旅游等业态，推出一批具有鲜明非物质文化遗产特色的主题旅游线路、研学旅游产品和演艺作品，形成集教育、培训、旅游等功能于一体的传承体验设施体系。中央宣传部、国家发改委等部门联合文化和旅游部印发《关于进一步推动文化文物单位文化创意产品开发的若干措施》，要求建立和完善全国文化和旅游创意产品开发信息名录，推动将旅游商品质量保障、文化特色等要求纳入高等级旅游景区、旅游度假区评定标准内容和乡村旅游重点村镇等遴选条件。

体育和旅游融合方面，冰雪旅游产业迎来快速发展期，冰雪旅游参与人数和消费规模持续稳步增长。《北京2022年冬奥会和冬残奥会经济遗产报告（2022）》指出，2020～2021年雪季冰雪旅游人次达到2.3亿，实现冰雪旅游收入3900亿元。据联合国世界旅游组织（UNWTO）测算，2021～2022年冰雪季我国冰雪文创、冰雪休闲运动、冰雪度假地产、冰雪会展等相关行业的综合产值将达到2.92万亿元。2021年，文化和旅游部与国家体育总局联合印发《冰雪旅游发展行动计划（2021～2023年）》，提出和重申了助力2022年北京冬奥会以及实现"带动三亿人参与冰雪运动"的发展目标，通过打造一批高品质的冰雪主题旅游度假区、推出一批滑雪旅游度假地，推动冰雪旅游到2023年形成较为合理的空间布局和较为均衡的产业结构。

（六）红色旅游着力凸显历史和社会价值

红色旅游兼具红色教育和旅游活动的双重属性，充分发挥红色旅游的价值功能，不仅是新时代推进红色旅游高质量发展的必由之路，更是弘扬民族精神、凝聚民族力量的重要方式。2021年适逢建党100周年，红色旅游相关政策和行业实践更加活跃。

从政策实践来看，红色旅游越发成为厚植红色基因和爱国情感的有力抓手。2021年，中共中央办公厅印发《关于在全社会开展党史、新中国史、改革开放史、社会主义发展史宣传教育的通知》，要求组织好各项宣传教育活动，深入挖掘红色文化内涵，精心设计推出一批精品展览、红色旅游精品线路、学习体验线路。国务院发布《关于新时代支持革命老区振兴发展的意见》，强调应推动红色旅游高质量发展，建设红色旅游融合发展示范区，支持中央和地方各类媒体通过新闻报道、公益广告等多种方式宣传推广红色旅游。

从行业实践来看，红色旅游在改善民生和开拓旅游产品形态方面的重要性显著增强，得到了更加积极的市场反馈。红色旅游与巩固拓展脱贫攻坚成果、全面推进乡村振兴有机结合，助力2.26万个旅游扶贫重点村全部脱贫。"建党百年红色旅游百条精品线路"发布，上海市中国共产党一大·二大·四大纪念馆景区被确定为国家5A级旅游景区，游客对于红色旅游的参与度更高。文化和旅游部数据中心发布的《中国红色旅游消费大数据报告（2021）》显示，41.7%的被调查者2021年参加红色旅游的次数达到3次以上，7.1%的被调查者参加红色旅游的次数超过5次，40%以上的被调查者经常且自主选择到红色景区参观学习。

（七）旅游推动生态文明建设迈上新台阶

在将碳达峰纳入新发展格局以及经济社会发展全面绿色转型的背景下，随着《2030年前碳达峰行动方案》的印发实施，旅游日益成为碳减排和可持续发展转型的重要抓手。

2021年，旅游推动生态文明建设更加重视顶层设计，针对城乡绿色发展路径做出统一政策部署。中共中央、国务院印发《关于推动城乡建设绿色发展的意见》。一方面，实施城市功能完善工程，改善文化和旅游消费场所设施，推动发展城市新业态、新功能，建设人与自然和谐共生的美丽城市；另一方面，立足资源优势打造各具特色的农业全产业链，发展多种形式适度规模经营，培育乡村文化、旅游、休闲、民宿、健康养老、传统手工艺等新业态，打造绿色生态宜居的美丽乡村。此外，国务院印发《关于加快建立健全绿色低碳循环发展经济体系的指导意见》，明确提出加快农业绿色发展、提高服务业绿色发展水平，有序发展出行、住宿等领域共享经济，推进农业与旅游、教育、文化、健康等产业深度融合。

2021年，旅游推动生态文明建设更加强调重点领域、重点对象的保护与开发协调。中共中央、国务院印发《黄河流域生态保护和高质量发展规划纲要》。中央财政设立黄河流域生态保护和高质量发展专项奖补资金，以国家生态旅游示范区和世界级历史文化旅游目的地为发展目标，建设一批展现黄河文化的标志性旅游目的地，打造具有国际影响力的黄河文化旅游带。此外，国务院先后批复同意设立三江源、大熊猫、东北虎豹、海南热带雨林、武夷山国家公园，并通过召开联席会议等形式部署国家公园建设重点工作。国家公园在为重要自然生态系统提供原真性、完整性保护的同时兼具科研、教育、游憩等综合功能。

（八）旅游业对外开放在变革中深化提升

受限于疫情防控常态化要求，入境游和出境游市场复苏面临现实困境。但是，在逆全球化背景下，旅游业对外开放与文化交流的战略意义更加凸显。需要在对外文化和旅游交往过程中讲好中国故事，为未来的入境游和出境游市场复苏奠定坚实基础，要使旅游业发展与"一带一路"倡议、粤港澳大湾区建设形成合力。

从出入境旅游市场复苏的基础支撑来看，中国澳门等率先实现疫情有效控制的地区提供了重要驱动。2021年上半年，澳门入境游客共3927829人次，按年增加20.2%，留宿游客及不过夜游客分别增加33.2%及8.5%。此外，携程平台2021年上半年环比数据同样显示，澳门旅游产品预订人次增速和成交金额增速分别为150%和288%。为进一步巩固和深化内地与港澳旅游市场联系，2021年10月，文化和旅游部办公厅开展最新批次的内地与港澳文化和旅游交流重点项目申报工作，重点支持加强港澳青少年文化培育、促进内地与港澳文化和旅游机构深度合作、深入港澳基层的文化和旅游交流项目。

从国际旅游沟通与交往来看，旅游业继续发挥"五通"重要载体的作用，以民间外交的方式带动政策融合、设施互通、经济合作、人员往来和文化交融。世界旅游博物馆首次推出的线上展览于2021年正式发布。2021年10月，来自中国、柬埔寨、老挝、缅甸、泰国、越南等澜沧江－湄公河国家的28个旅游城市于重庆发布《澜湄旅游城市合作联盟工作方案》，共同搭建旅游高层对话和交流平台，推动国际区域性旅游市场一体化。

三 "十四五"时期旅游业发展新趋势

（一）2022年旅游业发展：把握复苏的新形势和新契机

一方面，受世界疫情和宏观经济走势的起伏波动影响，当前我国经济全面复苏的基础仍不稳固，外部环境存在较多不确定性，2022年保持经济平稳运行客观上面临一定的风险和挑战。另一方面，我国经济长期向好的基本面没有改变，我国仍将处于重要发展机遇期。相关预测认为，通过实施提升效能的积极财政政策和灵活适度的稳健货币政策，2022年我国国内

生产总值增速有望保持 5% ~ 5.5% 的合理区间。特别是我国首个抗新冠病毒特效药于 2021 年底获得药监局的上市批准，大大提升了疫情防控的能力和信心。此外，随着北京 2022 年冬奥会和冬残奥会的成功举办，冰雪运动、冰雪旅游等"冰雪经济"相关产业有望成为进一步挖掘消费市场潜力的新增长点。上述积极因素有利于 2022 年我国经济和社会发展实现良好预期，从而与"十四五"时期整体发展目标平稳衔接，共同推动健康、可持续的高质量发展。未来一个时期，我国旅游业的发展要特别关注如下几个方面的问题。

1. 更好地适应旅游市场供求变化趋势

从国内旅游市场来看，2022 年有望实现旅游人次和收入的持续稳健复苏，但疫情防控常态化背景下出游距离和游憩半径收窄的趋势仍将延续，本地游、近郊游等或将成为引领行业复苏的主力市场。从入境游市场来看，来华商务旅行和留学需求将继续成为入境旅游的基础支撑。2022 年入境游相关政策变动与国内外疫情形势、疫苗接种进度、特效药研发和投产效率等密切相关，市场全面复苏有赖于多重前提。从出境游市场来看，行业复苏取决于多重因素的综合作用，复苏趋势仍存在较大不确定性。预计 2022 年游客信心和旅游计划复苏会先于实际消费行为，特别是以北京冬奥会为契机，冬季旅行和冰雪休闲参与有望成为未来出境游市场复苏的新动力。对此，旅游行业主体应着力适应市场供求变化趋势，通过产品转型、提质、深耕更好地满足旅游这一美好生活需要和升级后的旅游消费需求。

2. 推进旅游相关政策和指引的实施

面对 2022 年相对复杂的行业复苏和发展形势，须从制度建设层面帮助行业主体更好地适应疫情防控常态化需要，同时挖掘新的行业增长点。2022 年，国家发改委会同文化和旅游部制定的新版《国民旅游休闲纲要》有望正式出台，从而在推动带薪休假制度全面落实、扩大假日消费、满足大众旅游需求、释放旅游消费潜能等方面形成更具针对性的制度支撑。2022 年是深入落实《"十四五"文化和旅游发展规划》和《"十四五"旅游业发展规划》的关键一年，预计在推进大众旅游和智慧旅游、加强区域旅游品牌和服务整合等方面的政策力度将进一步增大。2022年我国将向世界呈现一届简约、安全、精彩的冬奥盛会。基于此,跨省旅游经营活动管理"熔断"机制、旅游企业员工健康监测等制度有可能视疫情防控需要而趋于强化,针对旅游行业典型场景的"疫情防控工作指南"亦存在更新和修订的可能性。

3. 发挥优势领域的带动和引领作用

从2022年旅游市场形势来看,国内旅游市场显然应当在行业复苏过程中发挥带动和引领作用。一方面,公共卫生风险依然是消费者出游的重要考量因素,因此短途游、近郊游、自驾游的恢复前景相对更加明朗。此类旅游形态的特点在于能够有效控制游客迁移的时间和距离,或尽量减少旅游过程中的非必要人际交往,因而在疫情防控方面具有明显优势。另一方面,具有融合发展特征的旅游产品更加受到市场青睐。例如,康养旅游在健康老龄化背景下的市场需求得到进一步凸显与释放,而随着《关于进一步减轻义务教育阶段学生作业负担和校外培训负担的意见》的落地推进,亲子游、研学旅行等旅游产品也呈现较此前更为广阔的市场前景。

4. 借力重大事件助推旅游融合发展

2022年有利于旅游行业复苏的又一关键因素,在于借力国内经济、社会和文化领域的重大事件,实现旅游融合发展。2022年是党的二十大胜利召开之年和中国共产主义青年团成立100周年,新版《全国红色旅游发展规划纲要》或将出台,体验红色文化、学习红色历史、弘扬红色精神的旅游活动仍将持续开展。2022年是北京冬奥会和冬残奥会的成功举办之年,也是杭州第19届亚运会的成功举办之年,预计旅游与体育将在融合发展方面有新的进展。例如,依托京张体育文化旅游带平台富集北京、张家口两地体育、文化和旅游资源,通过资源优化配置、优势互补互促,形成上下游联动的体旅融合产业链,通过培育和带动冰雪旅游、运动体验、冬季度假等市场形态形成旅游业复苏的新动能与新增长点。

（二）"十四五"时期旅游业：探寻高质量发展的新路径

1.凝聚市场信心

"十四五"时期的旅游业发展尽管难以完全摆脱公共卫生风险和宏观经济周期波动的影响，但复苏向好的基本面毋庸置疑，凝聚市场信心应当成为"十四五"时期旅游行业发展的主基调。就市场复苏的信心来源而言，关键有三。一是旅游业产品定位的调整。相较于旅游市场增量时期的资本无序扩张，在加速形成旅游业新发展格局的"十四五"时期，旅游业通过重塑产品定位，能够在满足近途游、康养游、亲子游等重点旅游需求方面发挥超大规模市场优势。二是形成创新驱动发展的新格局。随着虚拟现实、人工智能、可穿戴设备等前沿技术的深度应用，行业附加值和全要素生产率提升成为助推旅游业复苏的根本动力。三是旅游治理体系完善与治理能力提升。"十四五"时期我国动态清零政策将延续抗疫优势，财税、货币、产业等政策工具充分发挥作用，在行业纾困与复苏带动方面依然具有充裕空间。

2.拓宽融合路径

"十四五"时期旅游高质量发展的核心动能在于拓宽产业融合路径，实现多维度、高品质、可持续的业态融合发展，其中亮点有四。一是文化和旅游融合纵深推进。"十四五"时期的文旅融合应追求文化主题形象建设与旅游目的地 IP 打造一体化，发展特色鲜明的全链条文创产业，通过新零售等数字业态为旅游业发展进一步赋能。二是旅游与大健康产业融合，共同服务于健康老龄化战略。"十四五"时期我国将进入中度老龄化阶段，行业主体应加强人才和技术积累，着力开发更具针对性的旅游产品与服务，大力发展养老休闲与康养旅游。三是用好重大赛事推广契机，实现体育和旅游融合发展。借力冬奥会、亚运会等赛事资源，扩大体育文化影响，带动体育休闲参与和体育旅游消费。四是立足"双减"背景，实现旅游助推素质教育发展。随着"双减"政策落地和从严落实，旅游行业主体有机会进入泛素质教育领域，通过研学旅行等产品形态服务于青少年课余生活和综合素质培养。

3. 做强科技赋能

"十四五"时期，通过数字技术为旅游行业赋能，"互联网＋旅游""旅游＋互联网"协同推进的趋势将更加明显。一是物联网赋能传统行业场景。通过在景区物料或酒店布草中植入特种标签，能够为布草等物料赋予身份编码，从而在卫生安全监管、防疫追踪等领域实现全生命周期的管理和追溯。二是虚拟现实技术拓展游客体验边界。元宇宙等虚拟现实技术能够突破物理限制满足游客的前期体验需求，实现旅游目的地在移动互联网平台的高效推广。三是人工智能创造内容（Artificial Intelligence Generated Content，AIGC）形成对于用户创造内容（User Generated Content，UGC）的有机补充。UGC模式在虚拟现实场景下的局限性一方面体现为优质内容过于分散，另一方面体现为难以维持用户行为的持续热度。而借助人工智能算力，AIGC模式能够实现行业主体对于旅游产品体验的主导和引领意图，在旅游营销等领域具有重要应用前景。

4. 国家项目牵引

"十四五"时期，建设国家公园、国家文化公园、世界级景区和旅游度假区等国家层面的标志性项目有望为旅游业高质量发展提供战略牵引。一是国家公园相关保护体制与管理机制更加健全。国家公园能够在独特自然景观与精华自然遗产方面形成战略资源高地，从而更好地发挥野生动物观摩、露营游憩等特定旅游形态的生态宣教作用，推动旅游与教育融合发展。二是国家文化公园建设将催生更多联程联运经典文旅线路。国家文化公园有利于增进旅游产品中优秀传统文化、红色文化、民族和区域特色文化内涵，实现对优质文化旅游资源的科学规划和一体化开发，进而有效扩大文旅市场供给。三是世界级旅游度假区更加强调目的地功能转换与品质配套服务。作为游客停留时间较长的目的地生活空间，"十四五"时期世界级旅游度假区建设将着力突出世界级文化内涵、世界级品质标准和世界级知名度等资源基础，切实提升旅游业服务国内大循环和国内国际双循环的市场效能。

5. 坚持旅游为民

"十四五"时期，旅游发展除具有拉动宏观经济和消费增长的意义以外，还应在就业民生、增收富农、卫生健康等方面发挥新的更大作用，从而更好地彰显旅游以人民为中心的公共事业属性。首先，旅游业的综合经济带动作用和就业保障作用相辅相成。预计"十四五"时期仍将延续"六稳六保"经济政策总基调，帮助旅游行业主体纾困、激发并保护其市场自生能力，这既是旅游高质量发展的必然要求，也是旅游业服务于就业民生的根本途径。其次，旅游业在巩固拓展脱贫攻坚成果、衔接推进乡村振兴方面具有不容忽视的收入分配含义。"十四五"时期，因地制宜发展文化旅游、红色旅游、生态旅游、休闲农业等新产业和新业态，能够有效促进群众就地就近增收致富。最后，在健康中国背景下，旅游业是改善我国健康人力资本的有力支撑。"十四五"时期我国将面临公共卫生风险和中度老龄化两大健康挑战，旅游业是幸福产业的深层次体现，其重点在于与养老产业、大健康产业的有机结合，通过旅游产品与服务切实提高人民健康水平、降低社会医疗和照护成本。

参考文献

《中共中央关于党的百年奋斗重大成就和历史经验的决议》，2021年11月11日中国共产党第十九届中央委员会第六次全体会议审议通过。

谢伏瞻主编《2022年中国经济形势分析与预测》，社会科学文献出版社，2021。

宋瑞主编《中国旅游发展分析与预测》（2016～2020年），社会科学文献出版社，2016～2020。

宋瑞：《经济新发展格局下促进旅游消费的思路与方向》，《旅游学刊》2021年第1期。

宋瑞、金准、张玉静：《世界旅游经济新趋势与中国发展新方略》，《财经智库》2021年第2期。

宋瑞、冯珺：《中国国内旅游市场复苏研究：潜力评估与对策建议》，《陕西师范大学学报》（自然科学版）2021年第6期。

宋瑞：《文旅融合推动文化传承创新》，《人民日报》2021年10月3日。

IMF, *World Economic Outlook* (*October* 2021), https：//www. imf. org/external/datamApper/datasets/WEO.

OECD, *OECD Economic Outlook*, https：//www. oecd. org/economic – outlook/.

UNWTO, *World Tourism Barometer*, www. wto. org/english/tratop＿e/envir＿e/unwto＿barom21. pdf.

旅游新趋势

New Trends of Tourism Industry

G.2
以新发展理念，构建旅游新发展格局

王佳莹　张　辉*

摘　要： 进入"十四五"发展阶段以来，我国提出了构建"双循环"新
发展格局的重大战略部署。作为重要服务业和五大幸福产业之
首，旅游业应如何适应国家构建新发展格局的发展要求？基于经
济学基本原理和旅游新发展阶段的不同特征，本文分别从需求
侧、供给侧和发展重点三个角度论述了如何运用新发展理念来构
建旅游新发展格局。首先，本文从旅游市场和旅游形态等旅游需
求侧视角，重点分析如何构建旅游需求侧的新发展格局；其次，
基于旅游供给侧高质量、便利化、创新驱动、数字化和管理高效
化等新发展要求，本文论述了旅游供给侧改革的新发展理念和新
发展格局；最后，为服务国家战略的发展需求，本文探析了建设
县域范围全域旅游示范区、扩大入境旅游影响力和提升乡村民宿

---

* 王佳莹，扬州大学讲师，主要研究方向为旅游宏观经济与产业运行管理；张辉，北京交通大
学教授，博士生导师，北京旅游学会副会长，陕西省人民政府特聘教授，主要研究方向为旅
游经济与旅游产业运行。

品质等新发展理念和新发展格局，可以为促进旅游业高质量发展和推动旅游业融入国家战略部署等提供有益参考。

关键词： "双循环" 新发展理念 新发展格局 高质量发展

2020年4月以来，习近平总书记多次强调，要加快形成"以国内大循环为主体、国内国际双循环相互促进的新发展格局"。构建新发展格局是我国在新发展理念的指导下，为适应新发展阶段特征而做出的主动选择。作为重要服务业和五大幸福产业之首，旅游业应如何适应构建新发展格局的基本要求，并推动我国旅游高质量发展呢？笔者认为，旅游业发展应根据国家新发展格局的基本要求和战略部署，运用新发展理念来构建旅游新发展格局。因此，基于经济学基本原理和旅游新发展阶段的不同特征，本文分别从需求侧、供给侧和发展重点三个方面论述了旅游新发展理念和构建旅游新发展格局的基本内容（见图1）。

一 构建旅游新发展格局的需求侧发展要求

由经济学基本原理可知，需求与供给是经济学的两个基本概念，也是组成市场经济的两个基本范畴。需求牵引供给、供给创造需求是市场经济运行的基本规律。因此，基于旅游市场和旅游形态等旅游需求侧发展要求，本文重点论述了如何运用新发展理念来构建旅游需求侧新发展格局。

（一）以需求侧管理为突破点，构建旅游市场新发展格局

一般而言，供给和需求是推动市场经济正常运行的主要驱动，二者之间的相互关系可以决定和影响各个商品的产量和价格。长期以来，推动我国旅游业发展的关键因素主要来源于旅游供给侧，即旅游供给创造旅游需求。如创建优秀旅游城市，推动智慧旅游和乡村旅游发展，申报和评定全域旅游示

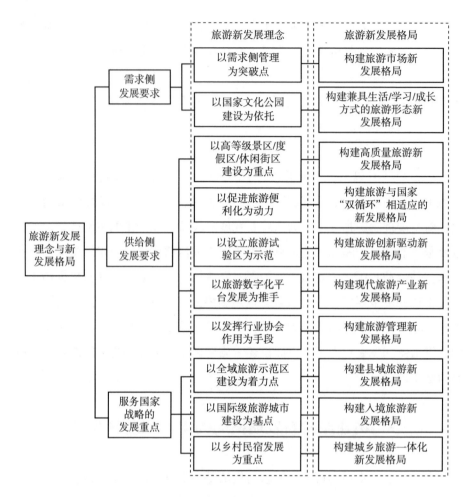

图 1　旅游新发展理念与新发展格局的理论框架

范区、国家 A 级景区及国家级旅游度假区等都是基于旅游供给侧的原动力。然而，随着我国新发展阶段中发展背景和营商环境的不断变化，消费逐渐成为拉动国家社会经济发展的重要力量。伴随新发展理念的全面落实和恩格尔系数、基尼系数的明显下降，旅游、休闲和健康等市场需求潜能将会大大增加。因此，基于旅游消费需求的新发展动能，旅游在促进国民经济发展中的推动作用会更加凸显，旅游业发展将成为构建我国新发展格局的一支重要力量。

然而，有效发挥旅游新动能作用，关键在于旅游需求侧的改革成效，尤其是对旅游需求侧的有效管理。一般而言，旅游消费形式与其他形式的最大不同在于，实现旅游消费除消费者必须具备一定经济能力之外，还必须具有闲暇时间保证，尤其是连续性的闲暇时间保证。例如，我国国内旅游之所以在 2000 年出现了"井喷式"增长，一个重要原因在于当年落实的"十一"黄金周假日制度。从此之后，每一次国内旅游的持续性增长都与"五一"、"十一"和春节等假日制度密不可分。因此，通过假日制度改革而释放的旅游流便形成了现有的旅游市场规模。

那么，如何以需求侧管理为突破口，构建旅游市场新发展格局呢？首先，应深入探究当前假日制度与旅游消费需求的吻合度，并在此基础上进行存量调整，使我国公共假期在天数不大幅度增加的前提下，能更有效地发挥假日经济的旅游效用；其次，我国应全面落实带薪休假制度，如劳动法除规定劳动者的最低工资之外，还应规定如何落实和增加劳动者的最低带薪休假天数，从而通过制度设计保证劳动者的休假权利；最后，我国应充分探究制约旅游需求进一步释放的制度性障碍。当旅游业进入新发展阶段，我国应顺应旅游消费者规模扩大和旅游消费升级的发展趋势，持续激发旅游消费潜力，疏通制约旅游新形态发展在制度方面的梗阻和堵点，如研学旅游发展中的教育制度堵点、房车旅游发展中的道路和车辆管理制度堵点、游艇旅游发展中的水路管理制度堵点、低空旅游发展中的空管制度堵点……从而通过有效的旅游需求侧管理，构建旅游市场新发展格局。

（二）以国家文化公园建设为依托，构建兼具生活、学习、成长方式的旅游形态新发展格局

旅游基本属性中除经济属性之外，其文化属性和社会属性更应被广泛关注。在先前的旅游发展过程中，社会各界更关注其经济属性，而较少强调旅游所具有的社会属性和文化属性。然而，旅游不仅是一种生活方式，更是一种学习方式和成长方式。对成年人来说，旅游是一种独特的生活方式；对青年人来说，旅游是一种有效的成长方式；对未成年人来说，旅游是一种新型

的学习方式。习近平总书记指出："中华民族自古就把旅游与读书结合在一起，崇尚读万卷书，行万里路。"在现代旅游发展阶段，世界各国特别是世界文化大国，除了将旅游作为一种生活方式之外，更将其视为一种重要的学习方式和成长方式来加以推广。旅游活动和异地体验，不仅能使国民特别是青年和学生群体，更加了解和熟悉本国或本地的历史文化、地理形态和发展进程，更有助于其从小树立国家意识和爱国情怀。就教育规律而言，在青少年通过旅游活动而探索中华文明根源与历史脉络的过程中，他们能够更好地接受全方位的文化教育。

一个地区旅游业发展逐渐成熟的主要表现是，旅游性质逐渐从经济属性向社会和文化属性延伸，以及旅游活动逐渐从人的生活方式向学习方式和成长方式转变。在我国旅游新发展阶段，构建具有文化目的的旅游体系、发展学习方式和成长方式的旅游形态，是构建我国旅游新发展格局的一项重要任务。当前，我国应以长城、大运河、长征和黄河四个国家文化公园建设为依托，深入挖掘各单元的文化元素、文化遗产、文化基因、文化形态、历史事件、重大工程、标志性景观和地理形态，通过提炼和系统组合等方式形成具有国家文化性质和内核的旅游发展体系，使国家文化公园不仅成为人们体验旅游的生活方式空间，更使其成为体验旅游的学习方式和成长方式空间。

二 构建旅游新发展格局的供给侧发展要求

基于旅游供给侧高质量、便利化、创新驱动、数字化和管理高效化等新发展要求，本研究将进一步论述旅游供给侧方面的新发展理念和新发展格局。

（一）以高等级景区、度假区和休闲街区建设为重点，构建高质量旅游新发展格局

进入旅游新发展阶段，"高质量"逐渐成为时代发展的主题。围绕这个主题入手和破题，并在全国范围内形成旅游高质量发展的态势，是我国旅游"十四五"时期必须完成的重要任务。党的十九届五中全会审议通过的《中

共中央关于制定国民经济和社会发展第十四个五年规划和二〇三五年远景目标的建议》中提出，推动文化与旅游融合发展，建设一批富有文化底蕴的世界级旅游景区和度假区，打造一批文化特色鲜明的国家级旅游休闲城市和街区。因此，以高等级景区、度假区和休闲街区建设为重点，是构建我国旅游高质量新发展格局的有效路径。景区、度假区和休闲街区分别是观光旅游、度假旅游和休闲旅游这三种旅游形态的物理依托和重要空间。并且，观光旅游、度假旅游和休闲旅游是我国旅游业的主要形态，在旅游市场份额中占有绝对优势。这三种空间形态的高等级发展路径，可以全面带动我国观光、度假和休闲旅游高质量发展，并推动旅游全行业形成高质量发展态势。

然而，景区、度假区和休闲街区是不是高等级的？其高等级的评价标准主要包括哪些方面呢？旅游高等级不能仅考虑技术维度的高等级，更应从文化、经济和社会三个维度来进行评价。首先，旅游高等级必须是富有文化底蕴的，景区应该成为有文化主题的高等级景区，高等级度假区应该具备完善的文化功能，高等级休闲街区必须具有丰富的文化内涵；其次，旅游高等级必须具有较高的全要素经济效益和社会效益，景区、度假区和休闲街区不仅应具有较高的投资回报，更应兼顾较高的社会效益，还应具有较先进的管理和服务，并成为这个领域的标杆；最后，旅游高等级应是带动作用大、影响范围广的，通过景区、度假区和休闲街区的建设与运营，带动当地旅游全面发展，并具有较高的经济和社会贡献率，不断促进当地社会经济发展。

（二）以促进旅游便利化为动力，构建旅游与国家"双循环"相适应的新发展格局

作为国民经济中重要的综合服务业，旅游业涉及行业门类众多，与众多行业和部门具有较强的产业关联性。据不完全统计，旅游业与我国超过110个国民经济行业和部门存在直接或间接联系，具有突出的产业带动作用。同时，随着我国旅游形态的不断演进，旅游消费升级的经济传导可以从消费领域向生产领域延伸，尤其是随着技术性旅游的不断发展，其产业链可以向旅游装备制造业不断延伸。例如，自行式房车、拖挂式房车、游艇、登山设

备、滑雪设备、露营装备、户外运动装备等旅游新业态的发展，可以为制造业发展创造新的市场，并形成新发展动能，为国家构建"双循环"新发展格局发挥了重要的积极作用。

就当前旅游发展阶段和发展状况而言，构建旅游与国家"双循环"相适应的新发展格局，必须全面提升旅游便利化水平。从供给侧角度而言，构建旅游综合服务体系不仅涉及完备的旅游服务要素，还涉及各旅游要素之间的组合和优化关系。然而，从旅游消费者的角度而言，旅游者需要的不是旅游供给的要素化，而是旅游要素的便利化。这是因为不同旅游形态对旅游要素的依赖程度一般是不同的。因此，旅游服务供给的各要素，如何围绕旅游需求进行有机组合，并实现旅游便利化，是构建旅游新发展格局的重要课题。

旅游便利化不仅是对旅游消费环境的新要求，也是旅游高质量发展的重要体现。实现旅游便利化不只是简单的旅游要素组合，也不只是智慧旅游技术的应用和公共服务设施的建设，而是一个制度设计问题，需要一系列制度安排与规制设定。我国社会管理一般具有两个特征。第一，从行业管理来说，我国实行的是部门管理，通常是按照部门所涉及的核心职能来进行制度设计。例如，就交通管理部门的管理道路和车辆职能而言，无论是旅游者还是运输者，都是交通管理部门的管理对象。因而，为保障道路畅通、车辆完好和交通安全，部门管理的制度设计一般是越复杂越好，而旅游便利化则不是该部门要考虑的问题。第二，从地方管理来说，我国实行的是对定居者的管理，地方政府管理的重点是本地区的定居者，管理部门主要是为定居者提供公共服务的，而旅游者则不是政府服务的主要对象，当地政府可以为方便当地居民出行而建立有效的、便捷的出行体系，但没有义务为方便非定居者即外地旅游者的出游而建立便利化体系。例如，我国大多数城市都提出了建设"宜业宜居"城市的目标，但很少有城市提出建设"宜业宜居宜游"城市。当一个社会无论是部门管理还是地方管理，都基于本部门的核心利益，其对管理对象实施管理活动时，实现旅游便利化则非常困难。

因此，运用旅游新发展理念，加快构建以国内旅游大循环为主体、国内国际旅游双循环相互促进的旅游新发展格局，一定要以提升不同市场和不同旅游类型的便利化水平为动力，系统协调不同行业、不同要素和不同部门的管理制度，形成出行自由、旅行方便、旅游称心的旅游供给侧服务体系、制度体系和管理体系，构建旅游与国家"双循环"相适应的新发展格局。

（三）以设立旅游试验区为示范，构建旅游创新驱动新发展格局

旅游新发展阶段中，创新驱动是推动旅游业高质量持续发展的重要力量。面对一个跨行业、跨地区和跨部门的综合性服务业，创新驱动主要涉及制度创新、技术创新、要素创新、产品创新、管理创新等维度，是一项综合性系统工程。旅游创新成果的不确定性、地区旅游发展的不平衡性以及制约旅游发展关键性要素的异质性，使得旅游创新驱动不可能实现全国齐头并进。因此，我国应通过设立不同的旅游试验区作为示范，来构建旅游创新驱动新发展格局。

具体而言，对于制度设计与体制管理的创新驱动，我国可以在某些省、市、县设立旅游综合改革试验区，探索旅游要素合理流动、旅游公共服务共享、旅游一体化、旅游经济多元化等制度体制与政策落实方面的创新；对于边境旅游的创新驱动，我国可以在边境地区设立边境旅游发展试验区，探索边境旅游流动、跨境旅游合作和通关便利化等方面的创新；对于旅游购物消费的创新驱动，我国可以在重点旅游城市或重点旅游目的地，设立中国公民自由购物试验区，探索免税商品、退税等政策制度，从而缓解出境旅游购物的外汇支出压力；对于研学旅游的创新驱动，我国可以选择一些具有一定研学旅游条件的地区，设立研学旅游发展试验区，探索研学旅游要素组合、产业配置、基地建设、研学旅游教材编制等方面的创新；对于房车旅游的创新驱动，我国可以选择一些地理范围较大的地区，如新疆、内蒙古、青海、西藏等地区，设立房车旅游发展试验区，探索与房车旅游相关的风景道建设、营地建设、房车租赁、房车上路管理等制度、政策和技术方面的创新。综上，设立不同类型的旅游试验区，不仅可以探索和破解制约旅游发展的制

度、技术和要素方面的关键性障碍，还可以在总结试验区经验的基础上，适时向全国推行，以此来构建我国创新驱动的旅游新发展格局。

（四）以旅游数字化平台发展为推手，构建现代旅游产业新发展格局

在旅游新发展阶段中，产业升级是构建旅游新发展格局的一个重要方向。旅游产业升级就是要使旅游产业从资源依托向技术依托转型，从传统旅游产业向现代服务业转变。那么，旅游产业如何升级？应借助什么力量升级？这是关乎我国旅游业能否获得持续竞争力、发展力大局的重要课题。笔者认为，构建旅游产业新发展格局，可以通过旅游数字化平台建设，以及数字化平台组织发展这两种路径实现。

旅游产业是典型的社会分工产物，通过社会分工方式，产业的劳动生产率可以显著提高。传统旅游产业是依托资源与劳动这两个传统要素而形成的社会分工，因此，多年来旅游企业主要为地域性和全球范围内极细分领域这两种方式服务，其服务半径不足，覆盖市场的能力也较低。但随着互联网和网络科技的不断进步，传统模式也在发生转变。首先，互联网科技使得管理范围不断扩大，因此，旅游企业可以收集地域性零散资源，实现旅游服务标准化，并以品牌化方式进行市场输出；其次，对于通过互联网完成交付的中介旅游服务，可以直接以"云"的自动化形式进行交付；最后，数字化可以大大降低企业的试错成本。相比于实物型的旅游销售网点，旅游数字化平台的服务传输更快、边际成本更低。因此，以互联网技术为载体的旅游数字化平台的发展，是一次更为深刻的社会分工活动，必然会对构建现代旅游产业体系产生重大影响。

所谓旅游数字化平台，主要是指大数据、人工智能、移动互联网、云计算、区块链等数字化技术组成的"数字综合体"，是与实体旅游产业链和价值链相结合的产业互联网旅游平台。旅游数字化平台是新旅游产业的重要表现形式，它以穿透性的数据与技术为核心驱动力，可以通过大数据提供个性化服务，并链接不同场景加以科技贯穿，还可通过开拓智能供给重整旅游供

应链条。数字化驱动方式也把数字时代的消费群体变成了新旅游的主导消费力量，新型旅游消费需求正在改变旅游要素供应模式和旅游发展模式。

同时，旅游数字化平台不仅是数据和信息的提供平台，更成为一种连接旅游者活动和行为的虚拟空间，可以推动旅游供给从传统旅游六要素串联式和一体化生产方式，转向分工更为精细、要素更加独立的互联网平台运营模式。"互联网＋餐饮""互联网＋民宿""互联网＋演艺""互联网＋博物馆"等新兴业态和市场主体已逐渐形成。互联网和网络科技的不断更新，使得传统旅游产业的组织形态，从相互分离的企业组织到各自为阵营的平台组织，再到平台引领的旅游生态协同组织不断演化。这种旅游组织形态不同于企业组织，其运行方式和商业模式已发生质的变化。以旅游数字化平台为核心，还会形成更多的新型旅游产业形态，这种新型旅游产业不仅涉及旅游数字产品的研发、生产、交易、消费等诸多环节，还会形成数字化技术供应商、旅游电子商务企业、在线企业、数据企业、旅游智力服务机构等多种组织形式。

（五）以发挥行业协会作用为手段，构建旅游管理新发展格局

在旅游新发展阶段，建立高标准的旅游市场体系，也是构建旅游新发展格局的重要内容。市场体系是社会主义市场经济体制的运转基础，也是社会主义市场经济体制的重要组成部分。在旅游领域，高标准的市场体系主要表现在市场准入畅通、市场竞争充分、市场开放有序、市场秩序规范等方面，其实质在于发挥市场在资源配置中的决定性作用。长期以来，我国旅游发展的主要模式为政府主导型，政府在资源配置中起着关键性作用，旅游市场方向、产品方向、投资方向基本是由政府主管部门决策的。智慧旅游、乡村旅游、全域旅游、文旅融合，都是政府提出来的发展重点。根据党的十九届五中全会精神，在旅游新发展阶段，构建以市场为资源配置决定力量的新型旅游管理机制，是构建旅游新发展格局的关键举措。

建立新型旅游管理体制与机制，必须充分发挥旅游协会、旅游商会等行业协会的作用。旅游行业协会作为一种特殊的中介组织，是现代市场经济体

制的重要组成部分，也是市场经济趋向成熟的一个重要标志，高标准的旅游市场体系必须以功能完善的旅游协会为支撑。在旅游经济运行中，政府处于宏观层次，因而其经济职能主要是宏观调控和间接调控，不会直接干预旅游企业经营活动和市场运行。而旅游协会则处在政府与企业之间，是位于宏观和微观之间的中观层面，是连接政府和企业的社会主义市场经济纽带。作为中介组织的具体发展形式，商会和协会是伴随市场经济的产生和发展而逐渐发展和壮大的。在市场经济条件下，国家不再以行政手段直接管理企业，但单个企业会经常遭受各种外部风险，有时还会面临无序竞争，因而需要旅游协会和旅游商会来维护行业的整体利益，其不仅可以保护会员企业的合法权益、规范旅游经营，也能维护旅游市场秩序、促进行业自律。因此，在旅游新发展阶段，强化旅游协会的功能、充分发挥协会作用，是构建旅游管理新发展格局的重要环节。

三 服务国家战略，构建旅游新发展格局的发展重点

构建旅游新发展格局，除满足上述旅游需求侧和供给侧的综合性发展要求之外，还需要适应国家战略的基本要求和部署，以构建县域中的全域旅游示范区、提升入境旅游竞争力和发挥乡村旅游的社会效用等为重要依托和发展重点，服务国家战略发展需求，运用新发展理念而构建旅游新发展格局。

（一）以全域旅游示范区建设为着力点，构建县域旅游新发展格局

县域旅游发展对我国旅游发展空间格局至关重要。首先，县域是旅游资源的重要承载地，我国主要的自然和人文旅游资源基本上分布在县域范围；其次，县域是我国国内旅游和部分入境旅游的主要目的地，也是实现和推动多种旅游类型发展的主要空间；最后，县域是旅游化发展方式的最佳实践地，通过发展旅游可以有效带动县域社会经济发展。

当前，县域不仅是我国重要的旅游目的地，也蕴藏着巨大的旅游需求。

然而，县域旅游发展从供给侧角度看具有较大短板，存在较为突出的旅游供给与旅游需求不充分、不协调现象。在我国，大多数县域政府在旅游发展理念认识、旅游经济联系、旅游产业体系、旅游服务水平、旅游管理能力、旅游空间形态、旅游基础设施建设等方面，与城市相比还存在一定差距。因此，我国亟须从县域空间点和旅游供给侧进行突破和发力，改变县域旅游供给不充分现象，以适应我国大众旅游发展和构建旅游新发展格局的目标要求。我国历史发展经验表明，无论是经济发展、社会进步，还是旅游发展、扩大内需，县域经济都是关键。只有将县域旅游经济做大做强，我国旅游发展的综合竞争力才能得到有效提升；只有不断完善县域旅游产业供给体系，我国整体的旅游产业体系才能完整，从而更好地发挥旅游业在国民经济中的重要作用。

推动县域旅游供给侧结构性改革，创建全域旅游示范区是一个重要的着力点。近两年，文化和旅游部通过全国县域全域旅游示范区创建工作，极大地调动了各地发展旅游的积极性。通过全域旅游示范区验收标准的有效引导，县域范围的旅游发展环境得以有效改善，旅游产业得以充分发展，旅游服务质量得以全面提升。与此同时，县域旅游空间形态不断多样化、旅游产品不断丰富、旅游管理水平不断提高、旅游供给与需求的适配性不断增强，旅游人才队伍也在不断壮大，而且县域旅游对整体社会经济的贡献力和对相关产业的拉动力也在不断增强，已初步形成了县域旅游发展的新格局。因此，在新发展阶段，我国应全面总结全域旅游示范经验，并提升全域旅游发展质量，不断推动全域旅游示范区工作向高质量和高标准发展，全面构建县域旅游新发展格局。

（二）以国际级旅游城市建设为基点，构建入境旅游新发展格局

在旅游新发展阶段，全力提升入境旅游发展水平，是构建旅游新发展格局的重要内容。入境旅游规模性增长，不仅是我国建设文化强国的重要评价指标，也是构建"双循环"新发展格局的关键环节。因此，我国应站在从"富起来"到"强起来"的历史发展新高度，科学而全面地认识入境

旅游发展在建设文化强国和构建"双循环"新发展格局中的重要意义。通过旅游出行自由化、旅游活动便利化、旅游形态多样化以及旅游高质量发展等制度、技术和管理层面的不断创新，全面推动入境旅游持续快速增长。

由各国旅游发展的成功经验可知，推动入境旅游发展与世界旅游城市建设密不可分。无论是点线旅游方式还是板块旅游方式，入境旅游的运行和发展都是以享有国际盛名的旅游城市为核心的。法国如果没有巴黎这个世界级旅游城市作为支撑，不可能成为国际入境旅游大国；美国如果没有纽约、洛杉矶、旧金山等国际级旅游城市作为支撑，也很难成为入境旅游大国。由此可以看出，世界各国都不约而同地将建设国际级旅游城市作为推动入境旅游发展的一个重要基点，从而更有效地提高国际旅游竞争力和影响力。因此，我国也应以国际级旅游城市建设为基点，并以此来构建入境旅游新发展格局。

我国入境旅游的起步发展也是以城市为基点的，当时我国以北京、上海、西安、桂林和广州等五个城市为依托，形成了主要的入境旅游线路产品，并支撑了中国入境旅游30多年的发展。进入旅游新发展阶段，我国应根据不同城市的经济特点、文化特色、历史遗产、城市品质、产业结构等特征，并结合城市管辖区所拥有的自然和人文景观资源，建立国际级旅游城市的评价标准，通过标准引导建设一批具有国际知名度和文化影响力的旅游城市。与此同时，我国还应在出游自由化、旅游便利化和服务正面清单等方面予以特殊政策支持，以此来推动我国入境旅游持续发展，并构建入境旅游新发展格局。

（三）以乡村民宿发展为重心，构建城乡旅游一体化新发展格局

我国国内旅游的发展历程表明，休闲农业和乡村旅游是我国旅游形态中最具活力和竞争力的旅游类型，也是对社会经济发展贡献最大的旅游形态。从服务国家乡村振兴的发展战略而言，促进乡村旅游发展是破解我国改革和发展难题的一个关键环节。面对改革和发展中的贫富差距、城乡二元结构、

三农问题、农村宅基地商业化使用、农村土地流转等难题，我国可通过促进乡村旅游发展实践使其得以有效解决。同时，乡村旅游还是共享经济的重要体现。因此在新发展阶段，我国应运用全新的发展理念，将乡村旅游和休闲农业作为农业现代化进程中的重要组成部分，并将其视为充分体现新发展理念的一个重要旅游形态，全力推动乡村旅游高质量发展，以此来构建城乡旅游一体化新发展格局。

乡村旅游形态从农家乐演化为乡村民宿，标志着我国乡村旅游已发生重大转型，这种转型不仅体现在旅游形态方面，更表现在乡村旅游治理和旅游市场经营主体方面。大量研究结论表明，城乡一体化发展的核心是经济认同、文化认同和社会认同，而乡村民宿可以有机结合这三种认同方式，并形成城市居民与乡村居民认同的统一。乡村民宿经过旅游化和艺术化改造后，其乡村文化艺术品位不断提升，城市居民将逐渐改变对乡村旅游低层次、低品位和低地位的固有认知。相反，乡村旅游还会成为体现社会地位和文化品位的重要旅游形态，并受到大量中产阶层人群的青睐。基于乡村民宿旅游形态的不断升级和发展，大量有知识的青年开始回乡创业，大量艺术家、企业家开始到广阔的农村实现自己的理想，该群体会组成现代意义上的乡贤群体，并为农业现代化发展提供人才基础。

然而，新建乡村民宿已成为当前民宿发展的一个普遍现象，该现象值得我们深入反思。民宿发展过程中，我国应牢固树立民宿不是新建的，而是通过艺术化和旅游化方式进行改造的新发展理念。因为民宿在本质上属于共享经济范畴，而不属于产品经济现象。民宿是基于空心村、小村变大村、农村空心户等乡村闲置资源，并通过艺术化和旅游化方式改造而来的。通过民宿的旅游化改造，城市居民可以开展新的旅游方式和旅游形态，而乡村居民也会获得新的资产性收益，使得乡村文化得以传承、乡村风貌得以保护。因此，在旅游新发展阶段，我国应站在统筹城乡发展和促进乡村振兴等战略高度，运用新的发展理念来认识乡村民宿发展在经济、社会和文化方面的时代价值和现实意义，从而有效推动乡村民宿的持续发展，构建城乡旅游一体化的新发展格局。

参考文献

张辉：《旅游经济论》，旅游教育出版社，2002。

戴学锋、杨明月：《全域旅游引领县域治理的实践探索——以江苏省溧阳市为例》，《云南民族大学学报》（哲学社会科学版）2021 年第 6 期。

李鹏、邓爱民：《"双循环"新发展格局下旅游业发展路径与策略》，《经济与管理评论》2021 年第 5 期。

李萌：《促进文化和旅游消费，助力构建新发展格局》，《中国旅游报》2021 年 2 月 9 日。

黄震方、陆林、肖飞、章锦河、魏向东、龙毅、周年兴、侯兵：《"双循环"新格局与旅游高质量发展：理论思考与创新实践》，《中国名城》2021 年第 2 期。

宋瑞：《经济新发展格局下促进旅游消费的思路与方向》，《旅游学刊》2021 年第 1 期。

张丽娜：《聚焦旅游强省建设，构建全域发展格局》，《中国旅游报》2021 年 8 月 5 日。

G.3
全面深入推进旅游业绿色低碳转型的思考

金准 宋昌耀 陶志华*

摘　要： 实现碳达峰、碳中和是我国在新发展阶段的重要战略决策。旅游业在减污降碳层面有巨大的潜力，"双碳"背景下旅游业发展既有机遇也有挑战。为全面深入推进旅游业绿色低碳转型，应准确把握旅游业碳排放的总体水平，着力推动旅游业绿色低碳转型的顶层设计，健全旅游业绿色低碳循环经济体系，强化科技赋能，完善旅游碳汇市场化运作管理机制，实现旅游业在"双碳"领域的战略功能，推动旅游业高质量发展。

关键词： 旅游业　碳达峰碳中和　绿色发展　高质量发展

一　引言

2020 年，中国向世界宣布二氧化碳排放量力争在 2030 年前达到峰值，2060 年前实现碳中和的"双碳"战略。《2030 年前碳达峰行动方案》明确指出，要"将碳达峰贯穿于经济社会发展全过程和各方面"，因此，"双碳"战略不是简单的供给侧改造，也不是几个重点领域和部门的工作重心，其涉

---

* 金准，中国社会科学院旅游研究中心秘书长，主要研究方向为旅游经济、产业政策；宋昌耀，北京第二外国语学院旅游科学学院讲师、硕士生导师，主要研究方向为旅游经济与区域经济；陶志华，北京第二外国语学院旅游科学学院硕士研究生，主要研究方向为旅游经济与休闲经济。

及顶层设计后对经济社会发展各个领域的系统工作拆解，具有战略性、全面性、深入性和长期性。旅游业作为我国第三产业的重要组成部分，具有绿色转型的巨大潜力，并能带动众多关联产业协同共治，在助力我国实现碳达峰和碳中和目标方面可以发挥重要作用。

长期以来，对旅游业碳排放水平存在两方面的认识，一是无烟工业说，二是碳排放小户说（即在碳排放结构中，旅游业只占很小的比例）。然而，旅游者的流动、旅游交通的承接、住宿业的承纳、城乡旅游基础设施的建设和维护、旅游装备的制造、游客行为的扰动，在旅游行为的全过程、旅游供给的全链条上产生碳排放，考虑到旅游行业的巨大规模，其碳排放量不可小视。因此，既要对旅游业碳排放水平有充分的认知，也要对旅游业的碳减排潜能有充分的把握。全面深入地推动旅游业的绿色低碳转型，既能够成为国家推动绿色低碳全民行动的先导切入，又能够成为旅游业高质量发展的重要驱动力。我国在发展生态旅游、低碳旅游和可持续旅游方面已有局部实践，在"双碳"时代，应当构建更为全面深入的行业转型战略，以消费减碳牵引产业减碳，以产业减碳带动消费减碳，最终切实有效地构建起中国旅游业绿色低碳循环经济体系，形成中国旅游业新的核心竞争力，将绿水青山就是金山银山的发展理念植入行业发展的核心逻辑中。

二 准确评估我国旅游业碳排放的总体水平

目前国内尚缺乏对旅游业碳排放情况的全面摸底，对旅游业碳排放水平的研究停留在学者的估算上，且缺乏公认的研究方法和框架，得出的旅游业碳排放数据差异较大，普遍计算的旅游业碳排放量占全国总量的比重为 0.5% ~ 2%，远低于国外的估算水平，存在系统性漏算和低估的可能。事实上，我国旅游业的碳排放量不可小视，旅游业全面减碳的总体战略，需要建立在对我国旅游业碳排放总体水平的准确评估基础上。

（一）对旅游业碳排放水平不可小视

长期以来，旅游业被视为"无烟绿色产业"，具有低污染、低排放的特点。但实际上，旅游业发展过程中会消耗大量能源并直接或间接地产生大量的二氧化碳，随着旅游消费需求快速增长、旅游规模日益扩大，其排放量早已达到了不可忽视的水平。世界旅游组织和联合国环境规划署数据显示，在人为因素引起的全球气候变化贡献率中，旅游部门占 5% ~ 14%，并且每年以 2.5 个百分点的速度增长。悉尼大学可持续分析中心（Integrated Sustainability Analysis）供应链研究小组中 Lenzen 等人的计算结果显示，全球旅游消费所衍生的温室气体是之前预估值的 4 倍，且占全世界温室气体排放总量的近 10%；2013 年全球旅游业排放了 45 亿吨二氧化碳，占当年全球碳排放总量的 8%，旅游业的单位 GDP 二氧化碳排放量为 1 公斤，超过了全球所有产业单位 GDP 二氧化碳排放量的平均值（0.75 公斤二氧化碳）。

2020 年我国二氧化碳排放量为 103 亿吨，如果以旅游业占全社会碳排放量 8% 的水平估算，我国旅游业一年的碳排放量在 8 亿吨左右，高于澳大利亚一国的碳排放量。因此，对我国旅游业碳排放总体水平需要有正确的认识。

（二）旅游业碳排放水平的决定因素

当前，我国旅游业碳排放水平取决于以下因素。第一，旅游业的能源结构和能耗水平。我国能源结构以煤炭为主，是全球最大的碳排放国家，能源强度是世界平均水平的 1.3 倍。根据《中国能源统计年鉴 2020》，2019 年与旅游业相关的交通运输、仓储和邮政业，批发和零售业、住宿和餐饮业的能源消耗总量分别为 43909 万吨和 13624 万吨标准煤，约占煤炭消耗总量的 11.7% 和 3.6%。旅游业的碳排放水平与此能源结构密切相关，行业碳排放水平不可能显著低于社会平均水平。第二，旅游业的能源利用效率。旅游业能源效率主要受全要素生产率、资本 – 能源比、劳动 – 能源比、能源供应构成和产出构成等因素的影响。我国能源使用效率相对较低，单位 GDP 能耗

是世界平均水平的1.5倍，如果不进行系统性的行业能源结构改革，实现本领域碳达峰和碳中和的时间不可能显著快于国家时间表。第三，旅游企业的经营模式。旅游业一直在局部探索绿色生态的可持续发展模式，但并未真正形成全行业的转型。2019年在全国数十万家饭店中绿色饭店仅有1500多家，景区和旅游交通的电气化还远未普及，旅游企业对绿色低碳转型的重视程度有待提高。由于真正能对接市场的生态模式未能形成，也缺少技术和资金支持，旅游企业的绿色生态改造尚局限在部分领域，"伪"生态和"泛"生态旅游产品充斥市场。第四，旅游者的绿色消费理念。旅游业的绿色消费宣传推广滞后，缺乏明确的标准和约束机制，局限于没有约束力的公约、倡议等，游客普遍缺乏绿色消费意识，绿色低碳的旅游消费氛围还未形成。第五，其他领域对旅游业产生的外部碳效应。旅游业与城乡共享发展环境，城市建设、乡村发展以及城镇化的影响等均会对旅游业产生外部碳效应。

三　旅游业绿色低碳转型在碳达峰、碳中和战略中的重要价值

从《2030年前碳达峰行动方案》中可以看到，我国实现"双碳"目标的总体思路有三个要点。第一，双侧变革，全社会的碳转型要建立在生产和生活两种方式变革的基础上，要"加快实现生产生活方式绿色变革"，就要"推广绿色低碳生活方式"，坚决遏制奢侈浪费和不合理消费，深入推进绿色生活创建行动，营造绿色低碳生活新风尚，大力发展绿色消费。第二，重点突破，要推动重点领域、重点行业和有条件的地方率先达峰；第三，稳妥有序、安全降碳，"双碳"目标的实现，牵涉到消费领域降碳的先导领域、安全领域。全社会全面铺开的生产变革和消费变革均具有风险性，要在消费领域逐步、稳妥、有效地推进"双碳"目标，就要选择能够稳妥引领全民消费绿色转型的先导示范产业，这其中，旅游业具有明显的优势：其一，规模大、潜力大，旅游业的绿色转型能够带来巨大的降碳效果；其二，增量变革，减少冲击，旅游业不是惯常消费，绿色转型主要

在增量领域展开，能够有效减轻变革冲击；其三，具有现实的绿色消费需求，市场接受较为容易，变革能够找到需求呼应；其四，具有以一消带多消、以一业牵多业的牵动作用。因此，要充分认识到旅游业绿色低碳转型在碳达峰、碳中和战略中的重要价值，发挥其在绿色低碳生活方式变革中的先导作用。

（一）引领全民绿色消费的先导示范作用

深入贯彻党中央提出的"双碳"目标是我国旅游业高质量发展的重要使命。随着我国经济、社会、文化的不断发展进步，人们对美好生活的向往更加迫切和多元，突出反映为人民对高品质旅游体验和绿色健康生活环境的追求，人们的环保意识、参与意识和维权意识逐步提升。绿色可持续的旅游方式在国内外都具有时尚引领的作用，市场追逐具有明确可持续效应的旅游形式，推动旅游业的绿色低碳消费方式变革可以引领社会新风尚。通过培养旅游者生态环保的消费理念，增强旅游者的低碳环保意识，激励旅游者践行绿色低碳消费行动，进而引导公民形成生态文化价值观和绿色低碳的生活与消费方式，对于构建可持续的社会治理体系和提高旅游业在实现"双碳"目标中的贡献度上意义重大。旅游者应主动承担碳排放责任，在食、住、行、游、购、娱的各个环节实施低碳化，直接降低碳排放或进行碳补偿行动来践行生态文明理念下的绿色消费行动，树立绿色低碳旅游的文明形象，从而在生活领域发挥先导示范作用。实现"双碳"目标需要社会全员的共同参与，只有全社会成员增强自身生态意识、提高自我约束能力，全民消费绿色转型才能成为常态，低碳社会新风才得以形成。通过旅游活动传播低碳理念，能够发挥示范效应和窗口效应，形成全社会认同减排、倡导减排和践行减排的良好社会氛围，构建全社会节能减排、绿色消费的大环境，形成全社会共建的促减排机制，引领全民绿色消费。

（二）以一业带多业的供给侧牵动作用

旅游业具有带动性和关联性的特点，其发展涉及多个部门或行业。近年

来，旅游业与文化、体育等其他产业快速融合，多种新业态不断涌现。旅游业内涵不断丰富，范围不断扩大，旅游产业链不断延伸，发挥着以一业带多业的供给侧牵动作用。与旅游业相关的交通运输业、农牧业、建筑业、商品零售业和其他一二三融合产业等是旅游业实现绿色低碳转型、发挥其在碳达峰和碳中和战略目标中作用的重要主体。旅游业可以增强产业关联性和促进产业协同互助，串联并带动上述行业在发展理念和运营方式上进行绿色低碳转型，实现减污降碳协同，为传统产业的发展注入"绿色活力"，产生可持续的经济效益，为实现我国的"双碳"目标发挥产业带动作用。

（三）加快增量转型推动全局绿色发展

《2030 年前碳达峰行动方案》指出，要立足我国富煤贫油少气的能源资源特点，坚持先立后破、稳住存量、拓展增量，以保障国家能源安全和经济发展为底线，争取时间实现新能源的逐渐替代，推动能源低碳转型平稳过渡，切实保障国家能源安全、产业链供应链安全、粮食安全和群众正常生产生活，着力化解各类风险隐患，防止过度反应，稳妥有序、循序渐进推进碳达峰行动，确保安全降碳。旅游业不是日常消费领域，在这一领域推进增量转型，对国家能源安全的牵动少，对经济整体运行和群众正常生产生活的扰动少，具有影响小、见效大的作用。以 5A 级景区的交通电气化实践为例，其运行过程中具有这样的增量转型特点，对社会日常生产生活扰动极小，但带动示范意义很强。一方面景区电气化改造降低了旅游景区的运营成本，提高了工作效率，方便了游客的出行和游览；另一方面，景区电气化改造节能效应强、节碳效果好，可盈利可循环，可以形成一定的绿色示范效应，在自身降碳的同时加快推动上游厂商规模效应的实现，为其向全社会推广奠定了基础。

四 旅游业绿色低碳转型对行业高质量发展的驱动作用

新冠肺炎疫情之前，我国旅游业保持快速增长，但产业效率和经济效益不高，旅游业发展缺乏新的驱动力。绿水青山就是金山银山，生态竞争力一直是世界旅游业发展的核心竞争力之一，产生了一大批世界闻名的生态旅游目的地、国家公园、可持续景区、绿色饭店等，如美国的黄石国家公园、布库蒂和塔拉海滩度假村，墨西哥的拉索拉斯之家酒店等生态景区和酒店。旅游业的生态文明是未来中国旅游业高质量发展的内核，绿色低碳转型对未来中国旅游业构建核心竞争力具有驱动性作用。

（一）满足高品质的旅游消费需求

以传统的观光为特征的物质消费方式逐渐让位于以文化休闲、度假体验为主导的精神消费方式。随着生态文化的持续推进和人们对美好生活的向往及追求，生态可持续发展的旅游市场逐渐成为新经济结构调整的重要引导力量。旅游业绿色低碳发展的着力点是充分挖掘生态文化和低碳消费内涵，满足人们日益增长的生态可持续发展的心理需求，在潜移默化中提高低碳消费的结构和层次，发挥其绿色低碳转型对市场的带动和辐射作用。随着生态可持续发展的旅游产品日益增长，绿色低碳的旅游产品将会成为未来旅游业的主流产品。通过更优化的旅游产品、更多元的生态旅游产品种类、更低碳环保的旅游体验设计回应和满足人们对美好生活的期望和追求，让游客在旅游活动中增强对自然生态环保的认识和理解，在满足旅游需求的同时进一步增强游客的环保意识，发挥生态可持续旅游的辐射带动作用，推动物质文明和精神文明同步发展和提升，可以系统性、长远性地推动我国旅游业绿色低碳转型，实现行业高质量发展。

（二）提升旅游目的地核心竞争力

旅游资源的生态竞争力是旅游业绿色低碳转型发展的内生条件，也是旅游目的地绿色低碳发展的新增长极。我国拥有丰富多样的生态旅游资源，中西部地区富足的山水资源、东部地区先进的高科技生态技术应用场所，都具有巨大的生态旅游发展潜能。要立足构建核心竞争力的高度重塑旅游目的地，首先，要以发挥旅游资源的生态竞争力为重要突破口，围绕区域资源的核心特色，推进生态旅游示范区、零碳景区、零碳度假区、低碳酒店等绿色

低碳的发展载体建设，推动生态科考游、绿色康养游等系列旅游产品的发展，将旅游资源的生态竞争力转化为目的地发展的"金字招牌"，驱动旅游目的地高质量发展；其次，要因地制宜发展绿色生态旅游，充分挖掘各地生态旅游资源的差异，立足不同发展阶段，发挥各自的生态优势，促进形成各美其美的生态旅游目的地；最后，要"引进来"和"走出去"，在"一带一路"规划建设中，依托生态联结，推动旅游联系，形成以标准、规范、示范、市场为串连的生态旅游黄金旅游线、黄金度假线。

（三）推动世界级旅游企业建设

世界级的旅游企业，不仅需要有世界级的规模和世界级的盈利能力，还需要有世界级的成长能力、世界级的治理能力、世界级的消费引领能力。我国旅游业要绿色低碳转型，需要培育出世界级的旅游企业。代表中国的旅游企业，必然需要深植于生态文明之中，应是对世界生态旅游潮流具有引领和把控能力的世界级企业。旅游企业的绿色生态转型，将大大提升其对上下游产业链的掌控能力和技术融合能力，形成企业形象的强烈标识，大力提高旅游业的附加值，并由此向内外上下延展扩张。我国旅游企业在可持续旅游领域探索颇深，OTA、互联网平台、酒店、景区，均有标杆级的企业。旅游企业的可持续探索与全社会形成的技术前沿、生态前沿、消费前沿相融合，将有力转换传统的增长模式，形成引领未来中国旅游业的世界级企业。

五　全面深入推进旅游业绿色低碳转型

（一）加快旅游业绿色低碳转型顶层设计

随着旅游规模的扩大以及高品质旅游需求的增加，旅游业面临着巨大的碳排放压力，影响旅游业可持续发展。旅游业的绿色低碳转型发展需要顶层设计的引领。政府和相关管理部门应该在调查摸清旅游业碳排放情况的基础上，依据旅游业发展阶段和碳排放情况，制定符合旅游业高质量发展的碳达峰和碳中和的总体战略和具体目标，明确旅游业实现碳达峰、碳中和目标的重点和难点，建设相应的碳排放标准和碳中和实现路径，激励相关利益主体切实践行碳中和行动方案。要在顶层设计的基础上，分业态分领域地制定详细的转型路径，例如，在政策领域，政府需要同步建设旅游低碳数据的管理体系和制度，在完善各部门职能分工的基础上，建设有效及时、覆盖全面的碳排放监测系统，切实落实第三方对旅游业碳排放情况的核查工作，完善碳信息公开和碳信息披露制度，在旅游业供需两端加快实现碳排放精细化管理；在景区领域，建立低碳旅游景区评价体系和低碳旅游景区等级评定标准，从低碳管理、低碳环境、低碳技术、低碳设施和低碳文化等方面考察旅游景区的绿色低碳转型，推出一批国家级低碳景区和度假区、绿色酒店、绿色旅游交通线、低碳旅游供应商等，树立试点并逐步扩大试点范围，循序推进。在此过程中，要充分认识到疫情对旅游业的全面冲击，大量中小微企业面临生存危机，其在绿色低碳转型发展过程中需要足够稳健和具有可操作性的激励和保障政策，应建立稳妥的财政金融制度，推动相关部门对旅游企业进行贷款保障激励，尤其是对绿色低碳转型发展的中小微旅游企业，加大低碳资金支持力度，降低转型成本。

（二）健全旅游业绿色低碳循环经济体系

要推动旅游业供给侧绿色低碳转型，促使旅游者养成绿色消费习惯。通过旅游消费的绿色转型升级进一步创新旅游产品和服务供给，建立绿色低碳循环发展的旅游供需体系。首先，掌握旅游市场对绿色低碳消费的供需状况，通过设计开发旅游企业和旅游者个人碳汇账户，记录旅游企业和旅游者个人碳排放水平。其次，供给端和消费端共同发力，促进旅游业绿色低碳转型发展。一方面，加强旅游企业绿色低碳生产和管理，倡导景区、酒店、餐饮等旅游行业使用清洁能源和材料，不主动提供一次性用品，通过共享经济模式提高旅游行业绿色发展水平。另一方面，利用媒体平台加强对低碳旅游的正面宣传和引导，增强游客的绿色消费和低碳环保意识，倡导文明、节约、环保、生态的旅游行为和消费方式，如通过选择碳排放量小的旅游交通

工具、入住环保绿色的酒店、食用绿色食品、减少使用一次性餐饮用具等行为减少旅游活动过程中产生的碳排放，对旅游者的低碳旅游活动给予门票折扣等奖励。此外，还应根据游客产生的碳足迹大数据倒逼旅游企业改进旅游产品开发模式和营销方式、提升旅游服务质量、完善旅游业绿色供应链、增加绿色产品的有效供给，从而形成绿色生产与绿色消费、低碳供给与低碳需求的良性互动循环，助推旅游产业的绿色低碳转型。

（三）强化科技赋能旅游业绿色低碳转型

要贯彻落实创新驱动发展战略，通过科技创新探索旅游业绿色低碳转型发展路径。应建立碳排放监测管理的长效机制，通过技术创新构建旅游业节能减排与绿色低碳转型发展的践行机制。一方面，加快推动绿色生态技术在旅游领域的广泛应用，探索基于清洁能源、储能、碳捕集和碳封存等技术的旅游业碳减排途径和方案，调整旅游业能源结构，降低旅游业能源强度，提高能源使用效率。另一方面，优先展示双碳的先进成果，将相关技术、实践、成就转化为旅游产品和体验，推出旅游业绿色低碳转型技术应用示范单位，推动旅游业低碳化和去碳化发展。具体而言，要充分调动旅游业和相关行业绿色低碳转型发展的积极性，依托重点国有景区、度假区、酒店、旅游交通、装备制造业等牵引转型，鼓励旅游产业和关联产业对绿色低碳技术进行改造和应用实践，全面践行绿色低碳发展的运营模式，推动能源清洁化、产品绿色化、服务低碳化、活动零碳化。旅游景区和度假区要以原生态保护和绿化、生态停车场建设、垃圾分类回收利用、节能材料使用等为重点，大力优化低碳旅游基础环境；通过大力普及电子门票等数字化手段，促使旅游景区朝着低碳智能化方向发展。旅游餐饮和旅游购物方面，应提倡节约粮食、减少浪费，提供绿色有机食品，改进外卖包装，使用可降解材料等。此外，利用大数据平台对旅游活动过程中相关产业的整体能源和物资消耗进行跟踪监测，对关联产业的整体碳排放进行合理评估，精准把控碳排放量，及时有效发现碳排放根源和问题，并针对性地改进和"去碳"，做到在实现经济效益的同时兼顾生态效益。

（四）完善旅游碳汇市场化运作管理机制

要创新旅游碳汇收益模式，挖掘旅游业的碳汇潜能，增强旅游企业的碳汇收益能力。应探索多种增汇机制，完善旅游业"储碳能手"功能，为旅游业"双碳"目标的实现提供有力的支撑。例如，通过生态银行等市场化生态补偿方式将自然资源变为资产并进一步转化为资本。将碳汇交易逐步引入旅游市场中，通过市场化运作管理机制拓宽碳汇交易渠道，创新绿色金融模式，激励游客的减碳增汇行为，推动实现生态旅游产品价值。2021 年 7 月 16 日，全国统一的碳排放权交易市场正式启动上线交易，这意味着碳减排将通过价格信号得到资金支持，将为旅游业的绿色低碳转型提供更多投融资机会。

参考文献

Lenzen Manfred, Sun Ya Yen, Faturay Futu, Ting Yuan Peng, Geschke Arne, Malik Arunima, "The Carbon Footprint of Global Tourism", *Nature Climate Change*, 2018, 8 (6).

世界旅游组织、联合国环境规划署：《气候变化与旅游业：应对全球挑战》，2008。

罗毅：《双碳目标下绿色建筑发展前景》，《城市开发》2021 年第 22 期。

中国饭店协会、优尼华盛（香港）酒店管理公司：《2019 年中国住宿业绿色发展白皮书》。

金准：《碳达峰、碳中和与旅游业高质量转型》，《旅游学刊》2021 年第 9 期。

查建平：《旅游业能源消费、CO_2 排放及低碳效率评估》，《中国人口·资源与环境》2016 年第 26 期。

张秀媛、杨新苗、闫琰：《城市交通能耗和碳排放统计测算方法研究》，《中国软科学》2014 年第 6 期。

崔莉、厉新建、程哲：《自然资源资本化实现机制研究——以南平市"生态银行"为例》，《管理世界》2019 年第 35 期。

G.4
旅游促进共同富裕的实践探索与发展思考

——以浙江省高质量发展建设共同富裕示范区为例

王 莹 张利敏*

摘 要: 在我国全面建成小康社会向基本实现社会主义现代化迈进的关键时期,共同富裕被赋予新的内涵。浙江是我国高质量发展推动共同富裕示范区,旅游作为产业扶贫的重要渠道,在缓解区域发展不平衡、缩小城乡差距、优化社会分配与促进公共服务共享中发挥了积极的作用。探讨浙江旅游促进共同富裕的作用机制,探索新时代高质量发展建设共同富裕示范区中旅游发展的新思路与新路径,强化旅游在建设物质与精神共同富裕、创造公平发展机会、探索第三次分配中的作用是新时代赋予旅游的新要求。

关键词: 物质与精神共同富裕 公平发展机会 第三次分配 高质量发展

一 前言

共同富裕以实现人的全面发展和社会全面进步,共享幸福美好生活为最终目标。"十四五"时期,我国将面对新一轮的科技革命和战略机遇,构建高效的生产体系和完善公平的分配体系、提供充分的就业与发展机会、推动基本公共服务共建共享、实现高质量发展下的共同富裕是历史赋予的使命。

---

* 王莹,浙江工商大学旅游与城乡规划学院教授,硕士生导师,主要研究方向为区域旅游开发与规划、旅游目的地管理;张利敏,浙江工商大学旅游与城乡规划学院硕士研究生。

旅游业发展有助于生产要素流动与资源配置，有利于优化居民收入的三次分配，旅游在促进贫困地区发展、弱势群体就业等方面一直发挥着重要作用。面对高质量发展推动共同富裕的要求，旅游在自我创新的同时，更要积极探索推动共同富裕的新思路与新路径。浙江是高质量发展推动共同富裕示范区，分析旅游在促进共同富裕中的作用机制与实践过程，对于进一步强化我国旅游促进高质量发展推动共同富裕具有典型意义与探索价值。

二 浙江推动共同富裕的实践与旅游的作用机制

浙江之所以成为我国高质量发展推动共同富裕示范区[1]，是因为一方面其富裕程度较高，人均地区生产总值超过 10 万元，高于全国 60%；另一方面在解决区域发展不平衡、城乡发展不平衡中卓有成效，城乡居民收入倍差为 1.96，远低于全国的 2.56[2]。旅游在产业精准扶贫中发挥了卓有成效的作用，2020 年 11 月发布的"中国县域旅游综合竞争力百强县市"名单中，浙江省占据 25 个席位，居全国首位[3]，发达的县域旅游有效缓解了区域发展不平衡，在缩小城乡差距、优化社会分配、促进公共服务共享中发挥了积极的作用。

（一）旅游改善了区域发展不平衡

欠发达地区受地理环境、区位条件等多方面因素的影响，经济社会的发展水平不高。旅游作为优先发展的产业，在破解制约因素中发挥了积极的作用。

---

① 中国共产党中央委员会、中华人民共和国国务院：《关于支持浙江高质量发展建设共同富裕示范区的意见》，2021 年 5 月 20 日。

② 何立峰：《支持浙江高质量发展建设共同富裕示范区 为全国扎实推动共同富裕提供省域范例》，《人民日报》2021 年 6 月 11 日。

③ 竞争力智库、中国经济导报社、中国信息协会信息化发展研究院和北京中新城市规划设计研究院等机构：《中国县域旅游竞争力报告2020》，2020 年 11 月 12 日。

1. 旅游是贫困地区产业升级的首要选择

2005 年 8 月，时任浙江省委书记习近平在安吉余村考察时，首次提出"绿水青山就是金山银山"的科学论断，开启了浙江生态经济发展的探索，一些经济发展相对落后但生态资源丰富的偏远贫困地区，纷纷关闭污染企业转而将旅游作为地方经济的支柱产业。发展生态旅游、促进绿色农业发展、激活乡土文化、调整产业结构，有效带动了农产品加工和销售，实现了"旅游 + 农业"规模和效益的倍增，倒逼了生产型农业向服务型农业的转型，实现了农文旅融合高效发展和生态环境持续改善。

2. 旅游是精准扶贫的主要模式

2002 年 4 月浙江省实施"山海协作"工程，通过沿海发达地区和山区欠发达地区之间的对口帮扶，精准帮扶 26 个贫困县，促进欠发达地区跨越式发展。这一模式突破了以"输血"为主的传统扶贫模式，探索了符合市场经济条件的以对口"造血"帮扶为主的新模式，旅游是精准扶贫中最具"造血"功能的产业。欠发达地区通过发展乡村旅游、生态旅游，建设生态旅游文化产业示范区等，培育了市场主体，建立起以旅游为主导的综合产业体系。

3. 旅游是公共服务建设与共享的重要通道

2017 年 6 月浙江开始"大花园"建设，将衢州市、丽水市作为"大花园"建设的核心。"大花园"建设促进公共设施配置向欠发达地区倾斜，作为欠发达地区优先发展产业的旅游产业也因此增强了对区域公共资源配置的渗透力。旅游业通过交通配套建设，增强都市客运枢纽的旅游集散功能，形成串联重要景区、古村古镇等的旅游交通网络，缓解欠发达地区的区位劣势，促进资源和要素的重新整合，优化全省范围内的功能分区。在乡村旅游带动下，乡村公共设施与服务配套得到加强，乡村居民能够享受到更便利与更优质的公共服务。

（二）旅游促进了乡村发展与振兴

缓解城乡发展不平衡的关键就是要妥善处理好"三农"问题。通过积极探索参与机制、分配机制等，旅游给农民创造了更多的致富机会、促进了传统农业的转型升级，旅游也让乡村环境更加美丽、经济更加繁荣。

1. 旅游提供了人人可参与发展的机会

2003 年浙江省启动"千村示范、万村整治"工程，在此基础上，2017 年推出百城千镇万村景区化即"百千万"工程，通过旅游全面促进乡村产业的综合化发展。开展对各利益群体公平参与、共享成果的路径与模式的探索，出现了合作社、股份制、经营团队等多元化乡村旅游运营模式，吸引当地村民、村集体、非遗传承人、返乡青年、文艺青年、乡贤、外来经营者与投资者等共同参与乡村旅游的发展。在"景区 + 社区"的家园中，参与者们让乡村生机勃勃，也使自身物质生活富足、精神生活幸福。

2. 旅游激活了乡村土地等生产要素

通过做大旅游产业、发展共享经济，浙江省不仅盘活了乡村房屋等闲置资产，提升了土地等资源的配置效率，还活化了乡土文化，使本土匠师重拾传统技艺，返乡青年和城市精英等优秀人才驻村创作，社会公益组织也更加关注乡村，促进人才、资本等要素的逆向流动，有效缓解乡村发展中的要素瓶颈。乡村旅游发展不仅有助于实现按资、按劳分配，也拓展了按权分配渠道，以产权激励优化资源配置，提高了农民与各类参与者的工资性收入、经营性收入，为提高财产性收入创造了条件。

3. 旅游赋能传统农业转型升级

旅游具有拉动第一产业、联动第二产业和带动第三产业的功能，是农村地区一二三产业融合发展的综合动力。应以农业生产经营为特色，充分利用自然生态与田园景观、农业资源和现代农业，结合乡土文化及乡村生活，打造全新的多功能的农业生产经营模式。旅游促进特色农产品深加工、精加工与创意加工，浙江省推出的"百县千碗"工程，目标就是打通农业"生产－加工－产品"各环节，将原材料通过加工转变为美食和旅游产品，整合农业－旅游生产链，带动食材生产基地、食品加工基地、美食网点建设，并通过标准化与品牌化，实现规模化发展。

（三）旅游促进了民营经济高质量发展

浙江是民营经济较为发达的省份，旅游是中小微民营企业集聚的行业，浙江在处理政商关系上积累的丰富经验为旅游发展提供了良好的营商环境，旅游也极大地促进了民营经济转型发展。

1. 旅游为民营资本提供了投资机会

旅游因其具有较低的进入门槛、不断提升的产业地位、多样化的投资方式和多元化的投资领域等特点，不断激活民间资本，成为浙江省民营企业投资的一大热点领域，为相对弱势的中小微企业，为个体创客、家庭、合作社等各类个体与组织提供了投资和参与的机会，带动了贫困地区中低收入人群与家庭的增收。特别是在旅游市场需求细化与圈化的背景下，定制化旅游产品和服务越来越受到欢迎，为小型特色民营企业提供了实现资本良性扩张、投资盈利的新机遇。

2. 旅游促进了民营经济发展壮大

与其他产业相比，旅游具有更大的开放性和竞争性，可以充分发挥民营经济产权明晰、机制灵活、创新力强的优势。2001年，浙江省出台《关于进一步加快旅游产业发展的若干意见》，在"谁投资，谁受益"原则的鼓励下，其极大地激发了民营企业参与发展旅游、做大做强旅游产业的热情；在信息化时代，公平竞争的市场环境日益完善，为各类市场主体特别是中小微民营企业创造了广阔的生存与发展空间，推动了民营经济转型升级与高质量发展。

三　高质量发展推动共同富裕背景下旅游发展的新思考

经济高质量发展是我国建设社会主义现代化国家的必然要求。应对我国社会主要矛盾的变化，旅游需要重新思考其在高质量发展推动共同富裕背景下的地位与作用。

（一）高质量发展推动共同富裕背景下旅游的新作用

共同富裕不仅要获得公平的分配、共享的公共服务，更要获得同等公平的发展机遇；共同富裕也不再停留于物质层面，物质生活与精神生活共同富裕才是全面建设社会主义现代化国家的重要任务。在这一过程中，旅游可重点强化以下三个方面的作用。

1. 发挥旅游在增强文化自信中的推动作用，促进精神共同富裕

全面建成小康社会后，人们必然会产生新的、更高水平的对美好生活的需求，而思想文化、精神意志、社会心态等各类精神贫困问题也会日益凸显，旅游无疑是推动物质生活与精神生活共同富裕的最佳选择。一方面，旅游扶贫给予欠发达地区居民更充分的参与权，在增收致富的基础上，通过共建、共享发展成果，保障居民的文化和旅游休闲权益，补齐精神生活短板，进一步激发共同富裕的内生动力；另一方面，要使欠发达地区的社区成为幸福的精神家园，旅游不仅使优秀传统文化得到发掘、弘扬和振兴，也可强化对现代乡村文化的提炼、传播与共享，全面增强文化自信。

2. 彰显旅游对区域形象的塑造传播作用，赢得区域平等发展机遇

长期以来，贫困地区传递给大众的是经济发展水平低、交通等公共设施配套差、民众科学文化素质低等形象，容易被资本抛弃而失去发展机遇。因此，要强化旅游在激活贫困地区优势资源与生产要素中的作用，促进公共设施与服务的建设和提供，将土地、生态、人文等资源优势系统地转变为经济发展的环境优势，重塑价值认知，改善落后地区的形象；要充分利用新媒体，拓展旅游形象传播渠道，使每一位旅游者都成为即时、移动的形象传播者，充分利用自媒体传播速度快、范围广、频率快、影响大的特征，强化旅游对于区域形象的塑造与传播作用。

3. 强化旅游在营造优质环境中的渗透作用，促进人才等要素逆向流动

旅游丰富了休闲活动、优化了生存空间，对于区域建设宜居、宜业、宜养、宜学之地具有重要意义。要放大旅游在塑造区域整体环境与休闲氛围中的作用，以旅游发展过程中所积累的运营经验与标准化的改造方法，推动区

域基础设施高质量建设，为高端人才引入创造条件，在促进要素逆向流动中发挥新作用。要深化探索旅游与产业融合发展的新路径，特别是对于传统经典产业，通过旅游与产业深度融合，使传统产业焕发新的活力，获得更多的投资与发展机会。要通过企业的景区化改造，改善企业的生产环境，重塑企业品牌形象。

（二）旅游促进共同富裕的路径新突破

要充分发挥旅游在促进共同富裕中的新作用，就要进一步打破传统的路径依赖，在市场化、分配渠道、数字化等方面实现新突破。

1. 以市场化运作获得更公平的发展机会

在由规模化发展向高质量发展转型的过程中，欠发达地区的旅游发展要逐渐摆脱对政府的依赖，强化市场在资源配置中的调节作用，营造更为公平、高效的市场环境，让市场主体拥有更加公平的发展机会。首先，引导欠发达地区旅游集群化发展，处理好集群内部外来企业与当地企业、各类投资主体与服务主体的利益关系，探索适应市场经济规律的发展模式，加强人才、用地、金融等要素保障，提升效率，推动产业升级。其次，洞察各地市场经济发展条件存在的差异性，探索适合自身条件的市场化运营模式，优化按劳、按资、按权分配机制，让各利益主体均有参与旅游发展的机会、获得劳动性收入和财产性收入的权益。最后，尊重旅游经济发展的规律，探索链接欠发达地区与发达地区的区域合作路径，将以往对于欠发达地区点对点的帮扶转变为市场导向的区域旅游经济合作模式，通过市场化运作线型旅游产品，让欠发达地区与发达地区共建共享旅游发展成果。

2. 以旅游为载体探索第三次分配

旅游是生活富足后产生的需求，旅游需求多元化反映出人们对精神层面的更高追求，是社会文明进步的体现，与第三次分配体现出的社会成员的生活态度与精神境界一脉相承。首先，以旅游驱动爱心，形成第三次分配的社会氛围。第三次分配是基于社会机制的爱心驱动，与第一次分配基于市场机制的利益驱动、第二次分配基于行政机制的强制调节存在本质差异，旅游的本质就是追求人文关怀，反映了人与人、人与社会之间的友爱关系，因此有助于形成乐善好施的社会价值理念。其次，以旅游延展第三次分配的领域。旅游与生态环境、资源保护、文化传承、公共产品供给密切相关，是社会组织与社会力量关注的主要领域，应通过旅游使人们更加关爱自然、文化、社会。最后，培育壮大志愿者队伍。旅游是一个季节性强、波动性大、参与面广、带有一定公益性的产业，这给旅游服务质量管理带来了一定的困难。志愿服务因其内容和方式的多样性、灵活性，在旅游领域更能体现出对社会资源合理有效的重新配置。

3. 以数字赋能实现农文旅融合的高质量发展

建设高效的数字化平台，简化流程，推进多领域系统对接、数据共享、业务流程高效协同，提升农文旅公共服务效率。首先，大力发展数字金融，利用互联网实时收集海量客户信息，实时更新信用数据库，完善社会征信系统，有效解决中小旅游企业融资难问题。其次，大力建设数字乡村，加强信息基础设施建设，促进城乡在规划布局、要素配置、产业发展、公共服务等方面深度融合，通过消除"数字鸿沟"，助力城乡融合发展；全力推动文旅与农业产业链各环节闲置信息资源的整合与共享，促进产业深度融合。最后，发展智慧旅游，以大数据和数字化管理洞察消费需求，扩大优质农文旅产品供给，打造"农业＋文化＋旅游"极具辨识度的产业 IP，通过线上电商和线下销售等实现流量变现，着力做好沉浸式、体验性旅游产品和服务，实现农文旅数字化转型。

四　旅游促进高质量发展推动共同富裕的对策

（一）强化文化提炼与品牌建设，推动物质、精神共同富裕

乡村旅游是农业文明和商业文明协调发展所创造的新型业态，通过主客共建共享物质与精神生活，让村民安居乐业、文化繁荣昌盛，激活乡村内生活力，最终实现乡村文化延续和人文塑造。

1. 加强当代乡村文化的创新与提炼

乡村是农耕文明之根、中国传统文化之源，但在工业化视域中，乡村成为农产品和廉价劳动力的供给基地。随着工业化带来的问题日益凸显，乡村价值得以重估，现代乡村理当成为后工业革命时代文化的重要叙事者。

挖掘、提炼后工业革命时代的乡村文明，延展乡村文化。随着美丽乡村建设等一系列战略的实施，我国乡村已发生巨大变化，现代乡村环境与乡村生活也越来越成为吸引青年、乡贤返乡，游客由观光向旅居转变的重要驱动力，被乡村吸引的人们同时也将自身的审美情趣嵌入乡村，重构乡村文化、经济和社会。优美的自然环境、浓郁的乡土文化，加上现代农业与生态文明，乡村逐渐演变成为新型文化综合体，因此要加快解码现代乡村的文化基因，提炼文化特色与元素，重塑乡村形象，从根源上激发村民的文化自觉，增强主体意识。

加快乡村公共文化建设与乡村文化的产业化发展，保障居民的文化与旅游休闲权益。高度重视休闲对提升人的文明素质的重要意义，乡村休闲不仅能促进乡村经济发展，还有利于表达、维系及丰富人与人、人与社会之间的亲密关系，促进乡村居民个性化、多样化、多元化发展。要结合现代乡村公共文化发展做好公共文化服务，创新乡村文化产业化发展路径，丰富乡村文化休闲活动，积极引导乡村居民的日常休闲消费，让乡村旅游休闲设施实现主客共享。特别是要开发农闲季节乡村休闲度假产品和活动，让农民在闲暇时间与游客有更好的交流，共享休闲物质生活与精神生活。

2. 以品牌建设共享物质文化成果

品牌承载着文化、传递着精神。乡村旅游品牌建设不仅有助于提炼文化要素、提升文化价值、形成文化共识，还有利于传播文化与塑造形象，可通过共享品牌价值，促进物质与精神的共同富裕。

重视公共农文旅品牌的打造，形成共同的价值观。推进跨区域线型旅游产品的品牌打造，以共同的文化脉络打造统一的线型产品品牌，以资源分布的空间格局有机串联线型产品的时空形态，以集体文化记忆促进发达地区与欠发达地区互动以及代际互动，使文化得以传承、品牌得以共享。加快区域农文旅融合的公共品牌打造，以跨界品牌建设带动要素融合，深层次促进产业融合，提升竞争优势，获得市场综合资源，全面提升品牌价值和综合竞争能力。

加强跨区域跨界合作，完善市场运作机制。创新区域协作机制，整合区域资源，实现要素有效流动，打造全产业链体系，推动区域经济整体协调发展，缩小区域间经济差距。打造常态化政府交流平台，统筹配套公共设施，制定共同政策与标准，实现市场综合监管；发挥财政资金的杠杆功能，加快市场主体培育，鼓励金融机构对跨区域与跨界运营企业和项目的支持；加强对企业社会责任的规制，将回馈社会的责任放在与企业自身发展同等重要的地位；完善跨区域跨界市场运行机制、价格机制，健全产权制度，充分发挥市场在资源配置中的决定性作用。

（二）探索按权分配机制，创造更多的参与机会

欠发达地区由政府补贴与帮扶转向市场化运作，产权制度建设是根本，要在按资、按劳分配的基础上，进一步探索按权分配机制。结合欠发达地区旅游发展的实际，重点做好以下两个方面的探索。

乡村公共设施与服务共享中的有偿使用。乡村公共设施与服务是乡村旅游发展的重要依托，但乡村公共设施维护与公共服务供给一直是困扰乡村旅游发展的一大难题，特别是欠发达地区村集体经济薄弱，旅游者留下的垃圾清理、公共设施维护成本高等问题无法得到有效解决，民富村不富现象较为普遍。因此，要加强乡村旅游发展中共享公共设施与服务的类型与属性研究、公共设施与服务的供需研究、基础公共设施资产评估研究，特别要加强乡村污水处理、垃圾处理、乡村公共交通与停车场、乡村公园绿地及配套的服务设施、乡村公共空间的广告设置权等研究，全面探索乡村公共资源有偿使用问题，提升乡村公共资源使用效率，增加乡村集体的权益性收益。

创新自然生态环境要素产权制度，探索多样化的补偿方式。欠发达地区是自然生态环境优美之地、两山理念与两山转换的实践之地，是旅游产业发展的重要依托。自然生态环境是一种特殊的生产要素，虽然所有权清晰，但

产权形式不尽相同，在市场经济条件下结构性缺失问题突出。因此，要在国家全力推进自然资源资产产权制度建设的基础上，结合农文旅融合发展的实际、市场供求和资源稀缺程度，构建自然生态环境要素市场，对自然生态环境进行充分的价值补偿。在农文旅融合发展的实践中，探索多样化补偿方式，在生态功能重要地区开展研学旅游的可行性研究；对自然保护地控制区开展经营性项目特许经营管理制度研究；对欠发达地区的海洋、湖泊、江河、池塘、森林、湿地等自然高碳汇体开展旅游开发价值研究；开展生态系统保护修复工程与生态旅游有机结合的系统研究。

（三）发展壮大公益旅游组织，发挥第三次分配作用

在遵循三次分配这一基础性制度安排的前提下，结合旅游的属性与促进共同富裕的需要，探索社会组织参与旅游发展的激励机制。

利用旅游的人文、传播属性，形成第三次分配的社会氛围。第三次分配是基于自愿原则和道德准则对所属资源和财富进行的分配，体现了社会成员更高的精神追求。发挥旅游在培育道德力量中的积极作用，通过寓教于乐的方式，从小培养志愿服务意识与能力，形成良好的社会氛围，让志愿服务成为一种生活习惯；鼓励乡村旅游由集聚向集群化发展，构建知识交流网络，发挥知识溢出效应，激励各类社会组织共享技能性知识与客源渠道等，帮助当地弱小企业共同成长；借助旅游的窗口，让更多的人受益于社会组织的无偿捐赠、了解社会组织的公益事迹，促进社会荣誉制度、精神激励体系建设。

培育旅游相关的公益组织，壮大旅游志愿者队伍。不仅要壮大为游客提供服务的志愿者队伍，更要壮大为欠发达地区居民参与旅游提供服务的志愿者队伍，通过奉献技能与知识、时间与爱心，为他们提供参与旅游发展所需的专业服务与指导，破除其存在的心理障碍，提升弱势群体物质与精神层面的获得感、幸福感。政府要为社会组织和谐稳定发展提供保障，保障社会组织的服务费用、职称评定等，调动其积极性，形成协同合力的社会组织人才队伍。加强志愿者队伍的专业化建设，完善志愿者的招募、培训、评估、激励、退出机制，形成结构合理的志愿者队伍。

参考文献

郑会霞：《"后扶贫时代"的贫困治理：趋势、挑战与思路》，《河南社会科学》2020 年第 10 期。

江亚洲、郁建兴：《第三次分配推动共同富裕的作用与机制》，《浙江社会科学》2021 年第 9 期。

中共中央办公厅、国务院办公厅：《关于统筹推进自然资源资产产权制度改革的指导意见》，2019 年 4 月 14 日。

G.5
我国旅游市场营销趋势：在逆境中探寻发展

杨洋　蒋乃鹏　沈涵*

摘　要： 疫情之下，我国旅游业仍面临不利的发展环境，对旅游市场营销提出了诸多挑战。如何采取行之有效的营销策略，让旅游业能够在逆境中破局增长是亟待解决的问题。本文通过分析我国旅游业面临的机遇和挑战，对我国旅游市场营销的新趋势进行深入剖析，以期为现阶段中国旅游业适应新形势提供借鉴。

关键词： 旅游市场　营销趋势　中国旅游业　营销策略

新冠肺炎疫情发生以来，消费者的旅游需求和消费方式都发生了改变，疫情限制了线下旅游方式的体验，催生了云直播、云看展等新的旅游模式，为旅游发展带来了新的机遇。我国旅游营销呈现七个新的发展趋势。

一　技术加持，持续深化旅游营销的数字化

根据中国互联网络信息中心（CNNIC）统计，截至 2021 年 6 月，我国互联网普及率达71.6%，网民规模达10.11亿，人均每天上网时长为3.8小

---

* 杨洋，复旦大学旅游学系博士研究生，主要研究方向为旅游文化与创新；蒋乃鹏，复旦大学旅游学系博士研究生，主要研究方向为旅游文化与创新；沈涵，复旦大学旅游学系教授，博士生导师，中国社会科学院旅游研究中心特约研究员，主要研究方向为消费者行为、旅游市场营销、城市品牌。

时，网络购物用户规模达 8.12 亿，在线旅行预订用户规模达 3.67 亿。新冠肺炎疫情使人们和数字化技术联系更为紧密，进一步提高顾客对数字科技的青睐度和使用率（见图 1）。

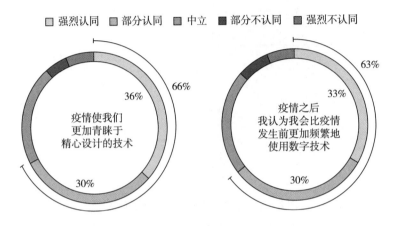

图 1 消费者因新冠肺炎疫情对数字技术的情绪变化

资料来源：德勒全球营销趋势消费者倾向调查。

数字时代从根本上改变了顾客对于便利、速度、价格、产品信息、服务和品牌互动的看法，也给市场营销者提供了一种为顾客创造价值、吸引顾客参与并建立顾客关系的全新方式。据统计，中国消费者每日观看云旅游时长达到 1~2 小时的人数占 22.9%，2~3 小时的占 22.8%，3 小时以上的占 4.3%（见图 2）。在物质丰富度大幅提高的现在和未来，数字技术是旅游者消费升级下供需协调发展的强劲推动力，是旅游企业和品牌在新的流量竞争格局下存活的核心。旅游营销的数字化已经成为一种新的战略工具，在旅游业中扮演着重要的角色。

虚拟现实（VR）和增强现实（AR）的使用不仅在 2022 年，而且会在未来数十年里成为市场趋势之一。这些技术将被用于推广产品和服务，持久地改变市场营销的面貌。VR 技术通过计算机生成现实，在三维空间中构建一个梦幻般的世界。通过 VR 眼镜，用户可以沉浸在一个全新的世界中，可以用手与物体进行互动。AR 技术是一种实时计算摄影机影像的位置及角度

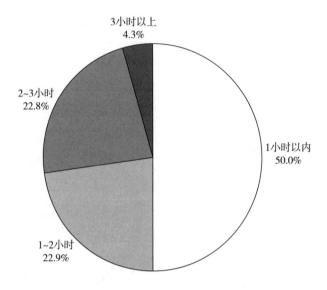

图2 中国消费者每日观看云旅游时长

资料来源：草莓派数据调查与计算系统（Strawberry Pie）。

并加上相应图像的技术，这种技术的目标是在屏幕上把虚拟世界套在现实世界并进行互动。VR 和 AR 通常也被称为 360 度营销，将数字营销带入"沉浸式营销"时代，促使游客为超出预期的体验买单。

人工智能（AI）和机器学习是计算机科学的一个分支，它教会机器做需要人类智慧才能完成的事情，例如学习、社交、推理或解决问题等任务。人工智能已经完全渗透我们的日常生活。销售人员也将在日常营销工作中越来越多地使用这些技术。营销领域的人工智能通过在线和离线客户数据，以及机器学习、自然语言处理、社会智能等，评估消费者未来的行动，帮助旅游组织在适当的时间通过相关的市场营销媒介向目标受众传递适当的信息。旅游企业可以使用人工智能和机器学习解决营销问题和改进流程，具体领域包括：客户细分和创造个性化用户体验、分析和预测旅游者购买模式、重新定位相似的受众、动态定价以及智能推荐产品。

私域营销也是数字化营销的新趋势。随着消费升级，消费者的精神追求需要载体、审美需要主张、心灵呼声需要得到呼应、身份需要得到群体认可。粗放式营销模式在消费升级趋势下已经行不通。私域营销采用一种去中心化的直达消费者的模式，把流量从公域或他域引流到私域进行直接营销，如从各大社交平台、娱乐平台、OTA 平台等公域平台，将公域流量引到旅游目的地或旅游企业的官方网站、公众号、App、视频号、个人微信群等私域平台。私域营销不但能让旅游目的地和旅游企业清楚地跟踪、了解流量转化的目标群体、主要平台、关键环节，还能拥有消费者数据的所有权。基于海量消费者数据，进行精准营销，满足消费者显性或隐性需求，吸引消费者参与互动、复游复购，从而收获旅游者全旅程、全生命周期的价值。

二 借势直播，深挖场景化互动化营销体验

新冠肺炎疫情改变了很多企业传统的营销方式，大量旅游企业开始深入挖掘数字化场景营销的潜力。这一趋势背后折射出的，是疫情带来的企业核心营销观念的变化——更加重视营销过程中的顾客体验，利用各种技术手段积极地同顾客展开多维度的互动。这一理念不是简单的口号式的"以顾客体验为中心"，而是一种人本主义营销哲学的觉醒——无论这种觉醒是企业的主动选择，还是疫情之下求生的无奈之举。人本主义哲学指导下的营销模式迎合了人本身追求丰富体验的天性，把商品或服务中所蕴含的美好和真实之处借助各类新技术和新媒体渠道更加多元地呈现在消费者面前，并进一步将这种丰富的感知引导为购买和消费的行为。这一点在近年来视频平台的部分旅游直播和旅行打卡数据中可窥一斑。

新冠肺炎疫情发生以来，线下旅游行业的发展始终步履维艰，为了积极面对困境、重振行业的信心，同时也为了拓展新的营销渠道，携程集团创始人梁建章、去哪儿网总裁勾志鹏、途牛集团 CEO 于敦德、景域集团董事长洪清华等 OTA 头部公司的高管纷纷试水"旅游＋直播"的营销模式。此外，除了飞猪、马蜂窝、去哪儿等专业旅游 App 外，抖音、小红书、微博等公共社交平台也专门开设了旅游视频直播或者话题的板块，为旅游直播推波助

澜，2020年因此被称为"旅游直播元年"。

旅游直播是基于短视频和直播用户的巨大体量展开的，据CNNIC的统计数据，截至2021年6月，我国短视频用户规模为8.88亿，网络直播用户规模达6.38亿，其中，电商直播用户规模为3.84亿，占网民整体的38.0%。然而，对比淘宝、抖音等已经探索成功的网红带货模式，旅游企业在利用和转化这些用户流量时还面临许多特有的障碍：旅游产品不适合传统电商的"薄利多销"模式；旅游消费具有滞后性，用户面临高昂的决策成本；旅游直播对主播的素质要求很高……这些原因都导致小企业对"旅游+直播带货"模式望而却步，一些盲目跟风参与的企业尝试后往往也血本无归。

当然，这并不意味着旅游直播带货模式是失败的，相反，如果企业能够牢牢把握住营销中的场景化和体验化要素，向用户传递真实的体验感受，那么仍能够获得营销上的成功（见图3）。例如，携程集团发布的《2020携程"BOSS直播"大数据报告》显示，携程集团创始人梁建章通过40余场直播共创造了超11亿元的成交总额（GMV），其中直播间重复购买2次或以上的用户占比超过60%。除了梁建章本人的名气带动之外，这一成绩的取得与他为直播所做的准备工作密不可分——在每次直播之前他都要将当地代表性产品深度体验一番，因此在直播时能向观众传递真实、有趣的营销点。

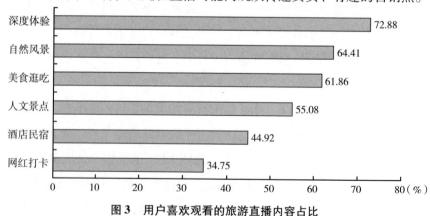

图3 用户喜欢观看的旅游直播内容占比

资料来源：马蜂窝旅游。

与网红直播带货模式不同，抖音、小红书等平台为我们展示了另一种利用在线视频平台开展旅游营销的可能。抖音发布的《2020年抖音旅行创作者生态白皮书》显示，2019年11月至2020年11月，抖音旅行打卡视频数量达到7亿个，播放量超过万亿次。不同于许多直播带货的诱导式消费模式，这些平台能够吸引旅游潜在用户群，主要依靠各类旅游视频博主的直播互动或者现场解说视频，这些博主通过真实参与某个旅游线路或者行走某段地理路线来吸引粉丝并与之互动，借助镜头视角为网友详细展示旅途中的美景、美食和风土人情，屏幕前的观众得以深度进入广阔的自然和人文世界中，同主播一起参与体验一场"真实"的旅行，继而在线上"种草"某款旅游产品或者某个地方的旅游行程，这样就借助直播为企业或者目的地积累了"线上资产"。当用户在未来真正把出行欲望转化为购买行动时，这些资产便达到了"变现"效果。马蜂窝发布的《旅游直播时代——文旅生态洞察2020》报告显示，人们观看旅游直播的心理预期往往并不是从消费开始的，而是被有趣的旅行或好玩的目的所吸引，数据表明，有72.88%的用户更加青睐深度体验类直播内容。直播过程中与观众的多方位互动是构成深度体验的重要途径，它能够让整个旅游过程显得更具有真实性，从而潜移默化地影响其消费决策。

三 立足文化自信，线上线下联动引爆文创IP

早在疫情发生之前，故宫博物院就以独具创意的周边产品和出色的网络营销赢得了大量关注。2020年疫情发生以来，越来越多的博物馆和文化遗产旅游地结合自身IP主动挖掘相关文化创意，通过互联网等渠道积极展开营销，创造出一个又一个"火出圈"的文化项目，提高了IP知名度，带动了当地的旅游收入增长。

当前文创产业展现出"IP创意活化+互联网+旅游+周边衍生"的基本商业模式。其中，结合各类新技术手段的IP创意活化为模式的核心，互联网为主要传播渠道，旅游和周边衍生品为项目变现和进一步扩大影响力的

手段——旅游和周边衍生品借助互联网进行二次创作，可以为 IP 本身继续注入新鲜创意。

借助各类新技术手段对原有的 IP 进行创意加工，使其展现出新的活力，是整个商业模式的核心，而文化自信又是 IP 创意的基础。得益于我国 5G 基础设施的普及和云计算技术的运用，疫情期间，许多博物馆通过数字化的方式将藏品"搬"到了 App 和小程序中，人们足不出户即可利用手机等各种智能设备实现"云看展"。一些博物馆还加入了巧妙的设计，让观众能够同这些古老的文物进行各种有趣的互动，为冰冷的文物赋予人的温度。而 2021 年河南卫视推出的《唐宫夜宴》《洛神水赋》《龙门金刚》等节目，更是运用现代科技生动演绎了如何把文化遗产 IP 活化，在互联网上引起了巨大的反响。四川三星堆博物馆则借助三星堆遗址的文物发掘工作展开热点营销，及时运作"三星堆古蜀人的厨房用品""三星堆连拆六个盲盒"等微博话题，用诙谐生动的语言解说三千年前的文物，一时占据了微博热搜榜。河南卫视的系列节目和三星堆考古的"火出圈"，都证明了文创 IP 的营销潜力。它们的共同特点是：立足于本区域既有的文化背景，在当代背景下结合现代人的生活，讲述"旧文物"在"新环境"中的新故事。这种敢于且乐于借助互联网平台对文物进行创新营销的做法，正是来自营销方对自身 IP 的文化自信，也来自观众基于文化自信而对新事物的包容和接纳。

旅游和周边衍生品的后续开发为文创项目的变现提供了保障，并进一步成为后续 IP 创意的灵感来源。《唐宫夜宴》等节目的传播和三星堆遗址的营销为 IP 背后的博物馆带来了巨大的流量：携程发布的 2021 年上半年文博游大数据显示，河南博物院、开封博物馆以及三星堆博物馆均上榜"最受欢迎的十大博物馆"。此外，河南博物院和三星堆博物馆还借助盲盒经济的概念，纷纷推出具有 IP 特色的"考古盲盒"，迎合了"90 后"和"00 后"新一代消费主力，成为文创产品中的爆款。考古盲盒的成功，一方面符合人对随机事物的好奇心，另一方面满足了顾客同文创产品的多维互动需求，体现了营销的人本转向趋势。

但不能忽视的是，有些文创 IP 单纯为了追求营销效果而"媚俗化"

"低俗化"，招致批评之声，这也为未来企业的营销活动敲响了警钟。例如，某博物馆在一次营销时选择热门盗墓题材的小说展开联动，把严肃的考古学术事业同违法的盗墓活动联系在一起，引发了相关学者和从业人员的抗议。这也从反面提醒企业和相关从业者：营销活动是围绕产品或服务展开的，其目的是推广创意、获得积极的影响力，而不是追求销量、访问量等数据，营销活动应当有不可逾越的底线。

四　跨界融合，全方位满足游客的多样化需求

受疫情影响，大多数旅游企业不得不面对严峻的经济形势。为了全方位满足游客多样化需求，企业开始打破传统行业界限，转向创造性的营销策略，通过建立新的合作方式，实行跨界营销。跨界营销是一种新型合作关系，在两个或者两个以上不同领域的非竞争品牌中，基于一致的市场发展目标和发展利益，联合使用这些品牌的要素，共享双方优质资源，共同投资数字化平台，运用新的方式和顾客互动，引起消费者的注意和兴趣，从而实现跨界品牌联合的市场最大化和企业利润最大化。

面对动荡的经济环境，旅游企业通过跨界营销，将各自的品牌产品、目标市场和大数据资源等多个要素整合起来，打造出具有新思维、新观点以及新理论的跨界产品，找到跨界营销准确的切入点，引起消费者共鸣，增强营销效果。故宫文创品牌与其他品牌方融合打造了很多经典跨界营销的成功案例，不仅让自己获得了"国民第一 IP"的美誉，还使双方互利共赢，引领了营销领域新的发展趋势，实现了中国传统文化传承与创新的跨界融合。故宫和奥利奥打破了原有格局，将反差萌和趣味性的元素融入饼干命名和宣传海报中。将生活中有趣的元素融入奥利奥饼干中，兼顾趣味性和创新性的故宫奥利奥品牌联名方案，引起了消费者的共鸣。故宫与百度旗下的人工智能品牌 AI 小度联合推出了"小度在家 1S 故宫文化限定版"。古典与现代的碰撞、文化与科学技术的融合，不仅实现了双方品牌商业利益的最大化，还对中国传统文化的传播起到了推动作用。故宫和百雀羚彩妆的跨界联名将故宫

的古典元素和百雀羚化妆品的时尚元素相结合，使消费者眼前一亮，既满足了消费者追求个性化的需求，也满足了消费者情感化的消费需求。故宫百雀羚联名款的彩妆，既蕴含消费者崇尚的古风文化，充分展现了优美的古典元素，也体现了百雀羚的独特个性和品牌价值。

五　敏捷营销，加速顾客与市场的高效连接

移动互联网时代，加之疫情的不确定性，营销环境瞬息万变。科特勒提出，长期化的新冠肺炎疫情和多变的消费者给企业带来压力，必须从更短的机会窗口中获利。为应对这样的挑战，旅游业需要适应快速变化的环境，有效实施敏捷营销策略。敏捷营销是一种通过具备敏捷思维理念的去中心、跨部门的敏捷团队，快速概念化、开发创意、设计、投放、验证、调适的营销策略。旅游中小型企业想要在动荡不定中生存，更需要敏感追踪，捕捉企业外部环境的市场信息，并且快速、精准地筛选和分析信息，充分利用数据并对市场做出正确的判断，掌握市场风向舵，从而趋利避害。

敏捷营销主要包括三个方面。一是基于顾客需求的快速响应。敏捷营销意味着对不断变化的客户需求和期望做出反应，并快速地协调目标和资源。旅游企业可以利用大数据技术，挖掘海量消费者行为数据，实时掌握疫情政策趋势和市场需求动态，从而具备预测热门旅游的能力，且能根据疫情发展趋势，迅速调整企业战略。二是高灵活性。敏捷营销是企业管理不确定性的动态能力，为了快速适应变化的环境，高效且灵活地重新部署，在内部和外部环境允许的情况下，将其资源用于收益更高的旅游活动。旅游营销人员要更加灵活，能够快速、轻松地应对市场变化。因此，营销敏捷性也被学者定义为企业在短时间内重新配置其营销资源的能力，以快速适应变化的市场条件，并更有效地满足市场需求。三是快速和持续改进。快速改进是一种持续的活动，包括快速调整营销计划（例如资源、服务和人员），迅速响应客户要求，并采取果断措施。一方面，旅游企业通过频繁的活动、会议或部门主管快速跟进，了解在旅游活动中的不足之处，找出差距和弱点，并进行相应

的干预以提高性能；另一方面，在实际的小规模市场尝试投放旅游产品，从真实市场结果中获得反馈，并根据情况即时调整，从而实现营销策略的持续优化。

六　重视安全，周边游成为营销发力点

新冠肺炎疫情发生以来，有学者调研后发现，疫情引发了大范围的"旅行恐慌"，其中健康风险和心理风险感知是导致游客恐惧、旅行焦虑的主要原因。如何在疫情相对稳定的情况下向游客传递旅游安全感？如何在出现疫情时建立一个高效、负责和安全的旅游目的地形象？要解决这些问题，不仅要依靠企业的营销策略，更考验着相关地方政府的治理能力。在疫情影响下，大量原本计划出游的游客被迫取消出行计划或者转为国内游、省内周边游，带动了城市周边游和城市内微旅游的发展。文旅部发布的《2021年国庆节假期文化和旅游市场情况》报告显示，2021年国庆期间的旅游客流主要集中在省内，本地游、周边游、近郊游是主流。因此，对于国内旅游企业来说，未来的营销应该侧重于以下几个方面。

首先，旅游企业应当充分利用当前旅游数字化的成果，在宣传内容上重点强调企业对智慧化管理和线上工具的充分利用，以及对线下防疫标准的严格执行。尤其对于酒店住宿业而言，卫生安全直接牵涉顾客的人身健康问题，主动展示客房的卫生标准、防疫消毒措施执行情况、员工的健康证明等可以有效提高客户对酒店品牌的信任程度。其次，相关企业应当深挖周边游、自驾游和高品质小众游相关的旅游项目，针对利基市场，在营销上突出旅程的自然康养性、深度定制性和主题多元性。新冠肺炎疫情引起了人们对空气质量、游客密度以及自然养生的重视，《2021年国庆节假期文化和旅游市场情况》报告指出，2021年国庆期间，以短时间、近距离、高频次为特点的"轻旅游""微度假""宅酒店"受到游客青睐，一二线城市近郊的度假型酒店、高品质乡村民宿及主题乐园周边酒店预定火热，房车露营、周边自驾成为出游热点。如果企业能把握住这一趋势，有针对性地设计定制化的

行程，突出其中的绿色康养元素，那么疫情带来的危机也就能成为盈利的转机。最后，主动传递产品服务退换方便的信息，让消费者降低决策成本。由于疫情状况起伏不定，消费者的出行计划很可能因为疫情突发而被迫中断，企业在营销时应充分传达疫情造成的订单可退可改政策，让消费者在购买时减少后顾之忧，这同时能够树立企业负责任的正面形象。

此外，地方政府在构建安全、人性化的旅游目的地形象时应当发挥积极作用。疫情下的旅游目的地形象与地方政府的作为息息相关，地方政府通过利用疫情相关的事件主动展开营销公关，甚至能够以进为退、扭转负面形象。例如，2021 年 7 月，张家界市发生疫情，在采取措施控制住疫情后，中共张家界市委旅游工作委员会办公室发布的《致居留在张家界游客朋友的一封信》开始在网上热传，网友们称赞这封信"有温度"，称赞张家界市"有责任、有担当"，彰显了当地政府的人文关怀，微博话题"被张家界闭园海报破防了"一度到达热搜第二位。由此，张家界市不仅消弭了舆论的质疑，还建立了一个积极防控、关心游客、主动担当责任的旅游目的地形象，正是这种"以人为本"的治理理念换来了公关营销上的成功。

七 "Z 世代"，打开旅游营销新市场

"Z 世代"是指出生于 1995～2009 年的一代人。他们生长在网络信息时代，伴随数字信息技术、即时通信设备、智能手机产品等长大，又被称为"网生代""互联网世代""二次元世代""数媒土著"等。尼尔森 IQ 数据显示，我国"Z 世代"人口约占全国总人口的 19%，人数约为 2.6 亿，约有 55% 的"Z 世代"依旧在校园中，这群"Z 世代"大学生月均零花钱接近 1680 元。科特勒咨询集团创始人、全球总裁米尔顿·科特勒表示：中国的"Z 世代"已经学会了美国的消费方式，开始超前消费。随着"Z 世代"步入社会，其消费力逐步释放，将成为未来旅游消费的潜力群体。国庆黄金周，是一年一度的旅游狂欢期，国庆旅游数据也最能反映旅游市场趋势。2021 年国庆节，"80 后""90 后"旅游者依然人数庞大，但是"00 后"和

"90后"的"Z世代"人群总数已占48%（见图4），占比相较于2019年增长了3个百分点，未来将会成为旅游的主导市场。

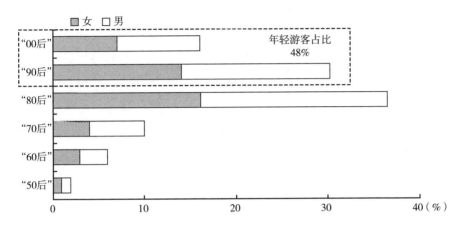

图4　2021年国庆节出游人群性别年龄分布

资料来源：马蜂窝大数据中心。

　　"Z世代"出生在信息爆炸的时代，不仅把网络当作娱乐消遣，还倾向于线上学习、通过网络感受世界和追求精神的充实。新生代普遍没有生活压力，甚至拥有丰富财产，他们的消费观离质量、性价比越来越远，甚至不屑于追求流程。同时，他们在面对企业和品牌时表现出异常的自信和"桀骜不驯"。作为新兴消费者，他们拥有全新的消费观念，更愿意为兴趣买单，接受情感带入更强的产品。"Z世代"出生于祖国繁荣强大的时代。因此，他们能与主流价值观、与家国情怀同频共振，对国产品牌更有信心。文化自信、时代价值、日常烟火等多维"在场"的中国故事更能吸引"Z世代"。

　　该群体人数庞大、消费能力可观、处于心智培养的特殊阶段，正被绝大多数品牌视作重点关注的潜力群体，也是未来旅游营销的新市场。随着年龄的增长，"Z世代"会逐渐形成品牌认知、建立品牌忠诚度，谁能优先获取"Z世代"，谁就可以赢得未来的市场。因此，旅游营销必须洞察"Z世代"的代际特征以及消费习惯，用"兴趣、体验、审美和科技"的方式，营造峰值记忆，通过数字化的场景与新一代消费者保持连接和持续互动，通过不

断强化品牌人格化和 IP 化持续输出内容和价值观，建立品牌与"Z 世代"的"友谊"，从而建立其对品牌的长久忠诚。

综上，随着后疫情时代和数字科技时代的到来，旅游业营销环境正在发生极其深刻的变化，对旅游市场营销提出了新的挑战。旅游业要想成功开展营销，须不断追踪外部环境变化，积极预测外部环境变化趋势；通过数字技术，借势直播、立足文化自信；重视安全，进行跨界融合、敏捷营销；积极争取"Z 世代"新消费群体，进而更好地迎合时代发展需要，不断提升自身市场竞争力，在动荡和竞争激烈和市场环境下更好地生存下去。

参考文献

莫梅锋、周湛：《全域化、敏捷化、生态化：效果营销新对策》，《中国广告》2021年第 8 期。

单蕾、王贤锋、朱依曦：《中小企业敏捷营销模式创新》，《商场现代化》2021 年第 16 期。

文求实：《基于私域流量的品牌目标消费者运营探讨》，《商业经济》2021 年第 3 期。

翟趁华：《消费升级视角下私域流量竞争力构建》，《商业经济研究》2021 年第 21 期。

Chua B. L., Al - Ansi A., Lee M. J., et al., "Impact of Health Risk Perception on Avoidance of International Travel in the Wake of a Pandemic", *Current Issues in Tourism*, 2021, 24 (7).

Moi, L. and F. Cabiddu, "An Agile Marketing Capability Maturity Framework", *Tourism Management*, 2021, 86.

G.6
科技赋能中国旅游业创新发展的
模式与趋势*

宋昌耀　殷婷婷　顾嘉倩**

摘　要: 在新一轮科技革命和全球新冠肺炎疫情的影响下，旅游业发展将迎来新的机遇和挑战。科技创新是推动经济增长和社会进步的动力源泉，也是促进旅游业高质量发展的底层变量。数字化、融合化、智慧化、虚拟化、精准化和高效化已经成为旅游业发展的主引擎和新动能，表现为科技赋能下旅游资源整合、旅游业态创新、旅游服务提质、旅游体验延伸、旅游营销变革、旅游治理增效等模式。面对百年未有之大变局，科技创新是旅游业破局制胜之关键，但需要充分把握科技赋能旅游业发展的特征与规律，在复杂的竞争环境中协同合作，并在文化内涵引领下实现可持续发展。

关键词: 旅游业　科技创新　第四次科技革命　高质量发展

一　新科技革命下的旅游业

科技创新是推动旅游业发展与变革的原动力，是旅游业谋求高质量发展

* 本研究系国家社会科学基金重大项目"完善文化和旅游融合发展体制机制研究"（20ZDA067）和北京第二外国语学院新教工启航项目"中国旅游业与工业化协调发展时空特征及其驱动因素研究"（21110012044）的阶段性成果。
** 宋昌耀，北京第二外国语学院旅游科学学院讲师、硕士生导师，主要研究方向为旅游经济与区域经济；殷婷婷、顾嘉倩均系北京第二外国语学院旅游科学学院硕士研究生，主要研究方向为旅游经济与休闲经济。

的重要抓手，对加速旅游产业升级、恢复旅游经济增长有着积极意义。第四次科技革命以数字技术为重要驱动引擎，推动旅游业向数字化、智能化方向发展，为旅游科技创新奠定了技术基础。首先，数字技术赋能科技创新并深度应用于基础设施，构成旅游科技创新的底层构件。例如，以5G、物联网、工业互联网为代表的通信网络基础设施，以人工智能、云计算、区块链为代表的新技术基础设施，以及以智能终端设备、智能交通设施为代表的融合基础设施。基础设施的科技化变革为旅游业科技创新奠定了基础，支撑旅游科技创新发生变革。其次，新科技革命伴随数字化趋势重新定义了消费渠道、产品和服务，重塑了消费者的生活方式、消费心理与行为决策，旅游者对旅游产品和服务的需求发生巨大转变，给旅游领域带来了新的要求与挑战。最后，新科技革命下服务经济加速向体验经济转变，旅游业紧抓科技创新推动旅游服务与产品转型，颠覆了传统的旅游体验，满足了旅游体验个性化、定制化需求。例如，VR、AR等技术运用于旅游体验，衍生出云展览、云演出、云旅游等新型旅游体验形式。总之，面对第四次科技革命，旅游业主动应变、积极适应新科技革命下的各种发展趋势，以科技创新与应用赋能自身变革与转型。

2020年猝然而至的新冠肺炎疫情对我国旅游业造成了前所未有的巨大冲击，重构了旅游业发展的内外部环境，但它并未让第四次科技革命浪潮停滞，反而大大加速了其进程，旅游领域的科技创新与应用显得越发重要。从内部来看，疫情某种程度上成为检验旅游业高质量发展的"试金石"。旅游业作为环境敏感型行业，其脆弱性在疫情下被放大，暴露出产业链不完善、抗风险能力较弱等问题，必须"危"中寻"机"，加快旅游业优化与转型以求生存。从外部来看，疫情后旅游业供应链、价值链、产业链紊乱甚至断裂，科技创新能够通过数字化赋能重塑消费场景和销售渠道，乃至持续断裂的供应链及产业链。因此，旅游业也亟须抓住科技创新作为自身复苏的中坚力量。同时，疫情驱动旅游市场环境发生变革，日益升级的旅游体验需求、日趋多样的旅游生产方式对旅游科技创新提出了新挑战和新要求。例如，旅游空间虚拟化、旅游服务无人化、旅游营销网络化、旅游教育直播化等后疫情常态正颠覆着传统旅游业的商业模式，倒逼旅游产业科技创新。

旅游科技创新已成为旅游业高质量发展的重要驱动力。随着我国经济由高速度增长转向高质量发展，我国旅游业也在竭力谋求高质量发展道路。科技创新正是旅游业实现高质量发展的底层变量，是实现旅游业优化与转型的内生动力。由于大多旅游企业为处于初创期、成长期的中小型企业，产业链尚不完善、抗风险能力较弱，疫情更是对其健康运营造成了史无前例的冲击，在此背景下，亟须借力科技创新与应用实现企业转型以提升运营效率及经营收益。

二 科技赋能旅游业创新发展的模式

伴随第四次科技革命的浪潮，多元先进的科学技术日益成熟、实践应用不断加深，旅游业成为新科技革命成果应用的重要场景。从旅游资源整合、旅游业态创新、旅游服务提质，到旅游体验延伸、旅游营销变革和旅游治理增效，旅游产业链愈加依靠科技创新赋能高质量发展。尤其是新冠肺炎疫情的冲击，倒逼我国旅游业加快利用科技创新成果实现动能转换和转型发展，科技赋能旅游业创新发展演化出六种模式。

（一）数字化：科技赋能旅游资源整合模式

新科技革命下的数字技术有利于旅游资源和文化遗产的保护和展示。数字化采集技术、数据迁移和管理技术，将旅游资源和文化遗产进行分类处理，继而进行传输和整合，从底层基础结构上将分散、混乱和重叠的数据进行有序整理、妥当保存和科学管理。数字人文技术为旅游资源和文化遗产进行数字备份。在先进的媒体展示和传播技术的支撑下，文化和旅游资源的保护、利用、传承和传播更加高效。

数字敦煌是数字技术赋能旅游资源整合的典型案例。敦煌石窟是我国古代灿烂文明的宝库，在千年历史风雨洗礼中，其壁画和彩绘受到了不同

程度的损害。为保护敦煌的重要文物和传承传播文明古迹，数字敦煌项目应运而生。数字敦煌项目运用数字人文技术，为文化遗产建立"年龄"档案，在技术和空间上延长了文化遗产的生命，科学地保护了文化遗产。数字敦煌在图像处理、数字录像、多媒体展示、三维重建和虚拟漫游等技术的支撑下，以文物保护为主要理念，对石窟里的众多文物遗产进行数字化采集、分类加工和科学存储，为文物遗产建立数字档案，建造了一个多元共享、智能科学的敦煌石窟文物数字化资源库。目前，数字敦煌已上线榆林窟2窟、莫高窟28窟，涉及隋代、唐代、五代、元代等10个历史时期。该项目还建设了敦煌莫高窟数字展示中心、互动信息交流平台"敦煌小冰"。2019年，大盛敦煌艺术大展更是将敦煌石窟"搬"到北京，打破时空限制共享敦煌莫高窟的历史和文化价值。数字技术为文物保护和文化价值的传播插上了"翅膀"，摆脱了保护和利用的矛盾桎梏，进入了新时代的发展轨道。

（二）融合化：科技赋能旅游业态创新模式

新一轮科技革命推动了产业融合和创新发展。科学技术的创新发展促进了不同业态之间关联性和替代性技术的更新和扩散，推动旅游业与其他产业、旅游业内部业态之间融合发展。近年来，数字技术、三维建模、虚拟现实、增强现实和5G等新技术在旅游领域的深度渗透，催生了旅游、科技、文化融合的新兴业态，如"博物馆旅游＋科技""剧本杀＋旅游＋数字化"等。

在文化和科技的作用下，博物馆的展示方式和经营模式实现了重大突破。博物馆以科技手段活化文物，摆脱传统藏品的观光展示模式，利用数字资源和数字技术构建线上线下一体化的展示方式，同时加强网络数字化，创新博物馆文化传播和体验模式。以中国大运河博物馆为例，其通过运用互动屏、增强现实等多媒体交互技术打造360度沉浸式的"运河上的舟楫"展览空间，独创"三维版画"数字媒体语言，营造"人在画中游"的沉浸式体验和多视角的递进体验。另外，随着游戏、动漫和影视IP等潮流文化的兴起，旅游者的游览对象不再局限于真实、客观存在的场景，影视、小说、动漫和游戏等虚构内容借助 AR、VR、AI 等新技术再造于现实场景，在叙事过程、人物特点、时空地点和文化内涵等创意元素的推动下，成为旅游者争相追捧打卡的场景式旅游。场景式旅游消费内容突破了传统旅游资源的内涵和边界，通过识别流行文化元素营造场景旅游氛围，创建场景旅游世界，成为旅游新业态。例如，景区剧本杀和酒店剧本杀等旅游项目就是场景旅游的具体实例。浙江舟山东极岛的海岛剧本杀创造了一种"一边旅行、一边沉浸式烧脑剧本杀"的全新旅游消费模式。

（三）智慧化：科技赋能旅游服务提质模式

大数据、人工智能等技术与旅游市场深度融合发展，为提供智慧化、便捷化的旅游服务开创了新局面。新冠肺炎疫情背景下旅游者对出游的安全性和质量提出了更高的要求，旅游业的智慧化和数字化水平直接影响旅游出行的安全和质量。受疫情影响，众多旅游企业从线下走向线上，预约系统、非接触式购买、自助签到等智慧旅游方式的普及，潜移默化地改变着游客的消费习惯。智慧旅游平台作为综合性的旅游服务平台，以现代科学技术为基础，整合多种旅游资源和要素，为政府部门、旅游企业和旅游者等提供服务。

由云南省政府和腾讯联合打造的智慧旅游平台——"一部手机游云南"项目的上线开启了我国旅游业智慧化发展的新篇章。在云计算、大数据、物联网和人工智能等多种先进技术的支持下，"一部手机游云南"项目形成"三个平台＋一个数据中心"的模式。需求端，游客服务平台直接为游客提供了游览过程所需的旅游服务，如识花草、找厕所、一键投诉、景区导览等，提高服务的效率；供给端，企业服务平台可以帮助相关旅游产品打包销售，为本地商家搭建沟通协作的桥梁；治理端，政府服务平台帮助政府实现联动执法、舆情监控、投诉受理和监管商家等功能，推进了云南省旅游产业数字化建设步伐。"一部手机游云南"项目作为"一机游"的开端和代表，提高了政府和旅游企业的效率、效能和效益，帮助云南省构建全新的旅游

形象，带动全国建设"一机游"的热潮。与之相似的项目还有"游上海""一部手机游延庆"等，都是依托云计算和大数据等技术，为游客、企业和政府搭建共建、共享、共促、共发展的智慧旅游服务平台，做到了服务"一键通"、监管"无盲区"、沟通"无阻碍"，推动旅游服务集成化和智能化。

（四）虚拟化：科技赋能旅游体验延伸模式

AR、VR、5G等技术在旅游业的应用产生云旅游、虚拟旅游等新业态，推动了旅游体验的丰富和延伸。虚拟化的旅游方式超越了传统旅游信息的传递形式和过程，突破了现实旅游的时空限制，将真实的动态化旅游场景在虚拟空间里输出和反馈给旅游者，为旅游者塑造了一种"身临其境"的旅游体验，实现了线上虚拟空间与现实旅游主体的交汇。新冠肺炎疫情期间，实地旅行受到限制，"云旅游"实现了人们足不出户周游世界的愿望。即使在后疫情时期，"云旅游"也将继续展现和发挥其独特优势，成为实地旅游的有效补充。在元宇宙概念风潮下，虚拟旅游场景和业态亦将成为旅游业的前沿方向，并且从长远来看可能重塑旅游的本质与内涵。

全景客是中国最大的虚拟旅游电子商务平台，率先提出了720度三维全景的概念，通过计算机技术和先进的三维全景技术为游客提供全视角、沉浸式的旅游体验。全景客已经成功完成全球400多个城市全景展示的制作，拥有1万多个景区720度的三维全景图，其推出的虚拟旅游、全景目的地和全景社区三个项目满足了旅游者足不出户就能游览全球景观的需求。目前，全景客推出的虚拟漫游项目利用3D实景虚拟现实技术和互联网信息技术，开发设计出朱雀山虚拟旅游、清江画廊虚拟旅游、武当山虚拟旅游等项目。为方便旅游者随时随地体验虚拟旅游和云旅游，其还推出了可以在手机移动端进行的全景游系列活动，包括全景游北京、香港、深圳、四川、海南、西藏、广州、天津等覆盖多地、内容丰富、方便快捷的三维全景旅游应用。作为国内虚拟旅游电子商务平台业务和项目的先行者和领先者，全景客已经制作多款虚拟旅游产品和云旅游产品，包括"美丽中国""全景社区""VR

云"等主要项目，以其突出的优质性和新潮性，成为成功的虚拟旅游和云旅游的建设和实践项目。

（五）精准化：科技赋能旅游营销变革模式

技术进步推动大数据在旅游营销中的应用。旅游企业和旅游目的地借助大数据深入挖掘和分析旅游者信息以更加准确便捷地了解客户需求，进而面向旅游消费者开展更为精准的个性化营销。大数据以及数字化的营销方式，使得旅游营销人员能够更好地根据游客的喜好或者购买途径来精准定位用户，并为其提供个性化的广告或旅游产品推介。移动互联网时代，消费者在旅游企业官网、社交平台、OTA 等平台上的搜索行为、浏览轨迹以及历史消费记录成为旅游供给端开展营销的信息来源，大数据技术的发展为预测和评估旅游消费者的购买意向和旅游需求创造了条件。例如，贵州省积极采用大数据、云计算技术开展旅游营销。2017 年，贵州省搭建"云上贵州·智慧旅游云"平台，通过与相关旅游企业合作进行深入的大数据分析，了解本省客源的情感偏好、旅游热点和具体的预览内容，快速准确地制定相关旅游营销决策。在大数据支撑下的精准营销策略实施后，贵州省旅游接待人数和收入保持快速增长。

疫情期间，为减少旅游产品滞销对经济的负面影响，各级政府部门和旅游企业不断尝试新的旅游产品营销模式，直播预售以其优惠的折扣价格、高质量的旅游产品在网络技术支撑下成为新的营销模式。2020 年，旅游企业纷纷加入直播大军，开启旅游直播带货的元年。以携程为代表的在线旅游交易平台表现出惊人的带货能力，在 2020 年 10 月周年庆直播大促活动中，携程信息流访问时长较年初增长超过 200%，创下了直播特卖累计交易金额约 50 亿元的佳绩。旅游直播依托在线旅游平台强交易属性，引导旅游者的消费决策逐渐向直播平台迁移，通过"催促"旅游者迅速交易下单，缩短其决策周期，带货变现能力较强。直播观看行为的养成，奠定旅游直播用户基础，通过先消费后体验的直播预售方式，帮助供给端企业预判未来旅游消费规模的变化，形成精准的未来旅游消费预期，帮助供应商及平台回流资金。

旅游绿皮书

（六）高效化：科技赋能旅游治理增效模式

科技赋能政府行业主管部门治理是提高公共服务效率、推动旅游业健康有序发展的重要手段。第一，大数据、人工智能等技术在旅游市场经济运行监测、区域旅游消费趋势监控等方面发挥了重要作用，其可帮助政府和企业建立数据导向的政策制定和决策调整机制。第二，以大数据和数字化赋能政府公共管理和服务效能，采用各种信息化手段加强对旅游市场尤其是在线旅游市场的监管，识别差异化、个性化的公共服务需求，打造人民群众更加满意的优质旅游环境。第三，科技创新促进旅游目的地安全管理和应急管理的升级，通过立体化、智能化安防，提升安全和应急管理水平。近年来，景区通过智慧安防系统、无人机搜查和日常巡防以及一些人为灾害的监控和处理，不断提升旅游目的地应对危机灾害的能力。

江苏省顺应旅游业转型升级新趋势，抓住科技赋能的新机遇，建设江苏智慧文旅平台。江苏智慧文旅平台集智慧服务、智慧监管和智慧分析三大功能于一体，一是通过智慧服务实现高质量供给，让市民和游客共享"苏心游"；二是通过智慧监管实现高效能治理，让旅游行业监管装上"千里眼"；三是通过智慧分析实现高精准决策，让旅游市场趋势研判拥有了"强大脑"。此外，中国移动与云南省西双版纳傣族自治州联合打造的勐巴拉雨林数字小镇管理云平台，实现了环境监测、智慧停车、智慧酒店、电子票务、VR直播等功能，以观光车偏离设计轨道或速度异常场景为例，该状况下车内物联网芯片会自动向城镇数字化管理平台发出警报，安保人员将及时采取行动解决问题，确保安全。

三 科技赋能旅游业创新发展的趋势

（一）百年未有之大变局，科技创新开新局

当今世界正处于百年未有之大变局，新冠肺炎疫情使旅游业遭受前所未

有的冲击。而新一轮科技革命的知识总量、扩散速度和覆盖的深度与广度是前三次科技革命远不能比的，其释放的巨大动能将加快推动生产力发展并跃上新的台阶，也为旅游业带来了巨大机遇。以信息技术、人工智能、虚拟技术、5G技术、大数据等技术创新为引领，对旅游业进行创新性、前沿性和实践性的大胆改革将是旅游业摆脱停滞、实现增长的关键。

科技革命和疫情肆虐的双重影响成为旅游业加快供给侧改革、实现高质量发展的"催化剂"和"加速器"。第一，人员流动和物资流动受到限制，科技赋能下各种线上活动变得活跃，许多旅游目的地和旅游企业在科技创新上加码，加快推出云旅游、云演艺、云直播、云展览等线上旅游产品。第二，疫情导致环境的割裂与压抑的需求不断积累，加剧了旅游供需失衡。未来，在科技创新成果加快扩散的趋势下，围绕服务意识、服务标准、服务质量、服务流程，其渗透旅游消费的每个环节，加速旅游企业数字化、网络化、智能化转型升级，提高旅游服务质量和延伸旅游体验价值。第三，相较于传统的营销活动，具有科技感的营销工具和方式能够在千篇一律的营销活动中迅速博得旅游者的关注。现代旅游营销需要转变思路，利用科技力量拓展相关旅游数据挖掘和分析的深度、广度与精确度，从数据中发现旅游市场发展变化、旅游者偏好和行为变化，在科学系统的数据计算和分析后制定多种营销策略，从而赢得更大的市场空间。第四，数字经济蓬勃发展为产业升级和城市发展提供新动力，智慧城市、智慧交通、智慧文博、数字化政府、数字化社区等建设将改善旅游业发展所依赖的基本工具和场景，旅游业既为数字技术提供应用场景，也在通过自身创新推动数字化浪潮。

（二）把握科技赋能规律，在竞争中寻合作

在国内疫情反复的情况下，影响旅游业发展的外部环境的复杂性和不确定性加剧，旅游企业承担着下行甚至破产带来的巨大压力，其发展必须从追求规模扩张和高速度增长转向注重效率、效益、效能的高质量发展。然而，新一轮科技革命并不是单一技术主导的，以大数据、人工智能、5G技术、

虚拟技术和区块链等为代表的新技术呈现多点突破的态势，大部分技术还处于初步应用阶段，距离全方位、多层次、大规模扩散应用尚存在实践沟壑。技术发展的不成熟导致诸多实践应用无法真正落地实现，使得技术在向旅游业扩散并推动旅游业高质量发展的过程中内力不足。但长期来看，这些新技术对旅游业发展的影响将是深层次、立体化和多维度的，具有良好的发展应用前景。旅游企业需要加快技术赋能和创新商业模式的探索，为旅游企业的转型升级提供技术支撑。

面对诸多不确定性，旅游企业需要把握科技赋能规律，在竞争中求合作，在发展中谋共赢。科学技术的发展推动了知识的传播和扩散，创新资源的流动性和可得性提高，不同技术以其自身独特性和应用性向不同领域持续渗透，创新技术的复杂性也在不同产业、不同技术类型间叠加累积，各个领域的创新都需要多元主体的参与，协同合作尤其重要。就市场主体角度而言，疫情影响下的众多中小旅游企业面临生存危机，但也有许多中小企业基于科技创新的崛起而强化了创新的分散化趋势，凸显了跨界合作的必要性和重要性；对于头部旅游企业来说，科技竞争不断加剧，自下而上的创新机制使其在多元协作的基础上利用科技转型升级的需求更加紧迫。未来，一方面，旅游企业要顺应科技发展大势，加快对新技术的应用，塑造未来产业科技优势，把握新一轮技术革命和产业变革的红利，不断提高应对突发事件的适应性和协调性。另一方面，要鼓励大型旅游企业和中小型旅游企业抱团，以科技应用和创新共享为纽带促进旅游企业间的协作，在走出危机与停滞的同时，努力拓展旅游产业和其他产业合作的新空间，塑造多元化的开放合作格局。

（三）平衡好守常与达变，寻求高质量发展

突破性的重塑需要"创造性破坏"。管理学大师彼得·德鲁克在其经典著作《创新与企业家精神》中系统地揭示了创新的七类来源，分别是意外的事件、不一致事件、程序需求、行业和市场变化、人口结构变化、社会认知及情绪变化、新知识。在疫情肆虐与新一轮科技革命的影响下，上述创新

的七个来源在旅游业发展中不同程度地发生和起作用。例如，疫情倒逼旅游企业进行数字化转型，在旅游业最为受限之时旅游空间突如其来地向太空扩展，疫后旅游业从发展低谷转变为政策调整下的野蛮生长，科技革命下旅游产业供应链的升级和重构，人口老龄化驱动旅游新业态的融合与创新，疫情带来的旅游风险感知和生理心理的安全需要，前期累积的科技和知识进入转化临界点并不断为旅游业发展赋能，这些都预示着旅游业正处于创新突破的临界点。对此，各地政府和旅游企业需要积极进行达变，尝试在防控疫情和振兴旅游的平衡中寻找创新空间，做好创造性转化和创新性发展工作。在科学技术"搭好台子"的基础上，旅游业要以创新的姿态登上舞台，在危机中把握时代赋予旅游业发展的机遇。

科技创新在旅游业的广泛应用带动资金不断向旅游业靠拢，大量投资的注入为技术赋能旅游业发展提供了坚实的保障。然而，经济资本在旅游业的过度主导将会带来技术崇拜和预期膨胀，导致旅游的文化内涵的缺位和失语。旅游业要发挥好技术的支撑作用，在旅游服务方式、旅游体验内容和旅游管理科学等方面进行创新，同时更要注意旅游内涵、意义与价值的持续表达。相比科技创新在旅游业发展中的"技术理性"，更应当关注和重视科技伦理与"价值理性"。如果只是简单利用技术流水线地复制旅游产品，则会因为单一的"炫技"使得旅游业发展"空心化"和"形式化"。科技创新是旅游业发展的驱动力，也要警惕旅游业过度技术崇拜而忽视内容的真谛。

参考文献

彼得·德鲁克：《创新与企业家精神》，蔡文燕译，机械工业出版社，2007。

黄庆桥：《全球新冠肺炎疫情对我国科技创新的影响分析》，《上海交通大学学报》（哲学社会科学版）2020 年第 5 期。

李凤亮、杨辉：《文化科技融合背景下新型旅游业态的新发展》，《同济大学学报》（社会科学版）2021 年第 1 期。

孙祁祥、周新发：《科技创新与经济高质量发展》，《北京大学学报》（哲学社会科学版）2020 年第 3 期。

夏杰长、丰晓旭：《新冠肺炎疫情对旅游业的冲击与对策》，《中国流通经济》2020
年第 3 期。

李志萌、盛方富：《新冠肺炎疫情对我国产业与消费的影响及应对》，《江西社会科
学》2020 年第 3 期。

区域新格局
New Structure of Regions

2022年冬奥会背景下京张冰雪
旅游发展现状与展望

摘 要： 2022年冬奥会的成功申办极大地促进了京张地区冰雪旅游的发展，体现为冰雪场地规模不断扩大，冰雪旅游参与人数大幅增加；冰雪赛事活动日益增多，冰雪特色项目发展日趋多元；配套设施不断完善，冰雪旅游人才储备数量增加；冰雪旅游带动作用增强，京张区域联动效应初步显现。然而，京张冰雪旅游发展仍在产品供给、疫情影响和区域协同方面面临一定挑战。展望未来，随着对疫情影响的积极应对，依托文化服务、冰雪设施等比较优势的发挥，伴随京津冀产业协同发展不断走深走实，冰雪产业链式分工协作格局将加快构建，京张冰雪旅游将迎来新增长。

* 齐飞，博士，北京体育大学体育休闲与旅游学院讲师，硕士生导师，主要研究方向为体育旅游、休闲体育；黄妹，北京体育大学体育休闲与旅游学院硕士研究生。

关键词： 冬奥会 京张地区 冰雪旅游 京津冀

一 引言

2022 年冬奥会的成功申办，为我国冰雪运动带来了前所未有的发展机遇，冰雪运动与其他产业的融合效应也越发显著。作为冰雪与旅游融合的产物，冰雪旅游在一系列利好政策的推动下，呈现快速增长的态势。2019 年 3 月，中共中央办公厅、国务院办公厅印发《关于以 2022 年北京冬奥会为契机大力发展冰雪运动的意见》，其中提到，推动冰雪旅游产业发展，促进冰雪产业与相关产业深度融合，提供多样化产品和服务。2021 年 2 月，文化和旅游部、国家发展改革委和国家体育总局联合发布了《冰雪旅游发展行动计划（2021～2023 年)》，对冰雪旅游高质量发展做出进一步行动指引。作为冬奥举办地，自 2015 年以来，随着冰雪设施场地的不断完善，北京市和张家口市冰雪旅游参与人次迅速增加，冰雪旅游投资、消费等综合效应显现。2021 年初，习近平总书记在主持召开北京 2022 年冬奥会和冬残奥会筹办工作汇报会时提出"加快建设京张体育文化旅游带"。如何在这一理念指引下，以冰雪旅游为突破口，加速两地体育文化旅游发展，成为推进京津冀协同发展的重大现实课题。因此，本报告对 2022 年冬奥会背景下京张地区冰雪旅游发展的进展与成效、问题与挑战进行系统梳理，以期提出冰雪旅游可持续发展的建议，并对后奥运时期冰雪旅游的发展进行展望。

二 京张冰雪旅游发展进展与成效

（一）冰雪场地规模不断扩大，冰雪旅游参与人数大幅增加

近年来，京张地区借助 2022 年冬奥会的筹办契机进一步加强冰雪场地建设。除了利用部分现有场馆之外，还新建了不少竞赛场馆，如国家速滑

馆、首钢滑雪大跳台、国家雪车雪橇中心、国家跳台滑雪中心、国家冬季两项中心等。此外，还开发了一批公益性和商业性的滑雪场、滑冰场，为市民和游客提供更实惠、更便捷的服务，吸引人们参与冰雪运动。北京市利用大量的户外公园、景区、体育场馆等场地资源，建设室内外冰场。集休闲、训练与竞赛等多种功能于一体的张家口市"冰之梦"滑冰场于2020年底免费向大众开放。张家口市各县区建成室内滑冰馆19座，建设越野滑雪场6家、群众娱雪场31家①，崇礼区建成了云顶、太舞、万龙等七大滑雪场，成为国内规模最大且知名度高的高端滑雪集聚区。截至2020年，北京市共有室内冰场50座、滑雪场21家②。总体来看，京张地区冰雪场地规模不断扩大打破了场地容纳人数受限的壁垒，为游客参与冰雪运动奠定了重要的基础。

从冰雪旅游参与人次来看，冬奥申办成功促使张家口知名度大幅提升，加之其独特的冰雪资源，近年来，旅游人数持续增加。根据张家口市国民经济和社会发展统计公报，2016年旅游人次增长率达35%，2019年国内外游客量达8605万人次；与此同时，冰雪运动参与人次持续增加，2020年冰雪运动参与人次突破500万，较2019年增长了196万。而以冬奥会举办地崇礼为例，2020~2021年雪季共计接待游客235.02万人次，收入达19.4亿元③。基于丰富的旅游人文资源和自然资源，北京市旅游业发展态势保持良好，2019年国内旅游和入境旅游人数分别达到31833万人次和376.9万人次④，滑雪人次也实现提升。根据《中国滑雪产业白皮书》统计，北京市2014~2015年雪季滑雪人数为169万人次，2020~2021年雪季滑雪人数达到188万人次。

---

① 《2020~2021雪季张家口市冰雪旅游逆势上扬的背后》，人民网，http：//m. people. cn/n4/2021/0416/c1448 - 14944643. html。
② 北京市体育局：《2020年北京市体育工作总结》，http：//tyj. beijing. gov. cn/bjsports/zfxxgk_ /gzzj/10918019/index. html。
③ 张家口市文化广电和旅游局：《张家口冰雪旅游借"冬"风起飞》，http：//whgdly. zjk. gov. cn/contents/11/29780. html。
④ 北京市统计局：《北京统计年鉴2021》，http：//nj. tjj. beijing. gov. cn/nj/main/2021 - tjnj/zk/indexce. htm。

（二）冰雪赛事活动日益增多，冰雪特色项目发展日趋多元

近年来，京张地区举办了一系列国际、国内冰雪赛事和活动，显著提升了冰雪旅游发展的影响力。自2015年以来，张家口市连续举办"大好河山·激情张家口冰雪季"活动，承办举办各类冰雪赛事、活动，2018～2020年，活动数量均达143项；2020年全年承办国际雪联世界杯3项、积分赛3项、亚洲杯5项，国家级赛事22项、省级29项①，极大地提升了张家口冰雪赛事的国内外知名度。"十三五"期间，北京市成功举办国际雪联单板及自由式滑雪大跳台世界杯、冰壶世界杯总决赛等21项重大冰雪赛事②。在京张地区举办的一系列国际冰雪赛事和国内冰雪活动的推动下，冰雪旅游覆盖范围迅速扩大，冰雪旅游影响力显著提升，并进一步促进冰雪旅游人数的迅速增加。

在冬奥效应推动下，京张地区对既有冰雪场与新建冰雪场进行联动设计，逐步形成了独具特色的冰雪旅游项目，不仅包含大型冰上运动类、冰雪观光类等自然滑雪和冰上活动，还包括冰雪旅游线路类、冰雪度假休闲类等综合性冰雪娱乐项目。为了增强游客的冰雪旅游体验，吸引更多人参与进来，京张两地多次推出各类冰雪主题旅游活动项目，如从2021年11月底开始的"北京冰雪文化旅游季"推出22条冰雪旅游精品线路，涉及冰雪、冬奥文化、节庆、冰雪赛事、嬉雪乐园等多项活动内容。再如在张家口尚义国际汽车冰雪漂移嘉年华和康保汽车冰雪短道拉力赛等冰雪活动中，除了开展冰雪滑梯、雪上拔河、雪地摩托和雪地悠波球等丰富多样的大众体验实践项目外，还开展了吉普车漂移表演、雪雕展览等观赏性冰雪娱乐活动。整体来看，京张两地充分利用冬奥会举办契机，加大特色冰雪旅游项目的供给力度，产品类型趋向多元化，极大地提高了冰雪旅游活动的吸引力。

---

① 张家口市统计局：《张家口市2020年国民经济和社会发展统计公报》，http：//tjj. zjk. gov. cn/content/2021/108932. html。

② 北京市体育局：《"十三五"期间北京市冰雪运动实现跨越式发展》，http：//tyj. beijing. gov. cn/bjsports/gzdt84/zwdt/10938115/index. html。

（三）配套设施建设不断完善，冰雪旅游人才储备数量增加

随着冬奥会筹办对城市公共服务的全面优化，京张地区冰雪旅游相关配套及保障设施不断完善。一是冬奥会推动高星级酒店数量不断增加，住宿餐饮服务稳步优化。张家口崇礼区新建多家五星级酒店、国家级钻石酒家，制定迎冬奥餐饮和住宿产业服务质量提升行动及工作标准。北京市延庆区除进行冬奥旅游酒店升级改造外，还大力打造以"冬奥人家"为代表的精品民宿品牌。二是北京市、河北省人民政府及相关部门联合创建冬奥会交通工作协调小组，同步全面提升城市运行保障水平，打通"最后一公里"服务，冰雪旅游交通服务便捷化。比如京张高铁和张家口南综合客运枢纽北广场投入运行、延崇高速公路主线2020年1月通车等交通设施的便利化吸引了更多的游客。三是以冬奥会赛事举办场所为主的重点区域的通信基础设施建设及服务稳步推进，京张地区5G基站数量大幅增加。随着智慧冬奥建设加速推进，张家口市、崇礼区智慧城市建设全面启动，为智慧旅游的应用和开展提供了良好的技术背景支持。

在冰雪运动迅速发展的同时，冰雪旅游人才储备有了质的飞跃，京张地区多家高校借助北京冬奥会对冰雪专业服务人才需求增多的机遇，大力录取和培养冰雪运动专业学生，如北京体育大学和张家口学院，不仅弥补了冰雪旅游专业人才的空缺职位，还将持续有效地优化冰雪运动指导服务，为游客提供舒适的冰雪旅游体验服务。与此同时，京张地区冰雪项目社会体育指导员群体规模不断扩大，截至2019年11月，北京市已累计培训冰雪运动社会体育指导员2.1万人[①]。张家口还通过举办职业技能展示大赛来推进队伍技能水平的提升，进而提高张家口市及周边地区冰雪活动开展的专业性和科学性。一系列举措不仅为开展冰雪运动积累了冰雪人才，更为冰雪旅游的普及、开展和可持续发展提供了重要的人才支持。

---

① 中华人民共和国中央人民政府：《北京累计培训冰雪运动社会体育指导员2.1万人》，http：//www.gov.cn/xinwen/2019－11/15/content_ 5452551. htm。

（四）冰雪旅游带动作用增强，京张区域联动效应初步显现

冰雪旅游知名度的提升不仅使得京张两地在每年的滑雪旺季吸引大量游客，非雪季旅游热度也大大提升。如崇礼区多个滑雪场实行四季运营的方式，在夏季组织的登山越野、户外运动、音乐节等活动受到了多地游客的青睐。良好的餐饮、住宿、通信等系列配套服务和设施不仅有助于提升旅游体验，增强旅游吸引力，更是直接或间接拉动了京张两地的经济增长，为两地经济发展提供了强大的动力。此外，冰雪旅游发展有效推动就业民生改善。如北京市延庆区张山营镇通过冰雪系列活动不仅推进了体育、旅游与农业的融合，推进了餐饮、民宿、果品等多个行业的发展，更是有效地促进了当地居民增收。张家口崇礼区 2017 年旅游服务业项目完成投资占重点项目投资总额的近 70%，依托冰雪旅游产业直接或间接帮助当地就业 2.7 万人。①

随着京津冀协同和互联互通水平提升，京张地区区域联动效应初步显现。在冬奥会筹办系列工作的推动下，张家口已与北京签约多个包括餐饮、教育、医疗、科技等领域的合作项目，如持续开展京张地区区域酒店人才技术培训和帮扶活动。京张地区医疗服务协同发展稳步推进，京张地区共建合作医院，提升了医疗保障服务能力。京张高铁的开通拉近了张家口市和北京市的距离，为跨区域游客流动提供了便利的交通条件。而冰雪旅游对区域协同发展的协调作用越发显现，成为推动京津冀一体化发展的重要窗口。如近年来，北京市延庆区借助京张廊道优势，推出了包括冰雪极限之旅在内的系列精品旅游线路，培育了多个冰雪特色产品。张家口市编制了《京张体育文化旅游带建设规划》，该规划不仅是将举办重大体育赛事同全民健身结合起来，实现赛后可持续发展的关键举措，更是京津冀在体育旅游领域协同发展的重要体现。

---

① 《河北崇礼以筹办冬奥会引领经济社会发展》，新华网，http：//sports. people. com. cn/n1/2018/1119/c407727-30408641. html。

三　京张冰雪旅游发展的问题与挑战

（一）冰雪产品供给缺乏创新与特色，冰雪运动受众群体覆盖面仍较小

从消费视角看，冰雪运动是一种可以满足人们多层次需求的体验性消费产品，其所需要的运动装备和体验准入的成本费用均较高，具有需求弹性较高的特点，这就决定了其相比于其他一些运动项目具有明显的消费门槛。从消费心态来看，参与型冰雪项目同时存在一定的身体、技术门槛，使得冰雪运动在我国居民中的普及程度仍比较低，因此，政府希望通过举办冬奥会带动更多人参与冰雪运动。从供给视角来看，一方面，由于冰雪运动的季节性消费特点，旅游市场淡旺季分化特征明显，这一特征往往会使企业偏向于以较小的投资来从事单一产品或服务的供给，影响消费的多元化体验。当前京张地区冰雪旅游产品还是以观光型和体验型为主，存在同质化现象严重、缺乏文化内涵等问题，尤其是未能很好地结合地方特色开发一些品牌文化节庆类产品，用以对冲冰雪旅游淡季旅游消费不景气的状况。由于缺乏针对不同人群开发的产品，冰雪旅游难以满足人们多元化的需求，其经济社会效应的正向溢出自然受到影响。另一方面，冰雪运动对教练员、场地医疗设施、紧急救助等软服务要求较高，如果配套设施不完善将会影响冰雪旅游目的地建设和品牌效应。与国外冰雪产业发达的国家相比，京张地区冰雪场地服务水平和科技手段融合意识较弱，推出的产品缺乏个性和创新性，冰雪项目大多以运动体验为基础，缺乏市场核心竞争力。此外，与冰雪运动相关的运动装备缺乏品牌影响力，加之设计等产业链环节较为不完善，也影响了冰雪旅游产品开发与发展的能力和水平。

（二）疫情防控影响游客跨区域流动，冰雪旅游增长空间受到极大约束

自新冠肺炎疫情全球蔓延以来，基于各国疫情防控的需要，人员跨区域

流动受到极大约束，而以国际国内人员流动为特征和发展基础的旅游市场是受冲击最大的行业之一。根据联合国世界旅游组织的统计，从全球来看，在疫情肆虐的 2020 年，全球旅游总人次同比下降 40.8%，全球旅游业收入损失 1.3 万亿美元。在疫情秋冬时节易反复和秋冬季节疫情防控措施偏紧的形势下，基于属地性特点和季节性供求特征，冰雪旅游无疑成为受影响最为严重的旅游业态。从国内来看，受新冠肺炎疫情影响，2019～2020 年雪季冰雪旅游人数较上个雪季减少 1.3 亿人次，收入同比减少 2400 亿元①。京张两市所在的京津冀地区，是我国人员流动量最大的地区之一，也是疫情防控形势最为复杂的地区之一。从 2020 年初全国各地疫情防控形势趋紧，到 2020 年底河北多地出现疫情，为应对疫情，各地均实行了较为严厉的人员出入政策，京张地区冰雪旅游市场发展放缓。如 2020 年 1 月底，京张地区多家滑雪场暂时关门停业。整体而言，在"冬季疫情反复—疫情防控加紧—人员流动受约束—冰雪旅游市场不景气"的不良循环下，包括京张地区在内的全国乃至全球的冰雪旅游市场将继续受到不利影响。在此情况下，冰雪旅游消费难以大幅提振，冰雪旅游运营主体无疑将继续承受财务下滑压力。

（三）要素禀赋与发展定位差异明显，区域协同发展仍面临多方面挑战

冰雪旅游是一个涉及政府部门、社区、赞助商、媒体及其他旅游、体育团体或组织等的多方利益相关者合作网络，实现不同领域和不同部门之间的同步与协调发展是其内在要求。然而，从现实来看，其发展存在两方面问题。一是区域产业发展的不平衡性造成协同缺乏基础条件。当前，京张两地以及京津冀各地区的冰雪旅游产业发展具有明显的不平衡性，既表现在省与省之间，也表现在各省市内部不同区域间。如虽然近几年张家口冰雪旅游发展迅速，但在人力、技术、经费等方面仍存在发展滞后的问题，尤其是在公

---

① 《2020～2021 冰雪季中国冰雪旅游人次将达到 2.3 亿》，光明网，https：//m. gmw. cn/baijia/2021－01/07/1302009583. html。

共体育服务工作上，包括张家口在内的整个河北省仍在努力补短板追差距。相比于河北省，北京市陆续承办过大运会、全运会、亚运会、奥运会等各级别的大型综合性体育赛事，拥有数量较多的体育设施和场馆设施。此外，冰雪旅游资源的空间差异也较为明显。如北京市自然类冰雪旅游资源多集聚于郊区，河北省滑雪旅游资源多集中于山地区域，交通可进入性仍较差。二是产业发展定位不同影响协同发展动力。从产业结构来看，张家口正在依托冰雪要素禀赋、冬奥会承办场地等有利契机，将冰雪产业打造成为当地的主导产业；而北京则更多地在世界冰雪旅游目的地品牌形象的打造上着力。这种中长期产业发展目标导向的差异，使得探索推进京张两地冰雪旅游产业联动发展，进一步加强京张两地区域合作、资源融合，共建国际化冰雪旅游城市仍面临不小的挑战。

四　对策与展望

（一）依托文化服务、冰雪设施等比较优势的发挥，京张冰雪旅游将迎来新增长

冰雪旅游具有典型的季节性和属地性特点，这就意味着地理条件、文化底蕴等资源禀赋成为决定冰雪旅游吸引力的比较优势。北京要积极依托国际交往中心建设来推动文化旅游等特色资源"走出去"。如依托服务业扩大开放综合示范区和自由贸易试验区的"双区"建设，"北京服务"正成为影响全球的重要品牌。与此同时，作为曾举办过2008年夏季奥运会的城市，北京具备完善的体育设施和体育管理运营服务能力，此次举办冬奥会，将会再次增强北京在服务运营体育赛事活动等体育服务新业态上的比较优势，进一步提升"北京服务"的品牌影响力和国际竞争力，为加快冰雪旅游发展赋能添力。张家口市要继续依托得天独厚的气候地理条件和毗邻京津的优势区位，积极借力冬奥会举办契机和冬奥会遗产资源，进一步完善冰雪设施，着力打造多家规模较大的滑雪场，吸引国际冰雪赛事等活动，不断提升国际影

响力，加快打造全国著名冰雪旅游城市、国际知名冰雪旅游目的地。

京张地区要超前谋划冰雪旅游新业态、新模式，以适应游客个性化、体验化消费需求增长趋势，积极加强两地独有的冰雪旅游资源、文化特色资源与新科技的融合发展，着力开发出体现当地特色、消费内容多元化、富有创意的冰雪旅游产品，如冰雪工艺品、高科技冰雪装备、VR 情景体验等新型冰雪旅游产品和冰雪雕塑、冰雪山地车等新型项目。同时，应积极考虑产品开发后适用人群的消费体验，并及时结合需求变化调整优化产品内容，大幅增加后奥运时期游客人数，切实让冰雪旅游经济效益获得最大限度地释放。整体而言，注重比较优势发挥，加强政策、科技、文化等多方赋能，京张冰雪旅游未来仍有新的更大增长空间，进而为"带动三亿人上冰雪"贡献力量。

（二）京津冀产业协同发展不断走深走实，冰雪旅游产业链式分工协作格局将加快构建

作为贯彻新发展理念的重要举措之一，2014 年京津冀协同发展上升为国家重大战略，其中产业协同作为先行先试的重要领域之一，近年来成为京津冀推动产业分工协作的重要动力。冰雪旅游是旅游发展的新业态和体育发展的新风口，具有产业链条长、分工协作效果突出的特点，加强区域间协作能够更好地推动优势互补，实现产业集聚发展的规模经济和范围经济。京张冰雪旅游发展为京津冀产业协同发展增添了新的内涵，积极推动北京和张家口基于各自优势、加强产业链式分工协作的冰雪产业发展新格局既是冬奥会举办的必然要求，也是着眼长远加快我国冰雪产业健康持续发展的战略选择。

一是要积极抓牢北京非首都功能疏解这个牛鼻子，立足北京在京津冀协同发展战略中的"四个中心"定位，加快推进北京与张家口围绕冰雪旅游产业发展的分工协作，形成在各自比较优势基础上的产业联动发展新局面。二是在更好发挥政府作用的同时，着力发挥市场在资源配置中的决定性作用。重点围绕行业发展规范、旅游市场秩序建设、营商环境优化、设施互联

互通以及综合配套公共服务优质供给等内容，积极加强地区间政府合作。北京要以非首都功能疏解为导向，积极鼓励冰雪旅游产业相关市场主体向张家口或环京地区布局。尊重冰雪旅游资源的商品属性，发挥企业在冰雪旅游产品供给中的主体作用，鼓励企业结合自身发展需要，积极推动产业链上下游业务拓展和市场并购。随着后奥运时代的到来，企业红利要逐渐从依靠政策支持转向取自市场竞争。不难预期，在京津冀协同发展战略深入推进下，在京张冬奥会成功举办的有利契机推动下，京津冀冰雪旅游链式协作格局将进一步加快构建，助力打造形成京津冀冰雪旅游产业链共生网络系统。

（三）积极应对疫情不利影响，多措并举提升后奥运时代冰雪旅游可持续发展能力

从全球来看，新冠病毒的变异迭代，尤其是奥密克戎变异毒株的出现，引发了全球对新一波疫情冲击的担忧，这无疑会进一步延缓全球经济复苏进程以及各国和地区间人员的日常交流交往。我国各地不时出现散发病例，在此情况下，作为冬奥会承办地的京张地区自 2021 年下半年以来明显加大了疫情防控力度。然而，在疫情形势下筹备、举办冬奥会无疑会提升应对疫情等突发事件的应急处置能力和水平。奥运会举办过程中区域内部软硬件设施的运维运营和协作联动，有助于加快提升区域整体在复杂形势下承办重大赛事活动的综合协作能力。

与此同时，着眼于后奥运时代世界知名冰雪旅游目的地打造，一方面，京张地区要加强冰雪旅游协作发展的顶层设计，积极推动冰雪旅游一体化发展规划编制实施，进一步明确产业发展的分工定位、目标导向和实施路径，切实将京张冰雪旅游目的地打造成为全球冰雪旅游新 IP。另一方面，京张地区要在冬奥会成功举办的有利契机带动下，加快推动冰雪旅游产业基于分工协作的集聚集群化发展，积极推进京张体育文化旅游带建设。要着力发挥志愿者协会、冰雪爱好者协会等社会组织的力量，形成协力打造冰雪旅游大市场的生动局面，为后奥运时代和后疫情时代京张冰雪旅游大发展大繁荣做好充分准备。

参考文献

《2020~2021雪季张家口市冰雪旅游逆势上扬的背后》，人民网，http://m. people. cn/n4/2021/0416/c1448-14944643. html。

北京市体育局：《2020年北京市体育工作总结》，http://tyj. beijing. gov. cn/bjsports/ zfxxgk_ /gzzj/10918019/index. html。

张家口市文化广电和旅游局：《张家口冰雪旅游借"冬"风起飞》，http://whgdly. zjk. gov. cn/contents/11/29780. html。

北京市统计局：《北京统计年鉴2021》，http://nj. tjj. beijing. gov. cn/nj/main/2021 -tjnj/zk/indexce. htm。

张家口市统计局：《张家口市2020年国民经济和社会发展统计公报》，http://tjj. zjk. gov. cn/content/2021/108932. html。

北京市体育局：《"十三五"期间北京市冰雪运动实现跨越式发展》，http://tyj. beijing. gov. cn/bjsports/gzdt84/zwdt/10938115/index. html。

中华人民共和国中央人民政府：《北京累计培训冰雪运动社会体育指导员2.1万人》，http://www. gov. cn/xinwen/2019-11/15/content_ 5452551. htm。

《河北崇礼以筹办冬奥会引领经济社会发展》，新华网，http://sports. people. com. cn/n1/2018/1119/c407727-30408641. html。

《2020~2021冰雪季中国冰雪旅游人次将达到2.3亿》，光明网，https://m. gmw. cn/baijia/2021-01/07/1302009583. html。

G.8
人民城市理念指引下的城市
徒步发展条件与路径研究
——来自上海的实践

吴文智　乔　萌*

摘　要： 城市徒步起源于欧洲国家，近年来在我国广泛流行，是以感受城市历史和文化为目的，以徒步的形式观赏城市景观和建筑的有组织的活动。新时代人民城市重要理念指引下的城市建设为城市徒步提供了新的条件，也促使城市徒步成为当前疫情防控常态化下城市微旅游与家门口休闲新方式，极大地满足了人民群众的美好生活需求。上海在引领人民城市建设中，通过城市更新和精细化管理为城市徒步创造了新的条件，以建筑可阅读和街区可漫步为主要路径大力发展城市徒步，让本地居民和外来游客在徒步中感受到城市温度，这对国内其他城市发展具有很强的借鉴价值。

关键词： 人民城市　城市徒步　上海实践

一　城市徒步的概况与发展特征

（一）城市徒步的源流与意义

城市徒步（City walk）是以感受城市历史和文化为目的，以徒步的形式

---

* 吴文智，华东师范大学旅游与会展系主任，副教授，中国社会科学院旅游研究中心特约研究员，主要研究方向为古村镇旅游、民宿与乡村旅游、景区管制；乔萌，华东师范大学硕士研究生，主要研究方向为旅游资源开发与规划。

观赏城市景观和建筑的有组织的活动。城市徒步起源于伦敦，兴起于"Travel as a local"（像当地人一样旅行）理念的盛行，已有超过 50 年的发展历史。"London Walk"（伦敦漫步）已经开发出 100 多条线路，成为伦敦著名的旅游品牌。在文化底蕴深厚的巴黎、阿姆斯特丹、京都、大阪等城市，城市徒步也已经有 20 余年的历史，成为大众化产品。目前，城市徒步在国内多个城市呈现小范围点状化拓展的态势，上海、北京、厦门、重庆、丽江等城市已建立起较成熟的城市徒步发展体系，有专业化经营企业和组织。2006 年，上海启动"走进老房子"活动，成为上海城市徒步发展的重要开端。

城市徒步对于城市发展、本地居民和外来游客都有深刻的意义。城市徒步的魅力在于使在城市生活的人发现身边的风景、了解城市文化、开展知识交流，让外来游客在地逗留，追寻城市的记忆与故事，浸入当地人的生活方式，品味城市的精髓。城市徒步是本地人发现城市另一面的途径，也是城市外来常住人口感受城市生命的方式，更是外来游客认识城市美好的方式，能够促进城市中不同人群与城市之间的情感联系，形成城市主客共享的美好生活新局面。

（二）城市徒步的形式与特点

城市徒步的参与人群大多是具有一定文化素养的历史文化和深度体验旅行爱好者，无明显年龄区分。城市徒步在青年人、中年亲子家庭和老年人中都广为流行，亲子研学、学校实践和公司团建也是重要参与方式。城市徒步作为一种新兴的城市微旅游方式，与其他休闲游憩方式相比具有独特性：一是与强调走向自然、身体力行的徒步旅游相比，城市徒步倾向于在城市中感受历史文化；二是与漫无目的、自在随意的漫步相比，城市徒步更具计划性和组织性；三是与大众观光旅游相比，城市徒步是小范围和深度开展的体验性活动。城市徒步的参与者倾向于用脚步丈量、认知城市，可能使用短途公共交通接驳，一般都有熟知当地文化的向导作为领队和讲解。以上海为例，城市徒步依据组织者不同可划分为以下类型（见表1）。

表1　上海城市徒步旅游组织方式

组织形式	组织者/平台	代表性组织者	代表性产品	代表性产品特点
商业化产品	大型旅行社、旅游OTA	春秋旅游、携程网、马蜂窝	微游上海、建筑可阅读、母亲河摇篮曲	平台中既有自营产品,也有代售供应商产品。产品主题丰富,较为标准化,部分产品具有公益性,主打专业导游深度讲解
	中小型旅游供应商	稻草人旅行、上海徒步光影	上海B面、解码外滩	一般在网站、微信公众号和小程序中运营,原创线路和周边产品较多,由资深领队带队讲解
有组织活动		豆瓣同城、微信社群	一绊一半City Walk	在社交平台中定期组织活动,主打交友、摄影等附加活动,一般有专业讲解
自发活动		自行组织	—	以个人或家庭为单位组队自行开展活动,通常使用网络平台和讲解系统自行了解城市历史文化

根据对现有城市徒步产品的分析,城市徒步具有以下特点。第一,城市徒步是一种轻量型、小微型活动,时间为2~6小时,路程为2~4公里,以30人以内的小团队游览为主。第二,城市徒步是一种沉浸式体验,强调精神上的收获与满足,参与者深入城市细微之处,触摸城市历史与文化,以鲜活和有趣的方式深入认识城市,在历史、文化、故事和记忆的浸润中收获一段独特且难忘的体验。第三,城市徒步中导游、讲解者或领队的角色非常重要,承担知识分享和文化交流的重任,自身知识储备丰富、待客热情、具有情怀的讲解者更能使参与者感受到城市徒步的真谛。

(三)城市徒步的依托要件

城市徒步植根于城市,依托于城市特色空间、道路与设施,一般在历史街区和历史文化风貌区中开展。一是特色城市空间,主要指城市中的公共空间、文化空间、记忆空间,包括街区、广场、公园等开放空间,以及博物馆、纪念馆、图书馆等文化空间,还有老厂房、老码头、老车站等一些城市历史文化记忆空间。开放空间可供徒步者驻足和休憩,文化空间、记忆空间

一般承载城市的历史文化，是城市徒步活动的主要资源。二是道路，指供徒步活动开展的线性地带，道路两侧应分布历史文化建筑，供徒步者观赏与探索，是城市徒步"流动性"的依托。三是设施，主要指城市徒步所需要的基础设施、公共设施和公共服务，如标识牌与解说系统、厕所、垃圾箱、休憩设施以及部分文化休闲商业服务点等，满足城市徒步参与者的各项基本需求，是城市徒步的基础条件。

城市徒步在国外发展得较为成熟，形成了一批卓越的徒步旅行城市，它们首先在城市建设更新中为徒步旅行提供了基础条件，具有一定的借鉴价值。

第一，城市保持传统风貌，拥有丰富的历史建筑、各类遗址、文物保护单位、历史文化街区、创意文化空间等城市徒步资源。如伦敦较好地保护了大本钟、伦敦塔桥、威斯敏斯特宫等历史风貌建筑，很好地实现了与周边环境的协调，形成独特的城市文化印记空间。

第二，城市徒步资源在一定空间范围内形成集聚，比较好地展现区域性空间文化特征。以巴黎为例，塞纳河是巴黎的城市文化轴线，自东向西经过巴黎第七大学、贝西公园、巴黎圣母院、蓬皮杜艺术文化中心、卢浮宫、协和广场、波旁宫、埃菲尔铁塔等历史文化建筑，便于沿线开展城市徒步活动[1]。

第三，拥有徒步友好型步行交通道路系统，保障城市徒步的舒适性、便利性和安全性。如伦敦在城市中心区已实现从车行优先到步行优先的转化，优化步行流线、限制汽车通行，呈现人车分离和核心道路步行化的趋势，达成保障行人安全的目标[2]。

二 人民城市重要理念下的上海城市建设实践

党的十九大报告指出"中国特色社会主义进入了新时代"，形成了习近

---

[1] 魏伟、刘畅、张帅权、王兵：《城市文化空间塑造的国际经验与启示——以伦敦、纽约、巴黎、东京为例》2020年第3期。
[2] 葛天阳：《步行优先的英国城市中心区更新》，东南大学硕士学位论文，2018。

平新时代中国特色社会主义思想，其中的重要内容是坚持以人民为中心，永
远把人民对美好生活的向往作为奋斗目标。2019 年 11 月，习近平总书记在
上海考察时提出"人民城市"的重要理念，核心思想为"人民城市人民建，
人民城市为人民"。习近平总书记指出："无论是城市规划还是城市建设，
无论是新城区建设还是老城区改造，都要坚持以人民为中心，聚焦人民群众
的需求，合理安排生产、生活、生态空间，走内涵式、集约型、绿色化的高
质量发展路子，努力创造宜业、宜居、宜乐、宜游的良好环境，让人民有更
多获得感，为人民创造更加幸福的美好生活。""人民城市"重要理念深刻
回答了城市建设依靠谁、为了谁的根本问题，深刻回答了建设什么样的城
市、怎样建设城市的重大命题，为新时代的城市建设提供了正确的方向和路
径指引。

上海是实践"人民城市"重要理念的先头兵。经过改革开放四十年的
艰苦奋斗，上海社会主义现代化国际大都市建设卓有成效，将迈入城市高质
量发展的新阶段。2020 年 6 月，上海市委全会通过《中共上海市委关于深
入贯彻落实"人民城市人民建，人民城市为人民"重要理念，谱写新时代
人民城市新篇章的意见》，对人民城市建设进行系统部署，提出要发挥"一
张蓝图绘到底"的制度优势，努力打造"五个人人"，即人人都有人生出彩
机会、人人都有序参与治理、人人都享有品质生活、人人都能切实感受温
度、人人都拥有归属认同[①]。

上海人民城市建设的一系列关键举措有：提升中心城区功能品质、提升
郊区新城宜居度和吸引力、打造更多公共空间和绿色空间、推进城市精细化
管理、加快推进"四个中心"建设、营造更加宽松的发展环境、打造共建共
治共享的社会治理共同体等。在"人民城市"理念的指引下，上海通过上述
一系列举措提升超大城市的综合实力，通过城市更新打造公共空间，以精细
化管理推进城市设施和服务完善，为上海城市徒步创造了最好的发展条件。

---

① 沈佳灵：《人民城市人民建，人民城市为人民！今天市委全会通过这份重磅文件》，《新民
晚报》2020 年 6 月 23 日。

三 "人民城市"理念指引下上海城市徒步发展的条件

"人民城市"的理念在上海不断被实践诠释，通过城市空间环境更新打造、城市管理与服务等软实力提升，为本地居民和外来游客开展城市徒步提供了更有记忆的空间、更精美的设施和更贴心的服务。

（一）城市更新：打造城市徒步硬件环境

城市更新是上海人民城市建设的重大举措，是指在建成区内持续性开展改造更新空间形态和功能的活动，包括优化区域功能布局、提升整体居住品质、加强历史文化保护等。并且从 2021 年 9 月 1 日起实施《上海城市更新条例》，为未来的工作提供制度和政策保障。上海在"人民城市"理念指引下开展城市更新，形成了集历史文化空间、公共休闲空间和生活休闲场景于一体的徒步环境。

一是打造历史文化空间为城市徒步活动展示城市文脉。上海对老破旧社区、闲置建筑、历史街区、工业遗产等进行更新改造，打造出一批具有鲜明特色和文化意蕴的历史文化街区和历史风貌区；关注街区道路设施、城市家园、沿街绿化、建筑立面、景观灯光提升，打造多要素、区域化的"美丽街区"综合系统[①]，为城市徒步提供美丽、整洁、具有城市文化特色的历史文化空间。

二是打造公共休闲空间为城市徒步活动展现"城市颜值"。黄浦江和苏州河沿岸地区高质量发展是上海"十四五"规划的重要抓手，坚持还江于民、还河于民，聚焦提升滨水空间活力，将"工业锈带"转变为"生活秀带"；口袋公园、健身步道、公园绿地、社区空间的打造也提升了上海城市公共空间的品质，为城市徒步活动提供了美丽景观，展现城市之美。

三是打造了一批城市生活休闲场景。在城市历史文化空间和公共休闲空

---

① 上海市人民政府：《上海市"美丽街区"建设专项工作方案（2018 - 2020）》，2018。

间的基础上，上海市文旅局于 2020 年发起"家门口的好去处"评选活动，包括居民生活区周边的特色书店、美术场馆、非遗体验馆等。这些地方充分展现了上海红色文化、海派文化和江南文化特色，满足了城市居民日益增长的精神文化需求，也成为城市徒步活动的重要生活化休闲场景，丰富了城市公共空间。

（二）精细化管理：完善城市徒步软性服务

精细化管理是人民城市理念指引下上海城市建设的另一重大举措，以精细化管理推进城市公共设施和公共服务的完善，维持良好的城市秩序，提升超大城市居民的日常生活品质，也为城市徒步打造了优质服务。

一是以"一网通管"系统为城市徒步提供便利的数字型智慧化服务。上海以领先的城市智慧化和信息化管理体系助力超大城市治理数字化转型，完善政务服务"一网通办"和城市运行"一网统管"。上海随申办市民云平台中的云上科普馆、场馆预约、健身步道、上海建筑百年、游上海、景点热力图、示范公园等功能板块为城市徒步参与者带来便利的信息资讯、流量查询、场馆预约等服务。

二是以"绣花般"精细功夫为城市徒步打造良好的城市环境。《上海市城市网格化管理办法》自 2013 年 10 月便开始实施，从垃圾分类、疫情防控、防台防汛、道路交通、园林绿化、环境保护等与居民日常生活息息相关的小微之处着手，以划分城市最小管理单元的方式整顿市容市貌，约束影响城市公共管理秩序的行为，为城市徒步参与者提供安全、卫生、清洁的徒步环境。

三是以"15 分钟生活圈"打造为城市徒步提供商业服务支持。社区管理目的是提高居民生活品质，2016 年上海制定《上海市 15 分钟社区生活圈规划导则》，打造社区生活基本单元，在 15 分钟步行可达的范围内配备生活所需的学校、超市、卫生服务以及小型商业网点、公园，不仅为居民提供舒适的社会生活平台，也使城市徒步参与者在徒步过程中能够获得便捷的休闲、消费服务。

四 "人民城市"理念下上海城市徒步发展的主要路径

城市徒步注重对城市历史文化的探寻。需要挖掘城市历史文脉，并通过物质、景观和符号得以呈现，将城市的故事和记忆完整地向城市居民和外来游客展示。上海在城市徒步中凸显红色文化、海派文化和江南文化的魅力，以"建筑可阅读"实现内容生产、以街区可漫步打造行走空间、以城市有温度建立情感纽带。

（一）"建筑可阅读"：城市徒步的内容生产

"建筑可阅读"的目的是活化展示建筑背后的历史和文化，使游客能够从中"读"出故事和记忆。这项工程于 2018 年正式启动，从黄浦、静安、徐汇等市内六区逐步向全市拓展，截至 2021 年 2 月 19 日开放建筑已达 1039 处①。相关建筑级别划分为全国重点文物保护单位、上海市文物保护单位、区文物保护单位、区文物保护点、优秀历史建筑和代表性建筑，有中共一大纪念馆、四行仓库抗战纪念馆、武康大楼、宋庆龄故居纪念馆、上海邮政总局、上海市历史博物馆等一批著名建筑入选。推出"建筑可阅读"红色记忆榜、古风古韵榜、岁月余韵榜和传奇酒店榜四个榜单，及感悟江河情怀、重温休闲时光、漫步梧桐深处、寻踪名人传奇等八个热门线路，供游客选择。

"建筑可阅读"已经成为承载城市记忆的"干细胞"，为城市徒步完成内容生产，成为城市徒步活动重要的吸引点。建筑的"阅读性"通过"内容＋人工＋科技"的模式得以诠释：一是不断挖掘建筑背后丰富的历史故事、文化知识、人文轶事和精神传统，形成建筑的内容体系；二是各建筑建立志愿者和专业讲解团队，为游客提供人工讲解；三是设置二维码供游客自助扫码了解建筑背后故事，包含英文介绍、语音讲解、视频播放和 VR 体验等功能。此外，上海还与美团 App 合作推出线上预约系统，并开发丰富的

---

① 吴君蒙：《用科技传播城市文化，让建筑可见、可听、可读》，新华网，2021 年 2 月 19 日。

文创产品，使游客在城市徒步中能够便捷地"读、听、看、游、购"历史文化建筑①。除实地体验外，上海大力发展在线新文旅，将建筑二维码入口统一至"文化上海云"平台，将入选建筑资料和目录发布于上海"建筑可阅读"微信小程序，并在抖音平台上开设"建筑可阅读"专栏话题，使市民和游客获取相关信息更加便利②。上海"建筑可阅读"正在综合运用大数据、人工智能、物联网、云平台等技术推进数字化转型。

"建筑可阅读"工程在上海取得巨大成效和影响力，至 2020 年 8 月累计接待游客超过 1830 万人次，仅在 2021 年 9 月 12 日至 27 日上海旅游节期间，"建筑可阅读"线上线下主题活动游客参与人数就达 5751 万③。配合"建筑可阅读"项目，上海出台《上海市"建筑可阅读"工作规范》，推进服务标准化，提升服务效能。2021 年 1 月，上海市文化和旅游局发布《2021 年上海市"建筑可阅读"工作十大行动》，提出一系列完善服务体系、推进数字化转型的举措（见表 2），其中多个举措涉及"建筑可阅读"与城市微旅行和城市徒步同步发展。

表 2　上海"建筑可阅读"部分行动

活动	内容
"建筑可阅读"全民游活动	活动结合小红书、携程、春秋旅游、驴妈妈、美团等平台开展线上线下的联动，吸引更多用户发布旅行攻略，打卡上海建筑
打造旅行线路	推动企业开发设计"建筑可阅读"一日游、深度游等微旅行线路，打造更多网红打卡地
开展宣教活动	鼓励社会主体开展"建筑可阅读"城市行走活动，结合媒体跟踪采访的方式，到各个区、各个代表性建筑开展"建筑可阅读"专题系列报道
	推进"建筑可阅读"长三角一体化，联合长三角文旅部门策划"跟着建筑去旅行"等活动

---

① 上海市文化和旅游局：《2021 年上海市"建筑可阅读"工作十大行动》，2021。
② 徐明徽：《〈这里是上海：建筑可阅读〉：阅读建筑，爱上上海》，澎湃新闻，2020 年 8 月 16 日。
③ 薄小波、何易：《聚焦上海，全面提升软实力 | 破圈迭代，上海打造文旅"四新"模式》，文汇网，2021 年 10 月 6 日。

（二）街区可漫步：城市徒步的行走空间

"街区可漫步"与"建筑可阅读"相伴提出，街区是居民日常生活的载体，承载着文化、休闲、交通、商业等功能，也是城市居民的生活空间。一般来说，历史文化建筑集中成片，能够比较完整地展示城市历史底蕴、文化精神、艺术特色和城市品格的街区对本地居民和外来游客具有较高的文化体验和休闲游憩价值。多个街区则组成历史风貌区，截至 2021 年 11 月，上海共拥有历史文化风貌区 44 处，包含南京西路历史文化风貌区、外滩历史文化风貌区、愚园路历史文化风貌区、衡山路－复兴路历史文化风貌区等，形成了延续社会生活脉络和城市精神的活态化空间。2021 年 9 月，上海认定武康路－安福路街区、思南公馆街区、愚园艺术生活街区、多伦路文化名人街 4 个上海市级旅游休闲街区，这类街区具有鲜明的文化主题和地域特色，具备旅游休闲、文化体验和公共服务等功能①。建筑是街区中的重要资源，各类街区为"建筑可阅读"提供了步行载体，是城市徒步的另一个发展路径。

上海以精细化管理推进"街区可漫步"，为城市徒步提供畅通无障碍的行走空间。2018 年 1 月，《贯彻落实〈中共上海市委、上海市人民政府关于加强本市城市管理精细化工作的实施意见〉三年行动计划（2018－2020年）》提出加强乱设摊、乱占道等"五乱"治理，加强地下空间和各类管线管理，完善城市网格化管理体系，推进城市综合管理标准体系建设等举措打造"美丽街区"②。此轮三年计划打造了 426 个"美丽街区"，形成武康大楼周边等一批无架空线全要素示范片区和示范道路③，使城市徒步所依赖的行走空间更加清洁和安全。上海的街区"微更新"项目始终注重制度、设计、治理的三维统一，坚持"以人为本"的原则，充分体现出"人民城市"的

---

① 朱喆：《街区等你来漫步！上海市级旅游休闲街区等你来漫步》，澎湃新闻，2021 年 9 月 7 日。

② 上海市人民政府：《上海市城市管理精细化"十四五"规划》，2021。

③ 刘子仪：《沪启动第二轮城市管理精细化三年行动计划！减少马路反复开挖、再建 300 个"美丽街区"》，上海发布，2021 年 5 月 12 日。

理念和温度。[①]

以近年上海新网红武康大楼所在的衡复历史文化风貌区为例，徐汇区以打造"海派文化之源"品牌为目的，在风貌区中打造三大特色街区（见表3），把优秀历史建筑纳入街区游览线路，把文博展示场所打造成主客共享的美好生活新空间，将"建筑可阅读"和"街区可漫步"有机融合，让居民和游客能够以城市徒步的方式在美丽街区中感受上海城市文脉和人文底蕴，打造独具魅力的"微旅游"体验线路。

表3　衡复历史文化风貌区三大街区

街区	主题	代表性建筑
武康路-复兴西路历史文化街区	人文建筑	衡复风貌展示馆、衡复艺术中心、柯灵故居、武康大楼、修道院公寓、张乐平故居
汾阳路-复兴中路音乐文化街区	音乐产业	黑石公寓、上海音乐学院、上音歌剧院、上海交响乐博物馆
岳阳路-建国西路慢生活街区	慢生活	草婴书房、永平里、建业里、钻石文化交流中心

（三）城市有温度：城市徒步的情感纽带

"建筑可阅读"和"街区可漫步"为开展城市徒步提供场所与游线支撑，满足人民的精神文化和徒步体验需求，是"人民城市为人民"的先进实践。建筑和街区在打造过程中精益求精，合理协调历史风貌、建筑本体和功能品质之间的关系，不仅让历史建筑在现代社会散发出活力和生命力，也使游客能够在舒适、便捷的条件下体验城市，充分展现对"人"的关怀。例如，当武康大楼成为爆款网红引得游客争相打卡之时，上海通过街区微整形实现架空线落地，对人行道进行拓宽，并提供深度漫游导览信息，让游客拍照打卡和"阅读建筑"更加安全与舒适。

城市的温度体现在"以人为本"，关心生活在这座城市中的人的需求，

---

① 李宝花：《武康大楼街区折射的人民理念和文旅温度》，《解放日报》2021年3月5日。

为城市中的所有人打造有温度的生活空间，促进人的全面发展。参与城市徒步、感知城市历史文化风情能够催生参与者的地方认同和地方依恋，进而形成与城市的情感纽带。参与者在城市徒步中通过"阅读建筑"和漫步街区感受到城市温度，经过认知、感知和情感认同等复杂的过程，更能将自己定义为城市的一分子，从而通过地方认同构建自身在社会中的位置与角色①；同时逐步建立起与城市的情感联系，产生情感认同和留在这个城市的意愿，形成对城市的地方依恋。

城市徒步是将场景与活动相结合的体验形式，不仅塑造了人与城市之间的情感联结，更成为城市中人与人之间的情感纽带。城市徒步是有组织的、具有社交属性的活动，当一群有相同兴趣爱好和相似文化审美的人集聚在一起开展城市徒步时，他们更容易在"阅读建筑"和漫步街区的过程中寻找到共通的情感触点，产生情感共鸣，加深对彼此的理解。这也让城市更加有温度和人情味，成为城市中人的心灵栖息地和精神家园，使得人与城市、人与社会之间的情感联结更加紧密。城市的温度使居民和游客与城市产生深度的情感联结，达到"处处可触及、处处可融入"的状态，真正实现"城市，让生活更美好"。

五 结论与启示

当前在快速城市化和老城区改造、新城区建设的过程中，要关注城市居民的精神文化需求和对美好生活的向往，为人民保留一些品质化的文化休闲生活空间。城市徒步是人们感知城市的方式，是人与人、人与城市之间的情感纽带，在新时代人民城市建设中应当受到关注。应将城市徒步的各项需求作为引领城市建设、更新和管理的重要标准，将城市徒步的发展水平作为衡量城市建设的质量标尺，衡量城市友好度、美好度和温度的重要指标，将城

---

① 朱竑、刘博：《地方感、地方依恋与地方认同等概念的辨析及研究启示》，《华南师范大学学报》（自然科学版）2011年第1期。

市徒步活动的参与度作为城市文明程度的代表。上海城市徒步的发展经验值得向全国推广，可为所有城市以城市徒步为手段促进城市高质量建设提供借鉴。

第一，提升对城市徒步的重视程度，大力推广城市徒步活动。建议有关部门推广创建徒步友好型城市，为城市徒步主动提供历史文化的活化展示空间和舒适的行走空间，开展各种城市徒步推广和宣传活动，将鼓励城市徒步活动开展作为未来城市发展的重要方向，使得城市更加"宜居、宜业、宜乐、宜游"，让城市治理效能体现在人民群众获得感、幸福感、安全感的提升上，实现城市建设成果由全体人民共享。

第二，以"人民城市"理念引导城市徒步发展。贯彻"人民城市"理念是对我国现阶段主要矛盾发生变化的响应，是深入贯彻习近平新时代中国特色社会主义思想的实践，也是城市发展到一定阶段的必然选择。人民城市建设与城市徒步发展相辅相成，"人民城市"理念指引下的城市更新和精细化管理等创新举措为城市徒步提供了基础条件和优质服务，城市徒步则为居民和游客提供了感受城市建设成果的最美途径。

第三，将历史文化建筑和街区作为发展城市徒步的基础。历史文化建筑和街区承载着城市地方文化，记录城市岁月变迁，是居民对家乡、对过去记忆特别是乡愁的载体，也是城市保护和传承传统文化的保障。在城市建设中要避免对历史文化建筑和街区的大拆大建，要保留其原始风貌，并运用现代科技手段进行活化展示，保存城市特色风貌、守护城市精神家园，为人民以城市徒步的方式阅读建筑、漫步街区、感知城市提供美好的空间。

参考文献

魏伟、刘畅、张帅权、王兵：《城市文化空间塑造的国际经验与启示——以伦敦、纽约、巴黎、东京为例》2020年第3期。

葛天阳：《步行优先的英国城市中心区更新》，东南大学硕士学位论文，2018。

沈佳灵：《人民城市人民建，人民城市为人民！今天市委全会通过这份重磅文件》，《新民晚报》2020年6月23日。

上海市人民政府：《上海市"美丽街区"建设专项工作方案（2018~2020)》，2018。

吴君蒙：《用科技传播城市文化，让建筑可见、可听、可读》，新华网，2021年2月19日。

上海市文化和旅游局：《2021年上海市"建筑可阅读"工作十大行动》，2021。

徐明徽：《〈这里是上海：建筑可阅读〉：阅读建筑，爱上上海》，澎湃新闻，2020年8月16日。

薄小波、何易：《聚焦上海，全面提升软实力丨破圈迭代，上海打造文旅"四新"模式》，文汇网，2021年10月6日。

朱喆：《街区等你来漫步！上海市级旅游休闲街区等你来漫步》，澎湃新闻，2021年9月7日。

上海市人民政府：《上海市城市管理精细化"十四五"规划》，2021。

刘子仪：《沪启动第二轮城市管理精细化三年行动计划！减少马路反复开挖、再建300个"美丽街区"》，上海发布，2021年5月12日。

李宝花：《武康大楼街区折射的人民理念和文旅温度》，《解放日报》2021年3月5日。

朱竑、刘博：《地方感、地方依恋与地方认同等概念的辨析及研究启示》，《华南师范大学学报》（自然科学版）2011年第1期。

G.9
主客共享的城市休闲旅游创新发展

——以粤港澳大湾区为例

张树民　王　勇*

摘　要： 在小康旅游时代背景下，人们追求更高层次的美好生活，消费升级倒逼产业升级、文化与旅游融合、休闲与旅游融合、旅游与生活融合，主客共享成为城市休闲旅游发展的重要趋势。主客共享打破了传统旅游的局限性，居民和游客共享目的地城市的生活方式。本文在构建主客共享要素模型的基础上，提出了城市休闲旅游创新发展的重点要求和措施建议，并以粤港澳大湾区为例，总结了大湾区城市休闲旅游的发展现状，分析了华侨城深耕大湾区，探索基于主客共享理念助力共建人文湾区和休闲湾区的创新做法。

关键词： 主客共享　城市休闲　休闲旅游　粤港澳大湾区　华侨城

一　主客共享是城市休闲旅游发展的重要趋势

随着我国步入全面小康社会，旅游成为人们美好生活和精神文化需求的重要组成部分。经济的发展、城市的进步、科技的创新为人们的休闲与旅游

* 张树民，华侨城集团旅游研究院院长，华侨城旅游投资管理集团有限公司董事、总裁，中国社会科学院旅游研究中心特约研究员，中国旅游协会旅游营销分会副会长兼秘书长；王勇，华侨城旅游投资管理集团有限公司战略投资中心副总经理。

奠定了良好的基础，人们不仅追求自然与人文的差异化，更想体验共享目的地的生活方式，消费需求的升级也不断促进供给侧改革和产业升级，促使休闲与旅游不断融合，城市休闲旅游成为主客共享实施的主阵地。这种趋势的产生，有着多重的时代背景，折射出中国全面发展新时代的新要求。

（一）时代发展背景

改革开放以来，我国经济快速增长，居民可支配收入大幅提升，国民生活水平显著提高，同时伴随着休假制度的完善，人们具备了旅游和休闲的经济基础和时间基础。休闲时代已经到来，旅游和休闲已成为普通百姓家的生活方式，已成为美好生活的一种具体表现形式。尽管受到疫情侵扰，但从总体趋势看，城市居民日常休闲消费仍会不断增加，外来游客在城市内的休闲活动仍会不断增多，城市休闲旅游先天具备主客共享的特质，城市不断涌现的丰富休闲项目和网红打卡地，不仅是本地居民的休闲消费场所，也成为外来游客的旅游消费体验空间。

（二）产业迭代背景

我国旅游产业的发展经过了开放红利期、人口红利期、投资红利期，如今已进入生活方式红利期。大众旅游时代，旅游景区是旅游的核心载体，小康旅游时代，换个非惯常环境享受生活成为旅游的新趋势。旅游文明已经从最初的主客排斥、主客分异，发展到如今的主客共享，产业条块不断打破并相互融合，旅游休闲成为主客共同追求的生活方式，目的地城市成为主客共享的休闲空间。

（三）城镇化演进背景

随着我国大力推进以人为核心的新型城镇化建设，城镇化已由粗放式发展阶段进入提升质量的新阶段。根据全国第七次人口普查数据，中国城镇化率已高达63.89%，已经高于55.3%的世界平均标准。一方面，随着城市基础设施、公共服务和商业环境不断完善，城市作为旅游目的地、中转地或者集散地的功能也不断强化，旅游要素和休闲功能不断积聚和放大；另一方面，城镇居民也是消费升级和促进经济内循环的主力。主客共享最先在城市休闲旅游上得到体现。

（四）科技进步背景

移动互联网时代，旅游信息的传播更加透明和高效，说走就走的旅行成为现实。在城市各种基础配套条件相对可预期的情况下，游客通过手机和网络自行搜索获取甚至被定向推送感兴趣的城市休闲旅游信息，抖音、小红书、B 站等也种草了很多网红城市打卡点。游客可以抛弃传统旅行社，自由、方便、快捷地到目的地城市旅游和休闲。同时，科技发展，如5G、VR、AR 技术，甚至元宇宙理念，对创新共享空间，增强游客的参与感、体验感和获得感，也发挥着越来越重要的作用，让主客共享更加融合无边界。

（五）文旅融合背景

旅游是从自己待腻的地方到别人待腻的地方看看，表现出的是移动、探知、交流与拓展。文化是让美的东西在另外一种人群中产生美的共鸣，表现出的是创造、内容、碰撞与价值。以文塑旅、以旅彰文、文旅融合的基础是体验。文旅融合为城市休闲旅游打开了更大的想象空间，曾经封闭的景区成为开放式城市公园，曾经少有人问津的博物馆活化成城市文化输出地，曾经的商业街转化升级为城市主题街区等，既是本地居民的休闲场所，也是外地游客的旅游场所，满足了主客的精神文化需求和旅游社交需求。

（六）疫情防控背景

受疫情影响，出境旅游停滞，国内休闲度假旅游迎来机遇窗口。同时，在国内疫情防控常态化的情况下，各地疫情依然局部暴发，跨省游时有中断，人们开始习惯和接受就近旅游、就地休闲。文化和旅游部数据中心专项

调查数据显示，游客目的地平均游憩半径从 2020 年的 14.2 公里收缩到 2021 年的 13.1 公里，并一度在 2021 年春节期间收缩到 7.6 公里。中国旅游研究院发布的《中国旅游景区发展报告（2021）》指出，面向中远程市场的旅游景区接待人次和综合收入下降明显，面向本地和近程周边游市场的休闲度假则迎来了新的发展机遇，文化、餐饮和商业休闲场所成为游客主动打卡的美好生活新空间。可见，疫情一定程度上也加速了城市休闲旅游的主客共享进程。

二　基于主客共享的城市休闲旅游新系统初探

（一）主客共享要素模型

随着经济和社会的发展与进步，财富积累和社会保障发展到一定程度后，人们对生活品质的观念开始变化。根据马斯洛需求理论，当人们的基础物质需求得到满足后，需要追求更加高级的精神文化需求。无论是本地居民，还是外地游客，基础的安全、生存以及吃喝玩乐功能需求得到满足后，人们开始追求文化、情感、价值、成就等高级的精神体验需求。一方面为了吸引外地游客，秉持以人为本的城市发展理念，城市旅游功能要素越来越完善，人文氛围越来越友好，游客的食、住、行、游、购、娱与市民的休闲娱乐不断融合和升级，促进居游共享、城景融合、产业融合。另一方面外地游客到访和融入，体验着当地的生活方式，享受着当地的文化熏陶和精神滋养，不断带动和促进当地的消费升级和产业升级，反哺经济和社会的发展，实现目的地城市向着宜居、宜游、宜业的方向发展。最终，本地居民和外地游客在追求美好生活的道路上，通过主客共享这一社会行为新形态，共享了城市、社会和文明发展带来的成就感和幸福感。主客共享要素结构如图 1 所示。

从主客共享的众多要素可以看出，本地居民和外地游客除了身份所决定的基础功能需求要素不同，能够共享的要素包括城市公共配套、基础设施、

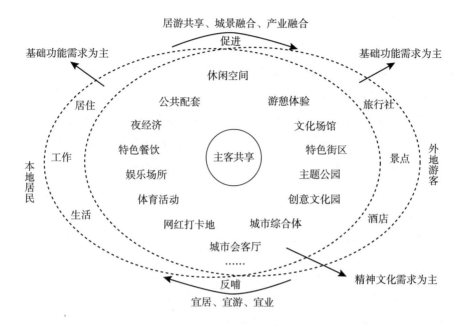

图1 主客共享要素结构

交通等休闲旅游的必备基础要素和休闲空间、游憩体验、文化场馆、特色街区、主题公园、创意文化园、城市综合体、城市会客厅、网红打卡地、体育活动、娱乐场所、特色餐饮、夜经济等休闲旅游的精神文化新需求要素。可以看出，主客共享打破了传统旅游的局限性，实现了由点到面的延伸，景区与城市相融、旅游与休闲相融，所共享的是当地人生活休闲方式以及目的地城市的人文特点和精神气质，既丰富了市民的精神文化生活，又深化了游客的异地体验。

（二）主客共享的城市休闲旅游创新发展基本要素与方向性条件

主客共享已经成为推动城市休闲旅游发展新的动力，共享的不仅是城市发展带来的休闲空间和消费场所，还是在地文化影响下的生活方式，不仅是配套设施和硬件产品，还是沉浸在非惯常环境中的体验，这对主客共享的城市休闲旅游创新提出了更高的要求。

1. 文化性

文化是灵魂,主客共享是展示城市文化脉络、对外输出城市文化最好的形式,同时,自然与人文的差异化也是吸引游客来到目的地城市的主要动因。因此,在主客共享理念下,需要充分尊重目的地城市的历史积淀和人文底蕴,将在地独特的文化通过创新的形式和手段,展现在游客面前。这不仅能提高本地居民的文化自信和优越感,还能有效促进居民与游客的相互尊重和互动,促进文化的传承和城市休闲旅游的可持续发展。

2. 休闲性

随着新消费的崛起和交通配套的完善,旅游的需求不断升级。以前的"慢进快游"已经变成了"快进慢游",即以前更多的时间花在路上,到了目的地则是快速游览,现在更多的是说走就走的旅行,条件支持快速到达目的地,把更多的时间花在慢慢地休闲和品味上。旅游不再是长途跋涉的辛苦,而是换个地方享受生活,因此,主客共享的创新要充分考虑设施、产品、功能、环境、行程等方方面面的休闲性、舒适性和便利性。

3. 体验性

走马观花式的旅行时代已经过去,体验时代已经来临,游客也不满足于通过参与各种活动,从视觉、触觉、味觉等方面获得不同的体验,其更加需要完全融入目的地城市,与居民和在地文化进行零距离接触而获得深度的体验。主客共享的核心诉求就是深度体验在地的生活方式,产生共情体验。对主客共享的城市休闲旅游进行产品设计、主题包装、营销活动时,更要注重精细化,让每一个环节都可以成为游客难以忘怀的体验经历。

4. 审美性

主客共享不仅需要城市的基础配套和公共服务,还需要彰显城市魅力的审美,在基础功能需求之外,人们需要美的享受。不论是城市标志性建筑,还是丰富多彩的城市空间,不论是直观的城市形象,还是深厚的文化内涵,只有和谐和美的,才能引起本地居民和外地游客的共鸣。在新媒体疯狂种草的旅游目的地无不给人带来美的感受。

5. 生态性

适合旅游休闲的城市，客观上要求城市的生态环境必须是良好的。一方面，城市发展的高级阶段是人与自然和谐共生，让文化空间融入自然，给本地居民和外来游客以身心皆放松的生态环境；另一方面，人们越来越追求回归自然，生态优良、风景秀美的目的地城市更具吸引力，在青山绿水间的城市才具备宜居宜游的属性。只有城市休闲旅游与生态文明相互促进，形成良性循环，才能实现主客共享的可持续发展。

6. 独特性

千篇一律的钢筋水泥堆积出来的城市让人压抑，产生精神疲劳。城市休闲旅游需要力争强化城市的独特性，塑造差异化的 IP 形象，并在发展理念、规划、文化、业态、产品、服务、活动、内容、营销等方面不断创新，形成引流动力。统筹考虑城市的特色资源，提炼出易于传播的独特卖点，让本地居民人人都是城市代言人，吸引游客前来。

7. 沉浸性

主客共享本身就是游客在目的地城市深度沉浸，与本地居民生活融为一体的过程。主客共享天然必须具备沉浸性和融入性，这也适应了年轻一代旅游社交的需求。游客通过网红地打卡、交流互动、生活场景、消费空间、休闲游憩等，沉浸于当地的生活方式和城市环境之中，旅游即沉浸式生活。主客共享的旅游休闲，需要营造出良好的沉浸氛围，创新沉浸方式和沉浸内容。

8. 包容性

主客共享的城市休闲旅游，要求城市具备良好的包容性，对文化差异和来自不同地区游客的尊重、理解，在包容和开放中坚定文化自信。引导城市形成理解宽容、融洽和谐、开放包容的精神风貌，通过主客共享的载体和形式，实现游客不着痕迹地嵌入居民的日常生活中，共享城市发展带来的幸福感。

三 对促进主客共享式城市休闲旅游发展措施的初步建议

（一）理念共识

基于主客共享的城市休闲旅游发展，既能有效提升本地居民的生活品质，又能满足外地游客对当地别样美好生活的体验诉求。主客共享理念十分契合城市以人为核心的高质量发展要求，需要从政府管理、空间规划、城市治理、产品业态、居民认知等多方面达成主客共享发展的共识。

（二）规划先行

国家"十四五"规划明确提出要打造一批文化特色鲜明的国家级旅游休闲城市和街区。在国家顶层规划框架之下，每个城市要尊重自身的特点和现状，根据城市文脉和地域特色明确发展定位，坚持以人为本和主客共享的发展理念，在城市发展规划中充分体现对人的尊重和对美好生活的设计。

（三）城市治理

城市旅游休闲度假的主客共享共融趋势，对城市发展提出了更高的治理要求，涉及规划、建设、文化、旅游、工商、安全、交管等多方面联动。城市治理要充分发挥政府机构、公共事业单位、民间社会组织、社区组织、企业单位等各主体的力量，全面统筹、产城结合、友好开放、分层施策、多方协同，形成城市主客共享的长效治理机制。

（四）社会投资

主客共享的城市建设依赖于投资先行。政府需要步步为营，通过科学规划、树立精品、平衡利益、投资引导做大城市休闲旅游产业；企业需要时时坚守，通过模式创新、投资整合、长久盈利为居民和游客创造优质的产品和服务，提供高质量的旅游休闲消费空间和场景。随着城市土地日益紧缺，投资要转变靠土地反哺的思路，创新传统空间、塑造特色 IP、营造商业调性，构建适应新消费需求的投资商业模式。

（五）业态创新

主客共享美好生活休闲方式，需要结合外来游客和本地居民的需求，通过业态创新，构建新体验空间，实现城市人居、产业、文化、生活等与休闲旅游体验的创新融合。依据城市地脉和文脉，传承与开放，适应新消费需求，培育和打造相应的创新产品和业态组合。尤其是随着 Z 世代主流消费群体的崛起，业态运营要求更加个性化、时尚化和品质化。

（六）政策保障

更好地营造主客共享的城市氛围，推动城景一体化发展，需要科学的政策保障和产业引导，如供地、用地管理，城市公共空间创新利用，国家级旅游休闲城市和街区建设，游憩商业业态培育，夜经济繁荣等。通过政策引导，构建具有文化特色和城市美学的旅居生活环境，体现城市休闲旅游作为展示城市高质量发展和高品质生活窗口的重要作用。

四　对粤港澳大湾区主客共享式城市休闲旅游发展状况的概略分析

（一）在全球化竞争中，占据重要市场地位

面临百年未有之大变局，粤港澳大湾区作为国家战略，应担当起新的发展使命。一方面，凭借良好的区位优势和国际交通网络，粤港澳大湾区作为我国参与全球竞争的"南大门"，是全球重要的旅游组织中心。疫情之前的 2019 年，五大干线机场旅客吞吐量超 2 亿人次。同时，香港、广州、深圳三大邮轮母港也逐渐显现出大湾区国际海洋旅游重要节点的作用。另一方面，粤港澳大湾区既是重要的旅游目的地，也是重要的旅游客源地。根据国

家统计局数据，2019 年末粤港澳大湾区人均 GDP 超过 16 万元，已达到发达国家水平。庞大的消费人口基数和优越的经济条件，让粤港澳大湾区成为优质的客源地。同时，粤港澳大湾区也是展现中国特色社会主义优越性的标志性窗口，每年到访游客超过 4 亿人次，旅游总收入超过 12 万亿元。

（二）在供给侧改革中，产品类型丰富多样

粤港澳大湾区气候宜人、旅游资源丰富，是享誉国内外的滨海旅游目的地。珠江及其支流横贯珠三角，形成了两岸独特的城乡和自然风貌。同时，粤港澳大湾区的历史人文资源独具特色，既是古代海上丝绸之路的起点，也是现代中国改革开放的前沿阵地，既拥有广府文化、客家文化、潮汕文化等传统文化，也有国际性的海外文化，各种文化共融共存。基于特色资源和市场优势，粤港澳大湾区在文旅产业供给侧改革中，也走在全国的前列，有世界级的主题公园集群、世界级的休闲娱乐博彩中心、发达的会展商务旅游，还有城市休闲、康养度假、邮轮旅游等不断升级的产品，以及"购物天堂""世界美食之都"等品牌美誉。

（三）在大湾区格局中，存在局部发展失衡

粤港澳大湾区着力培育五大旅游中心城市，即香港、澳门、广州、深圳、珠海，形成围绕珠江口的"A"字形旅游发展增长极。同时，广佛肇、深港莞惠、珠澳中江都市群已初步形成，但其中也存在局部不平衡，如肇庆和江门都需要进一步加强和融入相应的合作圈，实现更均衡、更优质的发展。另外，还存在部分核心城市游客过于密集而挤占了本地居民生活空间的问题。根据澳门旅游局数据，2019 年澳门入境游客 3941 万人次，同期澳门人口仅接近 68 万人，游客数量大约是本地人口的 58 倍，对于面积仅 30 平方公里的澳门而言游客密度过大，目前正通过与珠海横琴合作开发，形成内地延伸。

（四）在内循环经济中，区内流动更加明显

粤港澳大湾区受益于开放力度提升、内部经济融通合作加强、政策引导

和扶持以及防疫带来企业正常生产和经济发展的环境。从 2020 年粤港澳大湾区各城市 GDP 增速来看，除了香港和澳门，珠三角九市全部实现了 GDP 正增长，表现出一定的经济韧性。在疫情和经济内循环的大背景下，广东省内游客流动更加明显，更倾向于选择自然生态较好的目的地自驾游，就近选择轻休闲、微度假。大湾区内实现了互为目的地、互为客源地，呈现区域旅游一体化局面。

五　华侨城在粤港澳大湾区的主客共享探索实践

（一）具备助力共建人文湾区、休闲湾区的基础能力

华侨城集团作为发轫于粤港澳大湾区中心城市深圳的大型文旅央企，多年来，坚持将文化特色、旅游资源和城镇化建设进行高度统一，创新实践"文化＋旅游＋城镇化""旅游＋互联网＋金融""科技＋产业＋园区"发展模式，并一直秉承"优质生活创想家"的品牌定位，这与粤港澳大湾区建设宜居宜业宜游的优质生活圈完美契合。企业深耕大湾区，借助区域优质的文化旅游资源及产业发展基础，完善基础设施配套，推动地方产业升级和城市价值提升，具备助力共建人文湾区、休闲湾区的基础能力。

（二）主客共享理念积极探索、创新实践的发展经验

1. 宜居宜游的创想之城

在深圳湾畔 6 平方公里的土地上，企业坚持以人为本、保护自然，始终贯彻"在花园中建城市"的理念，将自然与文化血脉融入资源整合开发之中，建设成现在深圳本部这个人与自然和谐相处、既适宜人居又适宜旅游的美好生活"创想之城"，成为深圳和粤港澳大湾区主客共享的引领性标杆城市发展片区。

2. 旅游产品的创新迭代

企业立足深圳，不断创新思路，不断迭代产品。从第一代中国主题公园

锦绣中华、民俗文化村、世界之窗，第二代城市互动游乐型产品代表作深圳欢乐谷，第三代以生态度假为主题的国家级旅游度假区东部华侨城，到第四代以欢乐海岸、欢乐港湾为代表的开放式城市客厅，都是典型的主客共享空间，受到市场的青睐。同时，还有特色小镇、美丽乡村和滨海度假等创新产品。

（三）以点带面破解发展不均、局部失衡的关键因素

针对局部发展不均衡的限制，华侨城在广泛布局粤港澳大湾区各大城市的过程中，以点带面，树立起主客共享的项目标杆，以促进当地政府在规划和发展理念上实现向主客共享的转变。如针对江门古劳水乡的生态本底和百年围墩文化，打造大湾区文化生态旅游度假区，推出古劳圩滨水商业、童梦村乐园、乡野时光等十大度假主题，使大湾区共享自由流淌的水乡生活。再如肇庆华侨城卡乐星球文化科技体验项目，致力于打造肇庆新型旅游新标杆，将极大地填补肇庆乃至粤西地区高端旅游休闲产品的空白。

（四）推动主客共享新体验、促进产业融合新感悟

1.传统景区面临转型升级换代

代表性传统景区，如锦绣中华、民俗文化村、世界之窗、欢乐谷等，随着旅游产业的升级和游客需求的升级，尤其是在疫情之下，加速了游客本地化的进程。为了抓住主客共享的趋势，旗下景区纷纷针对本地游客市场策划泼水节、万圣节、音乐节等活动，丰富夜间休闲业态；同时将传统观光游览转型升级为沉浸式体验，如锦绣中华创新推出了古风沉浸式剧本杀"锦绣江湖"，受到广泛的追捧，取得了良好的市场效果。

2.综合项目需要文化深度融入

企业致力于推动文旅融合高质量发展，逐步打造出融合文化旅游、文化艺术、文化演艺、文化产业园区等诸多业务板块的文化产业集群，如何香凝美术馆、华美术馆、华侨城创意文化园等文化类场馆和休闲空间。同时在开放式综合型文旅休闲集聚区，深度融合当地文化进行再开发与活化，如顺德

欢乐海岸 Plus，挖掘顺德美食文化，打造了汇集超 70 家顺德及全球美食的情景式商业街区、流动版顺德清明上河图以及美食博物馆、龙州博物馆、盒子美术馆等共享文化休闲空间。另如传承和创新客家文化，打造了甘坑小镇；追寻深圳文化起源，打造了大鹏所城等。

3. 新型城镇导入文旅居游共享

以文旅为主线，深度挖掘大湾区各城市特色资源，一方面提升项目潜在文化内涵，另一方面通过旅游、商业综合体、酒店、城市基建等产业生态的打造，导入"文化＋""旅游＋"相关产业，带动地区产业经济和人口结构的调整优化以及经济的转型升级。以深圳光明小镇的探索实践为例，华侨城通过增资控股的方式与光明新区形成深度合作，依托独特的田园生态资源激发城市活力，完善城市功能，建设国际知名生态农业旅游小镇，与周边形成多组团联动发展大格局。

4. 城景融合营造共享生活空间

企业不仅着力于产业发展，还致力于用艺术提升城市文化品位，用生态建设亲近自然，始终贯彻"生态环保大于天"的理念，强调对当地生态文明与传统文化的保护和传承，为生活空间营造了良好的生态基础和文化格调，构建了充满人文关怀、绿色低碳、和谐共处的美好生活场景，如在大湾区成功打造城市会客厅、都市休闲地、创意文化园、夜生活场景、湿地公园、生态广场等开放式休闲生活空间。

参考文献

戴斌：《构建主客共享文旅融合的新空间》，《中国国情国力》2021 年第 6 期。

戴斌：《文化引领夜间经济 主客共享美好生活》，2020 年 10 月 28 日。

陈业玮、龚水燕：《离去还是留下：旅游目的地主客共享的研究综述》，《商情》2020 年第 4 期。

黄晓辉：《构建高质量休闲度假产业，营造主客共享生活空间》，中国旅游新闻网，2020 年 12 月 27 日。

林章林：《主客共享时代下全域旅游的发展》，房车旅游网，2017 年 12 月 18 日。

徐红罡、保继刚主编《粤港澳大湾区旅游业发展报告（2020）》，社会科学文献出版社，2020。

吴志才：《缔造世界级宜游湾区：粤港澳大湾区旅游合作发展研究》，广东旅游出版社，2019。

《华侨城全面助力粤港澳大湾区文旅发展》，《人民日报》2019 年 3 月 4 日。

G.10
博物馆在促进城市旅游发展中的作用

——以北京等地为例*

王业娜　宋瑞**

摘　要： 在文旅融合的背景下，博物馆在城市旅游发展中的作用日益彰显。其作用主要包含博物馆公共文化服务功能丰厚城市人文环境，博物馆服务及溢出效应促进城市旅游公共服务完善，博物馆地标及辐射影响塑造城市形象与品牌，博物馆资源及文化体验激发博物馆休闲旅游需求，博物馆经营及乘数效应引领旅游产业发展等五个维度。实践中，各地逐步探索出不同模式，例如：以"博物馆之城"推进旅游发展的北京模式，文创产业引领文化旅游经济发展的郑州模式，博物馆地标建筑塑造城市品牌及形象的苏州模式等。在新时代背景和旅游消费需求下，博物馆建设呈现全域化、数字化、内容化、跨界化的趋势。

关键词： 博物馆　城市旅游　北京市　文旅融合

一　引言

博物馆作为非营利性机构，兼具文化事业属性和旅游服务功能。在文旅

---

* 本文为北京市社会科学基金重点项目"北京建设博物馆之城与提升城市旅游竞争力研究"（21GLA002）的阶段性成果。

** 王业娜，中国社会科学院大学商学院博士生，研究方向为旅游管理；宋瑞，中国社会科学院旅游研究中心主任、中国社会科学院财经战略研究院研究员、博士生导师，研究重点为旅游政策、旅游可持续发展、休闲基础理论与公共政策。

融合的背景下，逛博物馆、观看展览及文创产品的走热使得博物馆旅游成为当下人们休闲和旅游生活的新风尚。"让旅游成为人们感悟中华文化、增强文化自信的过程"，正是博物馆满足人民对文化旅游精神追求、对美好生活向往的实现路径与遵循原则。近年来，北京、西安、南京等博物馆资源丰富、体系完善的城市纷纷提出建设"博物馆之城"的目标，将博物馆建设放在城市发展同等重要的位置上予以谋划，并通过跨界、创新、科技赋能、社区合作等方式，促进文化和旅游资源体系、公共服务体系和产业体系的融合。

博物馆往往是城市里具有标志性意义的公共文化建筑。随着城市旅游的发展，博物馆的旅游功能日益突出，逐渐成为展示城市独特历史文化、提升城市文化旅游吸引力的重要载体。世界范围内，几乎所有的博物馆名城同时也是旅游名城。卢浮宫、大英博物馆、古根海姆艺术馆对其所在的巴黎、伦敦、毕尔巴鄂等城市而言都具有标志性意义。博物馆兼具文化资源、旅游产品、公共服务、营销元素等属性，是构成旅游目的地竞争力的关键要素。通常而言，博物馆体系完善的城市，其旅游吸引力和竞争力更强。因此，博物馆建设与城市旅游发展之间有着天然的内在关联。

二 博物馆在城市旅游发展中的作用

总体来看，博物馆建设与城市旅游发展之间存在密切关系，特别是博物馆建设对于促进城市旅游发展具有重要意义。一是博物馆通过发挥馆藏、研究、教育等公共文化服务功能，提升城市居民整体文化素质，形成开放包容、兼容并蓄的文化氛围，形成良好的人文环境。二是博物馆本身具有的服务及溢出效应对城市旅游公共服务的完善具有促进作用。三是博物馆地标、国际影响及展陈活动等辐射作用，可提升城市知名度，塑造城市品牌形象。四是博物馆数量、接待人数、展陈数量等要素丰富了城市旅游资源禀赋，拓宽了旅游资源的文化属性与内涵深度。五是博物馆旅游的发展、博物馆跨界融合及文创产业的发展，优化了旅游产业结构，为促进城市旅游业转型升级及高质量发展提供了引擎与示范。

表1　博物馆建设与城市旅游发展

序号	博物馆建设	城市旅游发展
1	馆藏与展览、科研情况;研究、教育、休闲等功能	人文环境
2	公共文化服务	旅游公共服务
3	博物馆地标、品牌、国际影响、宣传与新媒体;博物馆展陈及活动设计等	城市形象及品牌塑造
4	博物馆资源、数量、类型等;每10万人拥有博物馆数量(家);年举办陈列展览数量(项)	旅游资源禀赋
5	旅游文化产业、文创产业、博物馆产品开发;资源整合与合作;收支情况;文博单位文化创意产品知名品牌;年均参观博物馆人数(万人次)	旅游产业经济

(一)博物馆公共文化服务功能改善城市人文环境

一方面,博物馆具有收藏、研究、教育等功能,见证、展示、传承城市文化的演变,是提升城市文化软实力的重要抓手。1989年国际博物馆协会第16届大会通过的《国际博物馆协会章程》指出,"博物馆是为社会及其发展服务的非营利的永久机构,并向大众开放。它为研究、教育、欣赏之目的征集、保护、研究、传播并展示人类及人类环境的见证物。"从博物馆的定义可以看出,博物馆以其丰富的藏品、基本陈列及临时展览活动为载体,打造了一种视觉凝视的文化场所、市民对话和交流的公共空间,是城市历史进程、文明展示、文化传承、可持续发展的见证与基石,也是城市文化认同与城市精神及文明传承和展示以及城市可持续发展的重要纽带。

另一方面,博物馆具有展览、休闲、娱乐等功能,可提升居民整体文化素质,打造开放包容、兼容并蓄、友好待客的氛围。随着新博物馆学的发展,博物馆功能逐步从以物为主向以人为主转变。近年来,国内外诸多博物馆在这方面做出了积极努力。例如,故宫博物院举办"敦行故远:故宫敦煌特展"、定期举办故宫讲坛和故宫博物院教育中心的系列活动及出版《故宫博物院课程教材:综合实践活动》、开设故宫角楼餐厅、开发数字多宝阁资源等一系列做法,均是以人为中心推开的。通过主题热度展览、讲座研学

活动、开设休闲区域、利用数字化手段等多元化形式，故宫博物院提升了观众的参与感和体验感，丰富了休闲活动内容。

（二）博物馆服务及溢出效应促进城市旅游公共服务完善

博物馆的两大核心特征是公共服务性与公益性。在文旅融合背景下，被评为 A 级景区的博物馆在促进旅游公共服务方面的作用最为典型。2021 年国家 5A 级旅游景区达到 306 家，其中，博物馆类型的有 7 家。其中，故宫博物院近年来在旅游公共服务方面做出了诸多努力，涉及观众调查、讲解服务、展览展示、定制参观、文创产品、游客疏导、门票管理、旅游安全、环境卫生、投诉处理、旅游信息、标识系统、服务设施、氛围营造、文物保护、科技运用、志愿服务、形象塑造、社会责任、社区协同等方面。

此外，博物馆还可以通过虚拟展览、数据平台、展览教育活动、走进社区等形式，以公共文化服务功能促进旅游公共服务功能的完善。例如：中国国家博物馆走进大兴国际机场，助力公共文化新型空间打造，增强体验感和互动感；北京上线博物馆大数据平台，提供数字化服务；大力发展博物馆云展览、云教育，构建线上线下相融合的博物馆传播体系；推进博物馆进社区、进乡村等活动。博物馆公益性功能的溢出效应，一定程度上促进了城市旅游公共服务功能的完善。

（三）博物馆地标及辐射影响塑造城市形象与品牌

地标建筑作为城市文化的可视符号，是一个城市的名片，与博物馆"城市会客厅"功能有着异曲同工之意，二者都是城市形象的窗口与展示。正因为功能上的接近性，在推动城市复兴、塑造城市形象、打造城市品牌过程中，博物馆逐渐成为城市的地标建筑。如西班牙毕尔巴鄂的古根海姆博物馆、江苏苏州博物馆均是城市地标建筑的典型。两者的共同点是均由知名建筑师参与博物馆设计、开启了打造城市地标的新风尚，其独特的文化符号、内涵塑造了城市形象及品牌。毕尔巴鄂古根海姆博物馆是由获得普利兹克奖的建筑师弗兰克·盖里（Frank Owen Gehry）设计的，主要借助文化艺术的力量促进城市的转型和经济的繁荣。苏州博物馆由世界华人建筑师贝聿铭设计，建筑萃取了传统苏式园林精粹，并与现代建筑之美融合，集现代化馆舍建筑、古建筑与创新山水园林于一体。

与此同时，新媒体营销宣传、临展策划及"博物馆+"系列活动的开展，将博物馆的知名度、影响力延伸到多个领域。例如，故宫通过微信公众号"故宫淘宝"、微博"故宫博物馆""故宫淘宝"等与公众互动、维护粉丝，并联合网络平台开展"安静的故宫，春日的美好""重启的故宫·夏日的幽静"网络直播活动，IP 转化《上新了·故宫》等综艺节目，进一步增强故宫博物院影响力和品牌转化能力。通过开展"博物馆+"教育、科技、影视、文创、时尚、美食等系列活动，将博物馆与城市链接起来，将公众对博物馆的印象、认知转化为对所在城市的了解和感知，从而推动城市形象与品牌的塑造。

（四）博物馆资源及文化体验激发博物馆休闲旅游需求

我国拥有丰富的博物馆资源，类型多样、底蕴丰富，为旅游发展提供了重要支撑。《中国文化文物和旅游统计年鉴 2020》数据显示，2019 年全国博物馆总计 5132 家，从业人员 107993 人；接待参观人次 112225.16 万人次，其中本地居民参观 54761.3 万人次，境外观众参观 2925.68 万人次。博物馆在理念和功能上也有所突破并向外延伸。例如，有的博物馆在机场设立文创展示空间甚至博物馆主题航站楼，有的博物馆走进地铁站、商场，使博物馆真正成为城市的会客厅。而数字经济时代的到来及大数据、云计算、5G 等新一代信息技术的发展，则为"云游博物馆"、数字博物馆、云展览等提供了新的发展契机。

文化体验已经成为异地旅游和拉动消费的主要内容，线上与线下文化消费场景深度嵌入居民日常生活之中。加之疫情对异地流动的限制，深度的本地休闲游、博物馆游成为旅游休闲的首选。中国旅游研究院发布的《2021年上半年全国文化消费数据报告》显示，2021 年上半年，广大人民群众积极参与线上展演（55.8%）、文化场馆云体验（57.7%）、知识充电

（41.3%）、在线影视和视频直播（40%）、在线网课（12.3%）等活动。九成受访者会在旅游中进行文化消费活动，其中参观文化场馆（46.7%）、打卡文艺小资目的地（55.4%）、看剧观展（44.8%）、演艺/节事（34.6%）等体验方式日益多元化（见图1）。文化体验有效带动了消费，51.7%的受访者文化消费支出占旅游总花费的10%~30%，35.2%的受访者文化消费支出占旅游总花费的30%~60%。

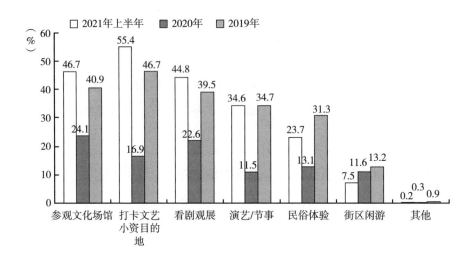

图1　旅游中文化消费的主要内容

资料来源：中国旅游研究院，《2021年上半年全国文化消费数据报告》。

（五）博物馆经营及乘数效应引领旅游产业发展

博物馆与旅游最初的结合是在场馆建设与旅游功能开发中，后来延伸到强化和开发博物馆的休闲娱乐功能。博物馆旅游产品的体验性设计可以吸引旅游者参与、消费，以获取更高的经济附加值。附属于博物馆的衍生品成为博物馆文化创意产业的主角，也成为吸引游客前来参观的重要原因。因此，博物馆是城市复兴、经济复苏、解决就业、探索未来的引擎，赋予城市旅游产业更多的文化内涵，在促进旅游产业结构提质转型、经济高质量发展方面具有重要作用。

美国博物馆联盟与牛津经济研究院 2017 年 12 月发布的《博物馆作为经济引擎 – 国家报告》显示，76% 的美国休闲旅行者参加包括博物馆在内的文化遗产活动，其平均消费比其他休闲旅行者高出 60%。美国博物馆 2016 年接待约 8.5 亿人次游客，为美国创造了近 500 亿美元的经济价值，其中直接经济收益为 157 亿美元、间接经济收益为 146 亿美元、引致经济收益为 196 亿美元。博物馆直接或间接为美国提供了超过 72.6 万个工作岗位，其中主要集中于休闲与接待业（占比 56%），其次是专业和商业服务（9%），贸易、运输和公用事业（9%）以及金融服务业（9%）。博物馆的相关活动产生了超过 120 亿美元的税收收入，其中 1/3 流向州和地方政府。

三 博物馆与城市旅游发展的互动模式：以北京、郑州、苏州为例

（一）北京："博物馆之城"推进旅游发展

《北京市推进全国文化中心建设中长期规划（2019 年～2035 年）》提出，北京要打造布局合理、展陈丰富、特色鲜明的博物馆之城。《北京市"十四五"时期文物博物馆事业发展规划》进一步提出从博物馆体系布局、博物馆机制体制、博物馆服务效能、博物馆藏品管理、文物文创产品开发五个方面布局，推动"博物馆之城"建设呈现新气象。"博物馆之城"是将博物馆建设与城市旅游发展放在同等位置的发展战略。建设"博物馆之城"是对北京文博事业的顶层设计和战略思考，是推进北京全国文化中心建设的内在要求。

从数量上看，截至 2020 年底，北京地区备案博物馆已达 197 座，年均接待观众超过 5000 万人次。北京地区博物馆在数量与质量上均居于全国前列，部分博物馆硬件条件已接近或达到发达国家博物馆的平均水平。同时，《北京市"十四五"时期文物博物馆事业发展规划》提出"实现'十四五'

末期每 10 万人拥有 1.2 家博物馆，博物馆数量超过 260 家的目标"，这意味着"十四五"期间北京市将建设至少 60 家博物馆，为"博物馆之城"建设提供了基础与条件，也为北京市文化休闲、博物馆旅游、文创产业发展提供了平台与载体。

从全城布局看，《北京市"十四五"时期文物博物馆事业发展规划》提出，支持故宫博物院北院、国家自然博物馆等国家级博物馆建设，支持建造一批陈列在街巷、民居中的小微型特色博物馆，并以南中轴地区建设博物馆群为契机，部署一批战略性强、带动性大的高品质博物馆，让首都成为一座永不落幕的城市全域博物馆。从博物馆的层次、质量、布局、存量与增量等维度为"博物馆之城"建设做好全城规划。

从区域布局来看，北京市博物馆的分布较为集中，约 60% 的博物馆分布在人口稠密的东城、西城、海淀、朝阳四区。东城以"故宫以东"为品牌，依托故宫强文化 IP 整合文旅资源，主要涉及东四胡同博物馆、史家胡同博物馆、建国门社区博物馆、陈独秀旧居等体现京味文化的社区博物馆、名人故居；西城拥有北京天文馆、李大钊故居、历代帝王庙等各类博物馆、展览馆 83 家，"十四五"期间将形成西外地区科学教育文化主题、什刹海地区名人故居主题、大栅栏地区商业文化主题等一批"博物馆集聚区"；朝阳区目前已形成双奥体育文博区、三里屯艺术文博区、高碑店民俗文博区、崔各庄行业文博区四大文博集聚区，计划在"十四五"时期末建成 100 家博物馆、美术馆等文化场馆。

（二）郑州：文创产业引领文化旅游经济发展

郑州是中国八大古都之一和华夏文明的重要发祥地。截止到 2021 年，郑州共有 49 家博物馆，其中河南博物院与郑州博物馆为一级博物馆，拥有莲鹤方壶、后母戊鼎、云纹铜禁、贾湖骨笛等众多国宝级文物，为文创产业开发提供了强有力的 IP 资源。从 2021 年初的《唐宫夜宴》、河南博物院"元宵奇妙夜"的走红，到考古盲盒和玉佩棒棒糖的热捧，再到汇集了沿黄九省份博物馆 42 件精品文物的黄河珍宝展，郑州文创产业不仅将文物 IP 转化为产品收入，而且推动郑州跻身全国热门旅游目的地行列。

在郑州市，河南博物院是领头羊，也是文创开发的典范。首先是推出《唐宫夜宴》系列舞蹈节目，以彩陶坐姿伎乐女俑为原型，采用《簪花仕女图》《千里江山图》等古代名画的画意作为背景，穿插妇好鸮尊、莲鹤方壶、贾湖骨笛等文物，依托先进的数字技术和独特的创意，为其他产业的数字化提供 IP 支撑。其次，"失传的宝物"考古盲盒、"散落的宝物"修复盲盒等盲盒系列产品，将考古工作的特点和盲盒的特殊属性相结合，对文物背后的故事进行深入挖掘，开创了一个新的文创品类。河南博物院还进一步打造"考古盲盒文物游"项目，使游客亲历考古盲盒原型文物出土地，创新文旅资源推广模式。第三，推出以人首蛇身玉器为原型的棒棒糖，以棒棒糖链接博物馆与观众，吸引观众前往博物馆拍照打卡，并深入了解文物背后的故事及文化内涵。

河南博物院还通过博物馆的跨界融合及数字化赋能，扩大博物馆对城市旅游经济的乘数带动效应。河南博物院将复刻文物与考古盲盒搬进郑州市街区，打造"嗨！国宝"考古盲盒主题展馆、"探见博物馆之旅——河南博物院《失传的宝物》考古盲盒互动展"。通过展览展示与现场互动，将考古成果、文创产品带入城市的日常生活。此外，河南博物院联合支付宝地下室推出"一起考古吧"在线考古盲盒，将镇院之宝莲鹤方壶、武则天金简、杜岭方鼎、贾湖骨笛等文物元素充分融入，打造"数字考古盲盒"，以数字化科技促进城市文创产业快速发展。

（三）苏州：博物馆地标建筑塑造城市品牌及形象

苏州博物馆成立于 1960 年，馆址位于太平天国忠王府，是国内保存完整的太平天国历史建筑物。目前分为本馆与西馆两部分，分别由建筑大师贝聿铭、德国 GMP 建筑事务所设计。本馆采用"中而新、苏而新"的理念，将传统苏式园林的精髓融入现代化风格中；西馆的建筑理念来源于苏州古典民居及富有烟火气息的街巷里弄。两馆遥相呼应，是苏州的城市地标建筑，成为长三角重要的文化地标。

苏州博物馆之所以能够成为苏州的城市地标，主要体现在以下方面。一是苏州博物馆与当地的环境融为一体，并反映当地的园林特色、风土人情、人文精神及传统建筑营造技术，具有文化传承与精神寄托的功能。二是对城市品牌及形象的塑造。根据《苏州博物馆影响力调查报告》，2017 年对苏州博物馆认同的观众高达 97.21%，因苏州博物馆而对苏州产生好感的观众高达 92.27%，高达 95.60% 的观众认可苏州博物馆是苏州的一张城市名片。三是给苏州城市经济带来的影响。苏州博物馆在城市社会、经济、文化方面产生了很强的影响力，也带来了 25 亿元的直接经济收益。

四 博物馆促进城市旅游发展的新趋势

（一）全域化

据不完全统计，目前已有北京、西安、南京等 26 个城市宣布打造"博物馆之城"。从单体博物馆、热门博物馆到全域博物馆，通过全资源整合、全方位服务、全社会参与打造博物馆城市，培育主客共享的美好生活新空间成为发展趋势。

首先，博物馆要实现全资源整合。在建设博物馆之城的过程中，既要考量现有存量博物馆数量、类型、布局，又要规划未来增量博物馆的数量、质量及性质等因素；既要对标世界一流建设高水平博物馆，也要支持建设社区、居民、企业中的小微型特色博物馆；既要均衡布局城区博物馆，也要整合利用乡村博物馆资源及非遗资源，同时还应重视非国有博物馆、高校博物馆及行业博物馆的建设与发展。

其次，博物馆需要提供全方位服务。要充分发挥博物馆的收藏、展览、教育、休闲等公共服务职能，突出博物馆的社会效益。在此基础上，拓展博物馆的外延及价值延伸，创新经营与管理机制，通过旅游、文创等手段是实现经济效益。

最后，博物馆发展需要全社会参与。要突破以政府为主的开发力量限制，鼓励高校博物馆向社会开放，鼓励社会力量兴办主题博物馆，积极探索共建共办共享模式。

（二）数字化

博物馆要在城市旅游发展中发挥重要作用，需要以传承中华优秀传统文化、满足人民日益增长的美好生活需要为目标，并顺应数字化、网络化、智能化发展趋势。《"十四五"数字经济发展规划》提出，"以数字化推动文化和旅游融合发展。加快优秀文化和旅游资源的数字化转化和开发，推动景区、博物馆等发展线上数字化体验产品，发展线上演播、云展览、沉浸式体验等新型文旅服务，培育一批具有广泛影响力的数字文化品牌"。博物馆数字化建设不限于博物馆本身的数字化升级改造，更应包含数字传播、网络营销等内容，不仅能够实现文物的永久保护，也可突破时空限制，一定程度上降低参观门槛、实现全球共享博物馆资源，促进博物馆公共服务效能达到最大化。为此，要大力发挥科技创新对文化和旅游发展的赋能作用，全面推进模式创新、业态创新、产品创新。要将数字技术应用于内容、文创、传播、体验等各环节，促进博物馆在展陈模式、热度展览、直播讲解、文物保护、考古挖掘、网络教育、文创产品等方面的创新。同时，在紧跟国家政策规划的前提下，借助先进科技与平台优势，加强与百度、腾讯、阿里、京东、中国联通等互联网公司的合作，实现文博数字化发展和升级。

（三）内容化

博物馆作为收藏、研究、展示藏品的空间场所，具有得天独厚的展示人类文化遗产、精神文明传承的资源优势。不同的藏品、人物、器物、画像、装饰、符号等都有其独特的文化内涵。这就需要博物馆增强科研能力，以内容为王，深入挖掘博物馆的文化内涵，让文物的价值和意义得到全面展示。在服务城市旅游发展过程中，博物馆"内容化"最直接的效益转化是 IP 打造及品牌化。《"十四五"文化和旅游发展规划》提出，"探索推进文旅融合 IP 工程，用原创 IP 讲好中国故事，打造具有丰富文化内涵的文旅融合品

牌"。因此，应继续在文创产品、文博节目、博物馆教育、展览服务等文博IP商业化模式的基础上，以布局场景化消费、创新商业变现模式、打造新素养教育、优化用户体验为目标塑造IP品牌，倒逼博物馆拓展"内容化"研究的广度与深度。

（四）跨界化

随着博物馆功能的转换及边界的扩展，在文旅融合的驱动下博物馆逐渐"走出去"，加快了博物馆文化资源与现代生产、生活、艺术相融合的步伐。"博物馆＋"艺术餐厅、趣味体验、研学教育、旅游演艺、文创产品、特色住宿、时尚业态等跨领域、跨行业、多元化、多交叉的融合、创新，丰富了城市文化发展业态，提升了城市旅游业的内涵、质量。因此，充分整合博物馆资源，应进一步加快实施"博物馆＋"战略，积极推动城市博物馆与教育、科技、传媒、旅游、文创、交通等相关领域跨界融合，发挥博物馆对各行业的乘数带动效应，在提供丰富多彩、人们喜闻乐见的文化服务的同时，为促进城市旅游发展提供平台与路径。

参考文献

Economics Oxford, *Museums as Economic Engines*, America：American Alliance of Museums, December 2017.

Choi A., Ber ridge G., Kim C., "The Urban Museum as a Creative Tourism Attraction：London Museum Lates Visitor Motivation", *Sustainability*, 2020.

赵迎芳：《论文旅融合背景下的博物馆旅游创新发展》，《东岳论丛》2021年第5期。

苗宾：《文旅融合背景下的博物馆旅游发展思考》，《中国博物馆》2020年第2期。

艾瑞咨询：《2021年中国文博IP商业化研究报告》，2021。

方塘智库：《生而为创，守正出新：河南博物院文创的觉醒与征途》，https：//mp. weixin. qq. com/s/9lfxYpFNl9hFYvPcxXV6qQ，2021年9月4日。

行业新动向

New Developments of Tourism Sectors

G.11

2021～2022年我国旅行社
行业的坚守与应变

龙 飞 吴金梅*

摘　要： 2021年旅行社行业在困难中坚守，在谋变中求生。出入境旅游业务暂未恢复，虽然国内旅游持续复苏，但旅行社产业规模增速放缓、总体经营效果不佳，行业亏损持续、部分传统旅行社关停休眠、人员流失持续扩大、行业信心不足、生存问题严峻等情况依然存在。面对困难，政府推进使用保险交纳旅游服务质量保证金试点工作启动、出台加强导游队伍建设和管理行动方案、开展未经许可经营旅行社业务专项整治行动等为旅行社发展营造了良好环境。旅行社在坚守中创新求变、实践探索。2022年旅行社行业需回归服务价值本真，推动泛中心化业务发展，注重微度假

* 龙飞，北京农学院文法与城乡发展学院讲师，中国社会科学院财经战略研究院博士后，主要研究方向为旅游产业运行、乡村旅游、旅游规划；吴金梅，研究员，正高级经济师，中国社会科学院旅游研究中心副主任，北京首旅集团党委常委、副总经理，主要研究方向为旅游政策、旅游企业管理、旅游产业发展。

产品深度开发、多元化经营。

关键词： 旅行社　旅游业　微度假

2021 年在出境游继续暂停、局部地区疫情零星散发、跨省游三次重启熔断、倡导"就地过节"的情况下，中国旅行社行业在困难中坚守，在谋变中求生。旅行社企业积极向国内游转型，从都市休闲产品打造、景区运营协作等多方面进行了探索实践。业务停止、订单退订等直接影响了旅行社的现金流，并带来法律纠纷，导致旅行社企业经营困难加剧。旅行社业务量锐减引致持续减员，造成员工流失，行业信心受挫。2022 年，新冠肺炎疫情的影响仍然存在，旅行社行业的转型尚未形成明晰的商业模式，旅行社行业发展走向和竞争格局还将继续发生深刻变化。

一　我国旅行社行业总体运行情况

（一）旅行社企业规模持续扩大，增速放缓

2020 年疫情深刻影响了旅游业的发展，对旅行社行业的影响更加突出。在旅游行业整体业绩下滑的大背景下，截至 2021 年 9 月 30 日（第三季度），全国旅行社总数为 42152 家，旅行社企业数量和规模还是呈现逐年增长态势，但增速连续多年放缓（见图 1）。

（二）国内旅游持续复苏，旅行社接待人数占比仍然较低

根据文化和旅游部的统计数据，2021 年前三季度国内旅游总人次为 26.89 亿，比上年同期增长 39.1%。国内旅游收入（旅游总消费）为 2.37 万亿元，比上年同期增长 63.5%。2021 年前三季度全国旅行社组织和接待国内旅游人次为 1.344 亿人次，约占国内旅游总人次的 5.00%（见图 2）。

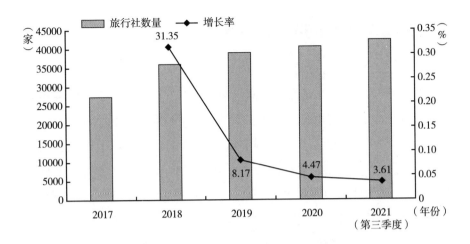

图1　2017年至2021年第三季度旅行社行业数量及增长率

资料来源：文化和旅游部2017年、2018年、2019年、2020年、2021年第三季度全国旅行社统计调查报告。

2019~2021年很多旅行社转型国内游业务，使得旅行社组织和接待人次在国内游业务中的比例呈现逐年上升趋势，但总体占比还是偏低。

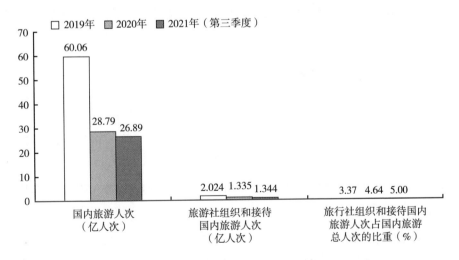

图2　2019年至2021年第三季度旅行社组织和接待国内旅游情况

资料来源：文化和旅游部2019年、2020年、2021年第三季度全国旅行社统计调查报告。

（三）总体经营效果不佳，行业亏损持续

2020 年度全国旅行社营业收入为 2389.69 亿元，营业成本为 2280.86 亿元，营业利润为 –69.15 亿元，利润总额为 –71.77 亿元。与 2019 年度全国旅行社营业收入 7103.38 亿元，营业成本 6512.90 亿元，营业利润 32.10 亿元，利润总额 43.28 亿元，对比鲜明。2021 年上半年，以上市旅行社企业为例，旅行社板块依然笼罩在阴影中，除中青旅（600138.SH）、差旅天下（430578）、国旅联合（600358.SH）、白山国旅（833809）小有盈利之外，其余 8 家旅行社上市企业继续亏损，累计亏损 3.88 亿元，其中凯撒旅业（000796.SZ）和众信旅游（002707.SZ）两大巨头再亏 1 亿元以上。凯撒旅业 2021 年上半年营收相比上年同期继续缩减 35.33%、净利润缩水 43.74%，旅游服务在营收中的占比也从上年的 76.60% 降至 41.50%，低于配餐业务。

在重创之下，中青旅可谓旅行社行业中的亮点。中青旅 2021 年上半年实现营收 35.20 亿元，归母净利润 3352.40 万元，同比实现扭亏为盈。中青旅业绩回暖的重要原因就是多元化经营，中青旅虽以旅行社业务起家，但其业务涉及了整合营销、景区、酒店等多个板块，分担了经营风险。[1]

（四）从业人员数量大幅减少，人才流失严重

随着旅行社国内业务有序恢复，国内线路的导游业务逐步复苏，而出入境市场目前仍处于停摆状态，入境导游和出境领队"无团可带"的问题依然存在，大量旅行社工作人员也没有业务可做，转型问题也更为急迫。目前旅行社工作人员和导游一部分转型从事国内业务，一部分离开旅游行业从事保险、教育、房地产等各种行业，还有一部分仍在等待出入境业务恢复。根据《文化和旅游部 2020 年度全国旅行社统计调查报告》，2020 年度全国旅行社直接从业人员达 322497 人，比 2019 年减少 93444 人，流失率在 29% 左

---

[1] 旅游上市企业数据来源于企业公开财报。

右；签订劳动合同的导游人数达 108803 人，比 2019 年减少 12907 人，流失率为 11.9%。大批具有丰富经验的旅行社从业人员离开了这个行业。

（五）部分传统旅行社关停休眠，跨界企业进入布局

在业务极度萎缩的情况下，很多旅行社企业将人员减至较低水平、暂停受疫情影响的业务、关闭门店，采取休眠的模式度过困难时期；也有一些旅行社企业通过转型从事其他业务渡过难关；小部分旅行社企业仅保留了企业资质，全面暂停了业务。疫情发生之初，百程旅行网、北京国旅等知名旅行社企业就关闭公司启动清算。2021 年 10 月，老牌旅行社广东和平国际旅行社有限公司宣布破产清算，其 184 家门市部和营业部目前均已注销，仅剩十余家门店尚处于在营状态。根据企查查的数据，从 2020 年 2 月开始，已经注销的旅行社相关企业有 11.4 万家，占总注册量的 40%；已吊销经营的旅行社相关企业有 2 万家，占总注册量的 7%。[1] 与此同时，疫情发生后，也有很多跨界企业进入旅游行业，如小红书跨界旅游业，开始"种草"周边游；拼多多上线机票业务，进军在线旅游市场；滴滴成立旅行社，加码布局旅游业。在疫情影响和需求变化的情况下旅行市场仍然被看好。

二 政策纾困支持行业发展

（一）使用保险交纳旅游服务质量保证金试点

疫情发生以来，各种政策聚焦旅行社现实困难，精准施策，通过金融政策扶持，帮助旅行社渡过难关。2020 年 2 月，文化和旅游部办公厅下发《关于暂退部分旅游服务质量保证金支持旅行社应对经营困难的通知》，退还 80% 的旅行社旅游服务质量保证金。以暂退质保金为代表的一系列政策，

---

[1] 企查查大数据研究院：《近十年旅游行业投融资数据报告》，https://new.qq.com/omn/20210127/20210127A05TYO00.html。

有助于缓解旅行社生产经营停顿带来的现金流紧张困境。

2021年《文化和旅游部中国人民银行中国银行保险监督管理委员会关于抓好金融政策落实进一步支持演出企业和旅行社等市场主体纾困发展的通知》（文旅产业发〔2021〕41号）提出，要"丰富文化和旅游保险产品供给。合理创新旅游服务质量保证金交纳方式，鼓励开发旅游服务质量保证金履约保证保险产品，旅行社可持保单向银行申请旅游服务质量保证金担保。在有条件的地区开展保险替代现金或银行保函交纳旅游服务质量保证金试点工作，减轻旅行社现金流压力。鼓励推广演艺活动取消险、旅行取消险等保险产品"。《文化和旅游部办公厅关于用好旅游服务质量保证金政策进一步支持旅行社恢复发展的通知》（办市场发〔2021〕195号）明确指出，"暂退80%保证金的旅行社，补足保证金期限延至2022年12月31日。开展保证金试点地区以保险交纳保证金的旅行社，投保的保证金保证保险额度应与全额交纳保证金的数额一致；符合依法降低50%保证金的，可按照50%保证金额度标准投保"。截至2021年12月，已有海南省、山西省、山东省、河北省、江西省、陕西省、青海省、浙江省、上海市、安徽省等10个省市进入试点。通过保险替代旅游服务质量保证金，在保证旅游服务质量保证金作用和效力不变的情况下，企业不仅不用归还已退的80%质保金，还可以将另外存于银行的20%质保金释放出来，极大地缓解了旅行社的资金压力，有效降低经营成本，推动旅行社经营全面恢复和高质量发展。

（二）出台导游队伍建设和管理方面的政策

2021年6月，文化和旅游部研究印发了《加强导游队伍建设和管理工作行动方案（2021～2023年）》（以下简称《方案》），提出到2021年底，导游队伍建设和管理行动取得初步成效，行业管理制度改革取得进展，行业准入更加科学规范，导游服务质量得到进一步提升。到2022年底，导游队伍建设和管理水平进一步提升，执业渠道进一步拓宽，执业模式更加多元，执业环境进一步改善，执业保障水平和职业形象进一步提高。到2023年底，导游队伍管理体系更加完备，导游服务供给与游客消费需求更加匹配，行业价值观牢固树立，"以提供高质量服务赢得游客认可"在行业内形成普遍共识。《方案》提出创新"导游+网约车"服务，既可以满足游客的定制化需求，也拓宽了导游的执业面。《方案》提到修订《导游人员管理条例》，为创新导游执业模式提供了法律依据。新型导游执业模式试点，意在鼓励创新，改变导游缺乏归属感、行业监管机制不到位、导游职业荣誉感不强的局面。《方案》对未来三年导游队伍发展和改革做了顶层设计和全面部署，改革路径直击导游行业难点，在存在疫情的当下为导游群体注入了强心针，为导游群体发展指明了方向，为旅游行业发展筑牢了人才支撑体系。

（三）开展未经许可经营旅行社业务专项整治行动

2021年3月，文化和旅游部部署开展未经许可经营旅行社业务专项整治行动，将重点整治两类违法违规经营行为：一是以免费旅游、购物（会员）送旅游、旅游赠礼品等名义或者以俱乐部、康养活动等形式招徕旅游者，未经许可经营旅行社业务的违法违规经营行为；二是未经许可，通过互联网开展招徕旅游者等旅行社业务的违法违规经营行为。文化和旅游部指导抖音、淘宝、拼多多、百度等主要互联网平台严格遵守《在线旅游经营服务管理暂行规定》，完善内部审核管理制度，依法履行对平台内经营者的行政许可等信息进行真实性核验登记的义务，从源头上压缩未经许可经营旅行社业务的生存空间。通过专项整治行动，为正规旅行社企业营造旅游市场公平竞争环境，保障旅游企业和旅游者合法权益，有序推进旅游业复工复产复业工作。

三　旅行社企业在坚守中创新求变

（一）在线旅行服务商不断拓展新的业务模式

相对于传统旅行社，携程、同程艺龙等在线旅游企业呈现复苏态势。据携程旅游财报，2021年第二季度携程住宿预订、交通票务、旅游度假、商

旅管理等四项业务的收入分别为 25 亿元、21 亿元、3.67 亿元和 3.9 亿元，相较于上年第二季度，其增长率分别为 96%、80%、182% 和 141%。从细分业务来看，携程四大主业正在复苏且均衡发展。携程实施了旅游营销枢纽、携程度假农庄乡村振兴战略，在旅游目的地、旅游内容、旅游直播方面进行了新业务模式的尝试。

同程艺龙 2021 年上半年的各项业绩表现优异，收入 37.5 亿元，同比增长 70.1%；经调整净利润 6.9 亿元。同程艺龙深耕大众旅游市场，其中非一线城市用户在同程艺龙注册用户中占比达 86.6%。同程艺龙在行业内率先推出创新产品"机票盲盒"，针对疫情发生以来周边短途游市场需求日益增长，同程艺龙推出以"48 小时"为主题的创新营销项目，满足用户出行的新需求。

相比于携程、同程艺龙，途牛旅游网业务更为单一，2021 年途牛旅游网在聚焦核心业务、持续提升目的地服务、推动高质量发展上成效显著。财报显示，途牛 2021 年第二季度营业收入为 1.61 亿元，同比增长 373.08%，环比增长 108%。2021 年第二季度亏损同比 2020 年及 2019 年、环比 2021 年第一季度均明显收窄，其中较 2020 年同期收窄超 90%。其中，打包旅游产品收入同比增长 907%，环比增长 179%；毛利同比增长 792%，环比增长 141%。

在线旅行服务商的短途和本地旅行、单项产品预订业务增长迅速。随着用户需求越来越多元化和个性化，在线服务商一直致力于加速数字化与一体化的下沉，取得了很好的业绩。

（二）传统旅行社业务转型求生存

传统旅行社积极抓住机遇调整方向培育业务。2021 年初，康辉集团成立目的地运营事业部，以各地政府、文旅主管部门、旅游景区为合作对象，为目的地提供策划、营销、运营、招商、引资等服务，年底已实现部分项目签约落地。9 月，康辉集团携手北京环球度假区在天津、唐山、上海、石家庄、沈阳、青岛、淄博等城市布局了北京环球度假区直通车项目，以便捷出行、景区直达、提前入园的服务为疫情后的度假人群提供更舒适的体验,为吸引客群做好了准备。凯撒旅业积极开拓新的业务方向,在2021年上半年推出了定制游、私家团、小众目的地包机游等国内特色旅游产品,发力国内游以及海南离岛免税等业务,并积极探索新零售业务,与北京市东城区文化和旅游局合作,运营"故宫以东"城市品牌,推出了故宫以东城市微度假旅游产品主题,由当代艺术家、"非遗"代表性传承人、文化专家学者、深谙京味儿文化的北京"土著"等参与到线路当中,帮助游客在旅行中收获深层次的精神文化体验。春秋国旅推出了上海城市观光巴士漫游上海线路,成为上海最亮眼的城市名片之一,目前正在围绕64条永不拓宽的马路,推出"微游上海"系列产品,迄今已组织5万余名本地游客,通过对建筑、历史、人物故事的讲解,引导其感受上海。

为弥补现金流的不足,多家旅行社企业纷纷扩大经营项目。2020年3月,广东和平国旅在企业经营范围里,增加了海味干货零售、蛋类零售、水产品零售、预包装食品零售、粮油零售、糕点和乳制品零售、熟食零售、散装食品零售等食品和土特产类零售经营业务。北京新日国际旅行社利用深耕日本多年的资源,经营日货网络小店获取收益。厦门建发国旅集团打造了旅爽生活家商城,除了销售旅游产品外,还出售各种当地特产和生活用品。很多旅行社利用多年积累的客户资源,尝试通过带货高频消费的生活用品,消解旅游低频消费带来的困扰,应对目前的行业困境。

利用互联网用专业化开拓业务空间。疫情发生以来,旅行社行业通过直播带货、短视频等方式,捧红了一批"网红导游"。比如抖音上拥有百万粉丝的"兵马俑冰蛋",微博红人"河森堡",杭州私人定制导游"胡娜娜",深耕故宫的房博、曹震、"翟达人"等国家金牌导游开始利用网络媒体平台和技术手段展示自己,通过扎实的导游知识和技能,形成自己的IP获取线上粉丝,将其转化为线下忠实消费者,拓展了导游发展的新空间。

(三)抱团取暖谋求融合重组

凯撒旅业和众信旅游作为此前深耕出境游的老牌旅行社,由于出境游业

务暂未恢复，新业务的培育需要时间，其在短时间内的转型很难快速看到效果。为了"抱团取暖"，凯撒旅业和众信旅游在2021年6月宣布双方将进行吸收合并，但出于各种复杂原因，这项交易最终并未达成。

2021年12月8日众信旅游发布公告，拟以2.42亿元的总价，向阿里网络转让6.04%的股份，希望新的合作能够给众信旅游带来新发展。

四 旅行社企业依然面临困境

随着疫情防控有效实施，对于整个旅游行业而言，全面停滞的至暗时刻似乎已经过去，但对于旅行社而言，业务复苏的长路漫漫险阻依旧。

（一）业务结构的根本性改变引发行业危机

疫情之前的2019年旅行社组织的出境旅游占中国公民出境人次的40.57%，出境旅游营业收入占全国旅行社旅游业务营业收入总量的41.54%，出境业务是旅行社的主要业务板块。以众信旅游为例，在疫情发生之前众信旅游主要经营的出境游业务占总营收的比重高达90%。出境游的停滞，让众信旅游遭遇史上最严重的危机，依托出境游的旅游批发业务收入仅为0.65亿元，同比锐减92.86%。跨境游停摆近两年的时间，对旅行社行业整体业务影响巨大。单靠国内游业务很难支撑整个旅行社的营收体系，国内长线业务受旅游信心和疫情局部复发的影响也很难成为主营业务，仅靠周边游旅行社营收难以为继。传统旅行社企业虽尝试多元化经营，但一直深耕旅游业务，一旦外部环境变化对其业务风险冲击巨大，短期内还无法适应市场变化。

（二）旅行社行业服务与旅游休闲需求不相匹配

随着游客需求越来越多元化、个性化、散客化、互联网化，研学游、亲子游、非遗游等个性化需求不断增加。但旅行社提供的产品中很大一部分还是传统的观光产品、长线产品、大包价产品，对于周边游和本地游产品的开发力度和资源整合深度不够，对于旅游新产品开发的专业化能力不强，对于市场变化的应对能力不足，与旅游休闲的需求不相匹配。例如，针对2021年很多地方的"就地过年"和非必要不出省政策，旅行社并没有做好充足的产品储备来适应市场发展。中高端消费者愿意为个性化服务买单，旅行社在提高服务水平、提升服务品质、走专业化道路上还没有取得显著效果。

（三）传统旅行社企业业务模式已不适应时代发展

此次疫情除严重冲击传统业务以外，也对旅行社业务发展模式提出了新的考验。旅行社行业再也回不到过去，不能再靠信息不对称、批量组团、资源产品打包、赚取中间差价等原有的业务模式发展。要构建旅行社未来发展的新商业模式，应认真思考如何应对消费升级下的旅游市场变化，创新经营思路，打造旅行社企业的核心竞争力，增强旅行社企业在旅游产业链条中的不可替代性。

（四）核心资源不足、人才缺乏使得转型乏力

疫情放大了旅行社行业发展过程中的人才矛盾，比如导游队伍缺乏归属感、安全感、荣誉感的问题越来越突出。执证导游中95%为初级导游，中高级导游人数不足。旅游业准入门槛一直较低，导致旅行社行业中高级人才储备严重不足，面对研学旅行、康养旅游等新兴业务，没有与之匹配的拥有教育、心理、康养、医疗等专业背景的人才储备，旅行社企业在新业务拓展和转型时深感人才问题掣肘、力不从心。结构性过剩与结构性短缺现象并存，旅游专业服务人才供给与不断丰富的市场需求不相适应，成为制约旅行社发展的关键影响要素。

（五）旅行社服务价值一直被价格竞争所忽视

由于旅游异地性的特点，游客在常住地以外的旅游中难免会有各种诉求和需要。旅行社的服务就是为异地旅游提供安全保障、提高旅行效率、提供

品质化服务，带给客人安全感和愉悦感，降低信息搜寻成本，体会当地风土人情，感受人文服务和关怀。长期以来，旅行社市场竞争一直以价格战为主要形式，一味压低导游服务费用和企业利润，让游客对于旅行社服务产生怀疑。恶性市场竞争忽视了旅行社本身的服务价值，如何让服务回归本真价值，重塑旅行社的行业形象，让消费者愿意为服务买单，是必须破解的难题。

五 中国旅行社行业发展思考

2022 年旅行社如何在疫情防控常态化的背景下"活下去""求发展"，是行业共同思考的问题。

（一）旅行社服务价值本真的回归

过去几十年传统旅行社一直依靠旅游者和旅游目的地信息不对称、组合旅游资源赚取差价的商业模式。现在，我国大众旅游发展的基本矛盾表现为人民群众日益增长且日渐多元化的旅游休闲需求与落后的商业模式之间的矛盾。[①] 传统经营模式中，很多旅行社只充当了信息桥梁的中介作用，并没有提升旅游产品的附加值，忽略了旅游服务本身的价值。互联网信息技术进一步消除了旅行中的信息壁垒，游客可以直接查询到机票、酒店、用车等的价格，旅行社依靠赚取差价的经营模式越来越不被市场和游客所认可。但旅游产品营销、设计和服务的价值一直被市场忽视。疫情过后，游客对健康问题更加重视，更加注重目的地的安全性和旅途中各个环节的卫生条件，减少聚集；自驾车和家庭出行成为游客旅行的方式；游客更注重旅游品质和用户体验，旅游需求趋向于个性化、差异化。传统的大规模旅游团队的旅游产品难以满足游客的需求，薄利多销的模式也日益被市场淘汰，这决定了旅行社依托规模化运营方式的利润空间会越来越小。但未来，能够触及的、有温度的服务将成为旅行社生存的根本，专业化的产品设计、精细化的旅行服务、小

---

① 戴斌：《旅游产业发展的国家战略与中国旅游学人的历史使命》，《旅游学刊》2010 年第 2 期。

众旅游资源的挖掘都将是旅行社竞争力的体现，旅行社的盈利模式将聚焦服务价值的回归。

（二）泛中心化将成为旅行社新的业务模式

新冠肺炎疫情后旅行社的各种花式自救，让其认识到深耕多年的客户资源的重要性。与在线旅游企业的大规模流量和用户相比，传统旅行社依靠社交平台和客户资源积累起来的流量和用户更加精准、更有高黏度。我国旅行社企业要从以传统旅行社为主的单一形态，转型为多业态、多主体的创新式融合发展市场主体，旅行社的服务对象远远超出旅游者的范围，旅行社业务范围从旅游服务向异地化生活服务发展。现在很多旅行社将门店进行了改造，除了开展正常的旅游业务外，还探讨引入各种品牌合作，销售相关生活用品和旅行用品，展示非遗手工艺，更像是社区主题生活馆。未来旅行社的服务将更加泛中心化，服务也将更加碎片化，旅行社提供的服务不仅仅是全包价旅游线路，可能是某个高端精品酒店的住宿产品，也可能是某个网红餐厅的美食预订，或者是博物馆的一个深度讲解，抑或是一次徒步穿越向导服务等，对于旅行社服务要求更加专业，需要凝聚一批细分领域的专业人才、专家人才，提供与游客需求相匹配的专业服务。不管是全面的旅行线路规划，还是单项的旅行产品诉求，都是为满足旅游者旅游需求和与之相关的生活服务。旅行社企业应利用自己的社群优势，提供以游客为主导的旅游行程定制服务。

（三）注重微度假产品的深度打造，提升旅游产品的消费频次

随着疫情的反复蔓延，在出境游停滞和跨省游变数极大的情况下，利用周末或小长假实现说走就走的短途微度假旅行方式，受到消费者的喜爱和追捧，逐渐成为城市消费人群的主流选择。相较于疫情前动辄需要一周甚至更长时间的度假模式，微度假以本地为中心，开展3天以内的休闲度假活动，一般是基于兴趣爱好或某种体验的周边游和周末游。亲子玩乐、户外运动和娱乐休闲是微度假的主要形式，"宅酒店""民宿＋""露营＋"等是微度

假的主要驱动力。很多旅行社已经在这方面进行了积极的探索和尝试，比如 Bikego 等新兴旅行社企业推出了"洱海骑行一日游""省力看熊猫＋大咖趣讲三星堆"等富有创意的 Citywalk 产品，深受市场喜爱。未来，旅行社应该把握微度假的发展方向，打造主题特色突出的微度假产品，保证质量可靠、文化内涵丰富，不断提高旅游产品的消费频次和复购率。

（四）多元化经营，进一步整合旅行服务上下游资源

旅行社企业应积极尝试与旅行服务相关的资源拓展，大型旅行社有实力向旅游景区运营等重资产方向拓展，中小型旅行社可利用自身优势偏重整合度假产品运营权等轻资产。在"旅游＋"和"＋旅游"的发展模式下，旅行社也可以投资民宿、剧本杀、密室逃脱、研学、体育等相关领域，增强周边游产品资源自营的优势。未来，旅行社要进一步深耕目的地运营，成立目的地营销公司，不再满足已有旅游资源的组合，要成为旅行内容的生产者和原创者，利用自身专业优势，联合目的地政府打造旅游形象、创新旅游产品、开展整合营销。中国旅行社协会在 2021 年为进一步整合航空公司和支线机场与旅游企业进行整合对接成立了航空旅游分会；为推进体旅融合，让旅行社企业融入体育产业的闭环运行成立了体育旅游分会；为了深度挖掘乡村文旅资源，发展乡村文旅产业成立了乡村振兴委员会，开展多种跨界尝试，引领行业发展，为旅行社企业凝聚了多方资源。多元化经营，能够分散单一旅游业务经营带来的风险，也可通过整合旅行服务产业链条上的资源，增强对资源的把控能力，提高旅行社行业整体利润率。

参考文献

企查查大数据研究院：《近十年旅游行业投融资数据报告》，https：//new.qq.com/omn/20210127/20210127A05TYO00.html。

戴斌：《旅游产业发展的国家战略与中国旅游学人的历史使命》，《旅游学刊》2010年第 2 期。

G.12

疫情防控常态化下中国住宿业发展思考

孙 坚*

摘　要:　新冠肺炎疫情对全球范围内的住宿业造成了巨大影响。疫情的延
续以及防疫政策和防疫措施的不同,使得全球与中国住宿业在受
影响程度及恢复与发展上呈现出不同态势。面对疫情,中国住宿
业各方参与者积极应对,政府、行业组织、企业以各种方式展开
扶持与自救,以求得住宿行业的生存与发展。在此期间,许多住
宿业企业为抗击疫情、保障疫情下的重大活动、保障消费者安全
采取务实行动,不断积累经验;同时,以创新的方式探寻疫情防
控常态化下新的盈利增长点。

关键词:　疫情防控常态化　住宿业　酒店业

新冠肺炎疫情发生至今已持续两年,住宿业是直接受到影响的业态之
一。尽管疫情有所反复,在行业的努力下,全球住宿业总体呈现了稳定恢复
态势。相关报告数据显示,中国的恢复度领先全球,尤其是不同大小、不同
细分市场的连锁酒店集团均较好地抵御了疫情的冲击并取得了逆势增长的成
绩,中国的连锁酒店集团表现出了较强的抗风险能力。在疫情防控常态化的
基本判断下,本文分析全球与中国住宿业情况,并对中国住宿业实践进行总
结,以期探索疫情防控常态化下住宿业的发展之路。

---

* 孙坚,北京首旅酒店(集团)股份有限公司总经理,兼任如家酒店集团董事长、CEO,并任
中国连锁经营协会副会长、中国饭店协会资深副会长、中国旅游饭店业协会副会长。

一　住宿业整体情况

从国际来看，联合国世界旅游组织（UNWTO）数据显示，2020 年全年国际旅游人数减少约 11 亿人次，降幅为 70%～75%。WTTC 数据显示，2021 年国际旅游人数下降 73%，各国国内旅游人数下降 64%。Amadeus Demand360® 的商业情报数据显示，2021 年 4 月，全球酒店入住率达到 46%，高于 2019 年 4 月。酒店经营者对未来持乐观态度。Amadeus 大中华区酒店旅游业总经理 Malcolm Cheong 评论："从我们的调查来看，亚太地区近一半（48%）的酒店经营者表示，他们预计入住率将在 2022 年恢复到疫情之前的水平。在重建旅游业过程中，这一调查结果重新点燃了我们的乐观情绪。"

从国内来看，《2021 年中国酒店业发展报告》① 显示，2020 年全国住宿业设施的数量和客房数均比 2019 年大幅减少，然而，连锁酒店规模不降反增，体现出很强的生命力。尽管酒店业总体规模萎缩明显，连锁酒店客房数却增长了 16.6 万间。一增一减，推动中国酒店业连锁化率比 2019 年提高了 5 个百分点。另据《2021 年中国酒店集团 TOP50 报告》，截至 2020 年底的不完全统计，中国最大的 50 家酒店集团的客房总数约为 369 万间，与 2019 年底相比增长约 46 万间，增幅为 14.2%。50 家酒店集团的平均客房规模为 7.38 万间，与 2019 年底相比增长了 9000 多间。2021 年 4 月中国酒店入住率达到 62%，连续两个月超过全球酒店入住率。从数据上来看，中国是复苏幅度最大的地区，酒店入住率在 2020 年 6 月下旬至 2020 年 12 月中旬领先所有其他地区。虽然 2021 年 1～2 月的酒店入住率下降，但 3～4 月的酒店入住率稳步上升，并超过其他地区，已接近 2019 年疫情之前的水平。

从行业来看，疫情影响仍未消除、风险依然较大。根据首旅酒店数据平台（见图 1）：从整体经营恢复率数据来看，2021 年酒店整体经营仍未恢复到

---

① 中国饭店协会联合北二外旅游科学学院、盈蝶咨询共同发布。

疫前水平；对比城市间的整体经营恢复率数据来看，三、四线城市的经营恢复率数据好于一线城市与二线城市，但总体没有太大差距。尤其2021年11月起各地疫情的反复，再次导致行业陷入经营困境。另据民生证券报告：2020年新冠肺炎疫情下酒店业经营显著承压，大批酒店因现金流断裂而倒闭，其中主要为RevPAR水平较低、经营能力较弱且缺乏集团支持的单体酒店和中小酒管集团旗下的连锁酒店。2021年随着疫情反复震荡，部分此前尚可勉力支撑的酒店企业现金流状况日益恶化。

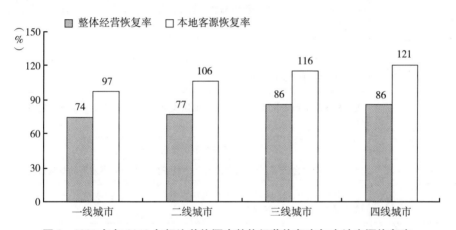

图1　2021年与2019年相比首旅酒店整体经营恢复率与本地客源恢复率

注：包含旅游、会议、长住等。
资料来源：首旅酒店数据平台。

二　积极应对，缓解疫情影响

（一）政府出台政策扶持

疫情发生后，中国政府迅速组织应对，及时研究出台了一系列财政、税收政策措施，帮助企业渡过难关（见表1）。这些政策的出台和落实，为住宿企业在遭遇疫情严重打击后送去了有力的扶植和支撑。以首旅酒店为例，2020年、2021年各获得多项补贴减免近6000万元。

表1 国家层面以及各地政府层面对于酒旅行业的扶持政策（部分）

时间	国家层面的扶持政策
2020 年 4 月	文化和旅游部办公厅发布《关于暂退部分旅游服务质量保证金支持旅行社应对经营困难的通知》，要求：暂退范围为全国所有已依法交纳保证金、领取旅行社业务经营许可证的旅行社，暂退标准为现有交纳数额的80%
2020 年 5 月	国务院总理李克强代表国务院向十三届全国人大三次会议作政府工作报告时提出："前期出台六月前到期的减税降费政策，包括免征中小微企业养老、失业和工伤保险单位缴费，减免小规模纳税人增值税，免征公共交通运输、餐饮住宿、旅游娱乐、文化体育等服务增值税，减免民航发展基金、港口建设费，执行期限全部延长到今年年底"
2021 年 2 月	文化和旅游部办公厅发布《关于进一步用好地方政府专项债券推进文化和旅游领域重大项目建设的通知》
2021 年 6 月	文化和旅游部市场管理司发布《关于加强政策扶持，进一步支持旅行社发展的通知》
时间	各地政府的扶持政策
2020 年 2 月	上海市政府出台 28 条全力防控疫情支持服务企业平稳健康发展的政策措施
2020 年 3 月	北京市制定了《关于应对新冠肺炎疫情影响促进旅游业健康发展的若干措施》，13 条政策助力企业渡过难关
2020 年 4 月	上海出台《关于提振消费信心强力释放消费需求的若干措施》，其中的休闲消费主要包括文化旅游消费和餐饮消费
2021 年 2 月	上海税务部门也主动发挥税收职能作用，为各行各业送上减税降费税收"红包"，税企合力抗击疫情影响
2021 年 2 月	《湖北省人民政府办公厅关于印发支持文化旅游产业恢复发展振兴若干措施实施细则的通知》，围绕 16 个方面 34 项内容，明确了充分发挥文化赋能和旅游拉动作用，促进湖北疫后重振和高质量发展
2021 年 4 月	山东启动第五届山东文化和旅游惠民消费季，截至当年 9 月底，全省共发放文化和旅游惠民消费券 1.41 亿元，直接带动消费 7.33 亿元。消费季征集文化和旅游产品 40 万余件，全省共开展活动 7750 余项，间接带动消费 33.63 亿元
2021 年 6 月	《广州市人民政府关于印发积极应对新冠肺炎疫情影响着力为企业纾困减负若干措施的通知》，提出加大对文化旅游企业的金融、财政支持力度

（二）行业组织自律指导

中国饭店协会、全国绿色饭店工作委员会、美团酒店发布中国酒店客房防疫自律公约实施指南。公约从物资准备、人员管理、清洁消毒等各方面对酒店行业内商家的防疫工作进行了明确指导，通过酒店商家加强防疫工作自律，为广大消费者提供更安心的住宿环境。全联房地产商会酒店投资商分会协同中国旅游研究院、亚太酒店协会等机构调研115家酒店、文旅项目，建议政府有针对性地"分业施策、重灾重扶"，帮助行业顺利渡过困难期，引导行业加速良性整合，保障整个国民经济的健康运行。中国饭店协会连锁酒店投资专业委员会发起"2021连锁酒店投资经营状况专项调研"，收集全国各地酒店投资人的有效调研反馈190份，涉及741家不同档次的酒店门店。根据调研情况，其向相关部门提出了加大减税降费力度，减税、降费政策实施期限延长至2021年12月31日等建议。行业协会及时有效的组织和反馈，让中央和各级政府第一时间听到了第一线的困难和呼声，让行业企业及时感受到来自政府的关怀和支持。

（三）企业积极抗疫恢复经营

住宿企业始终站在抗疫的第一线。疫情伊始，酒店及旅游企业作为第三产业的排头兵率先反应，全力以赴保障员工的安全、客户的安全，主动为客户免费退订。部分酒店连锁集团主动在武汉地区开展"万房公益"活动，为驰援武汉的医务工作者免费提供住宿服务。大型酒店连锁企业在疫情中发挥了助力防疫和稳定市场的作用。如首旅酒店在疫情发生后，快速反应积极参与防疫抗疫。2020年1月即推出武汉酒店退改方案；联合武汉加盟业主，为武汉地区医务人员的住宿提供全力支持；2月，推出"酒店居家隔离房"，首批涉及7个城市的60家酒店；2月12日，首批推出1800余家"放心酒店"；实现"无接触入住"、AI智能提供指引，部分酒店提供机器人送物服务；联合首汽约车、曹操出行升级"放心行"；联合美团外卖升级"放心餐"；联合1药网发起"放心问诊"；3月11日，超过2600家"放心酒店"

上线。

此外，疫情期间酒店业通过减员、扶持等措施渡过难关。雅高集团计划关闭全球 2/3 的酒店，并安排总部团队 75% 的员工休假，以节省6000 万欧元的管理费用。洲际酒店集团宣布采取高管降薪等节省措施，最多节省 1.5 亿美元费用。万豪集团通过高管降薪、给员工放无薪假等措施，节约大约 1.4 亿美元，并计划削减 2021 年的预算。此外，万豪集团还采取其他节约成本的措施（如放弃品牌标准），并与摩根大通和美国运通修订联名信用卡协议，筹资 9.2 亿美元，增强现金的流动性以应对酒店业不确定的复苏时间。首旅酒店集团暂缓收取武汉地区特许加盟酒店品牌使用费、服务支持费及自有渠道中央预订费，推出会员等级有效期延长方案，向全国特许加盟酒店推出金融和保险扶持政策，支持酒店业复苏。

一些酒店在人工智能、卫生等方面加大投入提升安全标准。喜达屋酒店旗下的 W 酒店、雅乐轩酒店和元素酒店的客人可享受无钥匙入住体验，客户下载 App，注册并接受无钥匙服务后，会在入住前 24 小时收到房号和蓝牙钥匙；万豪酒店集团推出了一项虚拟移动登记入住服务，下载万豪移动应用程序的顾客可以在抵达前一天办理入住，在指定的移动登记入住柜台前取走钥匙后便可以直接进入房间。首旅酒店升级卫生标准，强化清洁措施，推出基于区块链技术的清洁追查；在住宿多环节探索机器智能服务，如智慧客房、自助售卖货柜、送物机器人、线上选房等。为满足无接触服务需求和智能需求，首旅酒店 2020 年研发费用同比大涨 67.69%；2021 年上半年，这部分支出同比再增长 11.26%。

三 住宿企业的探索实践：以首旅酒店为例

作为中国最大的酒店集团之一，首旅酒店目前在中国 600 多个城市运营着近 6000 家酒店，酒店品牌覆盖了高端、中端、经济连锁等不同层面，其在疫情防控常态化下的实践和创新具有一定的借鉴价值。

（一）"三队轮换"成功接待奥运测试赛

2021 年 10 月 11 日至 25 日，首旅酒店所属西苑饭店圆满完成了"相约北京"系列冬季体育赛事的接待任务。此次赛事中的亚洲花样滑冰公开赛及短道速滑世界杯均为国际测试赛，西苑饭店作为指定住宿接待酒店，共接待了来自 37 个国家及地区的运动员及随队官员 529 人（外籍人员 440 人），用房 403 间；驻地运行保障组 54 人，用房 39 间；饭店工作人员 160 人，用房 95 间。比赛期间，在店内提供自助餐服务 10780 人次、盒饭配送 2235 人次、福袋礼包外带 230 人次；赴首都体育馆提供茶歇服务 12 天接待 3468 人次，提供自助餐外卖服务 2 天接待 806 人次。在疫情防控常态化下能够顺利完成此项接待任务，除了筑牢防疫安全底线外，西苑饭店创新性的人员调度模式提供了有力保障。按照预先制定的《冬奥会测试赛接待服务整体方案》、《疫情防控方案》以及《住宿保障方案》中的有关要求，西苑饭店以"分区不重叠、流线不交叉、边界严管控、人员不跨区"为人员调度总原则，组建了三支战斗队：第一支队伍，攻坚突击队——精选 160 名年富力强、外语较好的骨干员工进入闭环管理区域，全面负责测试赛的接待工作；第二支队伍，经营预备队——负责在测试赛接待结束后攻坚突击队员工离店隔离期间，饭店经营的快速恢复工作；第三支队伍，外围保障队——负责测试赛闭环管理期以及测试赛结束后的经营恢复期，全周期的外围服务保障工作。三支战斗队人员配比合理、分工明确、各司其职、团结协作，实现了人员上的组织到位、准备到位、落实到位。

（二）多酒店联动完成重大服务保障任务

2021 年是中国共产党建党一百周年。整个庆典活动期间，首旅酒店承担了接待革命先烈后代、优秀党员代表、人大代表、政协委员等上百名庆典观礼嘉宾的任务。为顺利完成建党一百周年的服务保障任务，首旅酒店全面调动系统资源，统筹协调各所属酒店，以多酒店联动方式为服务保障工作提供了绝对保证。面对涉及十余家酒店、服务人员多达 4000 余人的大规模人

员调度，首旅酒店将疫情防控工作作为重中之重，实行了人员分类健康监测管理，要求各酒店对餐饮人员必须坚持进行 7 天一个周期的核酸检测工作，其他类别服务人员进行相应的封闭式管理，多措并举，确保了整个服务保障工作过程中服务人员和服务对象的健康安全。在做好疫情防控工作的同时，针对建党一百周年服务保障工作的特点，各酒店还结合自身特点和外部环境特征，制定了安全保障方案及应急预案，并进行了多次预案演练与推演，累计完成酒店安全检查百余次，消除各类隐患及不安全因素数百起，完成员工安全培训上千次。

（三）如 LIFE（如生活）战略推新求变

酒店作为消费者旅行过程中的功能产品，一直以安全、舒适、贴心服务为主要内容。随着新一代消费者生活方式的转变、数字化技术应用的普及，特别是疫情中顾客异地流动的受限，酒店顾客本地生活价值的构建变得越来越有意义。

首旅酒店如 LIFE 战略应势推出，以线下酒店为载体，以线上会员俱乐部为平台，推出了涵盖住宿产品、会员、品牌等多个维度的本地生活实惠，在后疫情时代，引领国人美好生活。如 LIFE 俱乐部围绕尊享酒店权益、精彩跨界权益、多元化本地生活、精准圈层运营四大板块，为新老会员新增230 多项生活类权益，包括吃喝游购娱等各个领域。如每月都举行的读书会、品酒会、亲子活动等，创新性地为会员提供了一站式的酒店服务。如 LIFE 战略下，创新推出如 LIFE 俱乐部和首免全球购。2021 年 9 月，酒店行业首创的全球商品数字化贸易服务平台——首免全球购平台正式上线，"全球正品，零关税到家"的特殊免税零售平台，为 1.3 亿名会员提供了住宿以外的新价值，也为疫情下首旅酒店的经营探索出了第二增长曲线。

（四）适应消费群体变化转变经营方式

首旅酒店在酒店行业中首次将单纯的经营产品向经营空间、经营人群转变。凯悦集团与首旅酒店携手推出的酒店品牌"逸扉"，开辟独特的"创逸空间"，旨在摒弃原有大堂概念，利用创逸岛台将服务自由化，使其成为街区中的消费地以及客人旅途中的纽带，让旅客在酒店就可以体验到当地的人文魅力和浓浓的烟火气。无论是商务洽谈还是享受咖啡与轻食、休闲落座等，创逸空间都完美实现了区间的过渡，形成了逸扉酒店独有的社交区域。同时，酒店将"待客如友"的服务理念深入细节，在酒店公共区设置了"咖啡冠军拉花体验""花式鸡尾酒表演""香氛课堂""UrKitchen 烘焙课堂"等不同主题的体验活动，将有特点的空间设计、美食体验和定制化服务等作为酒店独特生活方式的重要构成条件，不仅服务会员或者客人，而且延伸到"周边三至五公里内"的社群，成为名副其实的"邻里中心"。

四 住宿业企业面临的挑战与中长期应对

（一）面临挑战

1.疫情持续使消费市场无法准确预期

一是国际旅行难以开展。目前由于全球各地疫情防控能力不一，特别是随着变异毒株奥密克戎的蔓延，全球范围的旅行，特别是中国的出入境旅行仍然处于严格控制中。二是国内旅行受到限制。面对国内多地的零星疫情，各地采取了较为严格的跨省旅游旅行限制措施，会展、商务、休闲活动萎缩。受疫情不确定性的影响，经济下滑造成部分企业停工停产，部分人的可支配收入降低，消费能力下降，出游欲望随之降低。对未来市场趋势无法准确预计，给企业正常经营发展带来了很大的难度。

2.疫情持续使得消费习惯发生改变

一是线上活动增多。消费行为改变，新的消费习惯形成。商旅客人更多地采用线上模式来实现商务交流，出差需求锐减。摩根士丹利研究显示，到2022 年，随着 27％的差旅被网络会议取代，约 2/3 收入来自商旅客户的酒店行业收入将至多下滑 18％。二是本地生活需求增长。疫情的不确定性使商务出行大部分被线上会议所取代，但人们对于度假和休闲的热情依然存

在，在此情况下，城市周边有特色、有内容、有颜值的休闲游将在很长一段时间内成为趋势。首旅集团旗下的北京野生动物园、安麓高端度假酒店2021年都取得了超越2019年的喜人业绩。

3. 疫情防控常态化对住宿业提出了更高要求

疫情影响下出游人群减少、酒店商家订单量下降，但酒店运营基本支出仍然存在，如租金、雇员工资以及维持基本运转的其他费用等，使得酒店在运营方面存在较大压力。为了保证经营环境的卫生安全，让消费者拥有更加放心的体验，疫情防控工作增加。大堂、前台等公共区域每两个小时的专项消毒，顾客、员工的防护用品，酒店出入环境的安全防范都直接增加了运营成本。前台自助机、客房送物机器人、公区清洁消毒机器人等智能设备的投入，对酒店现有服务管理流程及成本提出了更新的要求。

在硬件投入的同时，酒店的服务流程也发生了相应的变化。针对面盆、门把手、电话机、遥控器、电吹风、杯具、一次性客用品等客房的高频接触区以及客房清洁等，增加了酒店员工的培训、现场督察等全新管理措施。

4. 疫情的不确定性给战略管理带来挑战

疫情对住宿业的打击，影响了酒店投资者、酒店业主对该行业中长期投资经营的信心，大量酒店业主急于脱手物业，部分酒店业主对于酒店的改造与扩张持观望态度，这给酒店集团的发展与战略布局带来很大影响。

（二）住宿业企业的中长期应对策略

1. 夯实基础回归专业精神

一是注重品牌建设。疫情防控常态化背景下，品牌通过其影响力、市场占有率和忠诚客户维系能力帮助酒店在不确定的市场环境下，取得较好的经营业绩。此外，品牌价值在吸引投资、扩大规模方面也扮演着重要角色。二是回归专业精神。中国酒店业过去在规模发展上取得了骄人成绩，面对疫情防控常态化下市场、消费者、投资者等诸多新的变化，回归初心、回归专业精神应该成为行业在做大以后谋划做强的必经之路。消费者研究、产品研发、专业服务、精准营销、数字化能力建设，都将成为酒店集团的必修课。三是强化人才培养。作为服务型行业，酒店的人才培养尤为重要。酒店的服务工作并不是简单的重复工作，人们旅行出游、入住酒店，期待自身的精神需求、文化需求、情感需求得到满足，随着酒店越来越重视为消费者提供个性化的服务，员工的知识结构和服务质量对酒店品牌都会产生影响。同时，酒店业也要创新探索行业用工模式，如共享员工、外包服务等形式，降低员工流动的成本风险和人才供给的结构性矛盾。随着酒店业的进一步发展壮大，人才体系建设与酒店集团的发展规划要一致，只有中高层人才团队的培养和搭建领先于酒店集团的发展，才能保证在快速发展过程中有充足的后备军。在酒店业与科技深入融合的当下，酒店人才培养更要主动适应科技发展的要求。

2. 创新变革摒弃固有思维

疫情防控常态化下，人们对于美好生活的向往依然强烈，新市场、新消费人群都对住宿产品、服务和体验有了全新的需求，创新、求变，是酒店行业继续引领国人美好生活的目标和方向。

一是发现新市场，研发新产品。疫情防控常态化下，休闲度假，特别是城市郊野休闲旅游已成为一个崭新的强劲成长的市场。本地游、周边游、亲子游、周末游都需要更多相配套的住宿产品、活动内容和体验服务。二是研究新人群，创造新内容。"Z世代""千禧一代"新消费人群逐渐成为市场的消费主体，他们自主、有个性、爱玩、有调性，创造符合他们需求的新酒店产品大有前景。比如荷兰著名的精品酒店品牌 Citizen M，它最大的特点就是为客人创建了一个更加融洽的社交场合；万豪旅享家旗下的精选服务品牌 Moxy 以"玩乐不停"为品牌精神，希望为年轻消费者量身打造一个多用途的玩乐空间。电竞酒店、剧本杀场景、网红直播空间都将为年轻消费者提供更丰富的活动内容。三是应用新技术，实现新体验。疫情防控常态化下，客人更注重清洁、卫生以及隐私。线上下单、自助办理入住、手机开门、扫码梯控、智能房控、快速退房和续房等智能化无接触服务更受重视，加快补足"科技范"——酒店技术创新再次被提上日程，送物机器人和更多数字化的

管理手段再次被炒热。针对智慧酒店、未来酒店中"小而精"的创新科技，连锁酒店更应加快创新应用步伐，提前研判面向新科技时代的入住体验和住宿管理方式。

3. 提前布局谋划未来

疫情让住宿业陷入困境，同样，疫情也让企业展现出不同的韧性和持续发展的可能性。只有坚守阵地、拥抱变化、提前布局的企业，才能实现可持续发展。企业要抓住疫情"危"背后的"机"，调整策略，优化结构，练好内功，建强团队；要发现新趋势，拥抱新人群，应用新技术，以专业精神布局未来。

综上，在疫情防控常态化的背景下，各大酒店集团都在积极求生存、求改变、求发展，以适应后疫情时代的各种不确定因素。酒店业必将加快洗牌步伐，催生出更加丰富的细分赛道和新机遇，头部、腰部和尾部企业也将在既竞争又共生的生态中激发出内在的创新动能。消费需求的显著变化、新生消费机遇的强烈助推，将促使市场上涌现出更多高品质服务、有趣好玩的体验型酒店。同时，酒店品牌故事化、服务体验人性化的能力也将同步增强。头部酒旅企业将会更多担起振兴重任、渡过难关、谋求发展。

参考文献

Amadeus Demand360® 商业情报数据，2021。

《Amadeus：今年 4 月全球酒店入住率达到疫情之前三分之二水平》，环球旅讯，2021 年 5 月 14 日。

中国饭店协会联合北二外旅游科学学院、盈蝶咨询：《2021 年中国酒店业发展报告》，《2021 年中国酒店集团 TOP50 报告》。

刘文正：《震荡中静待复苏曙光，不惧短期风浪布局后疫情时代——当前时点，我们怎么看酒店业的投资机会和行情演绎？》，民生证券，2021 年 12 月 7 日。

微度假时代旅游景区的机遇与挑战

赵立松*

摘　要： 新冠肺炎疫情发生后，微度假旅游模式异军突起，以其时间短、路程短、体验性强的特点，改变着传统的旅游业发展格局。针对游客出行半径小、频次多、意向模糊、游玩场景多样等情况，旅游景区面临着更加激烈的竞争格局，在产品设计以及营销战略制定等方面也面临着全新挑战。未来，景区需结合本地生活多样化场景，对景区产品设计和营销模式进行创新，并充分利用数字科技进行智慧管理；要加强同互联网平台、科技公司、其他本地生活业态的合作，形成"生态圈"，以促进旅游景区在微度假时代的可持续发展，同时实现多方价值共创。

关键词： 微度假　智慧旅游　旅游本地化　旅游服务质量提升　可持续发展

一　微度假时代已经来临

新冠肺炎疫情突如其来阻挡了全球游客探索世界的脚步，使游客的旅游行为受到阻碍，但游客的需求并未消退，疫情的约束甚至让游客产生了更为强烈的出游动机。但碍于各地疫情发展态势不同，长途旅行存在一定的安全隐患，因此，微度假旅游逐渐成为游客的首选出行模式。游客希望能够利用

---

* 赵立松，美团门票高级战略顾问，中国风景名胜区协会智慧旅游专家委员会委员。

周末、五一等小长假或是其他的碎片化时间，就近出游，放松身心，实现度假的目的。

作为近几年刚提出的新词，"微度假"在学术层面尚未形成系统科学的解释定义。目前业界普遍认为，微度假是指以一线、二线城市及其周边为主，车程在 2～3 小时，为期 2～3 天的一种频次较高、满足感较强的新兴旅游模式。

微度假凭借提供和打造距离近、时间短、品质高的旅游产品，在众多旅游模式中脱颖而出，也让旅游行业迎来了新的时代。[①] 作为大众休闲旅游的热点，微度假逐步成为旅游业未来重要的发展模式以及游客消费趋势，其模式具有四个特点。

（一）出行半径缩短，短途旅游增多

随着新冠肺炎疫情的冲击，游客对于参加长途游更加谨慎，不再愿意远距离出行。如图 1 数据所示，通过对比 2019 年第一季度至 2021 年第三季度游客所选择的旅游目的地的空间距离，不难发现，游客的出行选择偏向短途化。从整体上来看，2020 年短距离出游占比较 2019 年同期持续增加；在短距离半径分布当中，50 公里内出游拥有最高的市场份额。2021 年第一季度，50 公里内的出游占比达到 49%，几乎占到一半。

由此可见，目前游客的出行距离大大缩短，各地的游客类型更加趋于本地化，旅游景区、文化场馆、休闲场所等旅游资源的服务对象主要指向本地居民，游客对于市内游、省内游等的短距离出游意愿及行为进一步加强。

（二）出行频次上升，旅游更加普遍

以往传统的旅游活动通常都是低频行为，而微度假凭借距离近、时间灵活的特点促使游客出行频次不断增加，进而让旅游活动由传统的低频行为转

---

① 袁志超、程晨阳：《微度假旅游发展趋势研究——以河北省为例》，《中国市场》2020 年第 35 期。

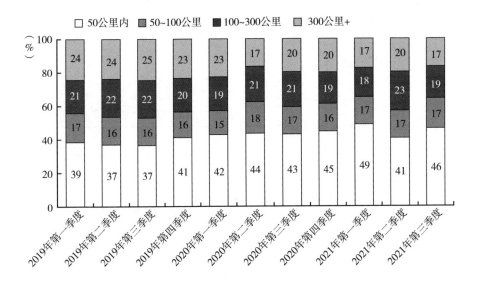

图1 2019～2021年各季度游客所选旅游目的地距离半径

资料来源：美团门票。

为中频消费，目前人们平均每个季度便有2次左右的旅游行为。如图2所示，这两年用户的出游频次并未出现下降趋势，2021年第三季度较2019年同期增长2.5%，其中本地出游频次快速上升，2021年第三季度较2019年同期增幅达40%，跨省出游频次则明显下降，更多用户选择了本地游或省内周边游的旅游方式。

（三）出行意向模糊化，平台助决策

微度假相比传统旅游而言，游客在出行上并不具有明确的目的性。过去游客对于旅游目的地都有清晰的指向性和计划性，能够明确去哪玩、怎么玩，而微度假时代，游客对出行目的地的意向越发模糊，大部分游客对自己该去哪里玩、玩些什么没有特别清晰的想法，而互联网平台通过收集和提供更为广泛的攻略、评价等内容为游客提供多维度、丰富化的参考意见，辅助游客进行决策。同时，游客对平台的依赖也敦促平台不断推出新兴的旅游产品，让旅游行业拥有了更为丰富的发展业态。根据美团研究院的统计，目前

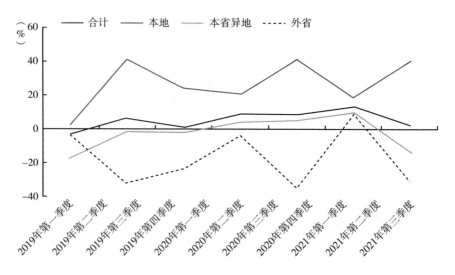

图2 相对于2019年的人均订单增长率

资料来源：美团门票。

在美团平台上的新业态多达47个，包括室内萌宠互动、宠物摄影、电影酒店、蹦床、漂浮、冲浪、跳伞、滑翔伞等，这为微度假时代出行意向模糊化的游客提供了数量更多、种类更全的选择，能够满足游客的不同需求。

（四）游玩场景多样化，旅游消费本地化

随着游客的消费需求越来越个性化，游客的消费也呈现出多业态共存的现象。在本、异地游玩景区的用户中，有相当一部分游客会在游玩景区的当天及一周内，在当地出现餐饮、住宿、交通出行类消费。随着旅游本地化趋势的走强，游客在本地的生活及休闲类等复合消费特征更为明显。

如图3所示，2021年第二季度，在本地消费景区门票并在7日内有生活服务类消费的用户占比出现了不同幅度的提升。其中，外卖、打车的用户占比，较2019年同期分别提升3.28个百分点和2.29个百分点，有过购物行为的用户占比提升幅度更大，达5.95个百分点。

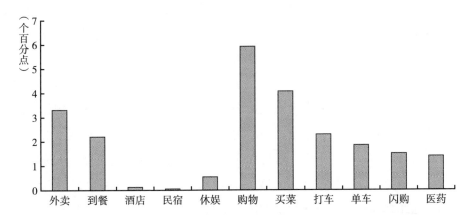

图3　2021年第二季度与2019年同期相比美团门票用户7日内复购占比的增长值

资料来源：美团门票。

二　旅游景区的发展新格局与新机遇

（一）旅游景区正面临前所未有的行业大变局

1. 竞争格局更加激烈

微度假时代的出现，本质上是旅游消费行为在时间和空间格局的重构所致，因此旅游景区也面临全新的竞争格局。游客的选择不再局限于单一景区，而是整个本地生活全服务消费场景。

过去大部分景区的竞争都来自周边的景区或其他热度较高的知名景区。随着以本地游为主的市场格局和以微度假为主的消费模式逐步发展，旅游景区的竞争对象也由原本景区之间的竞争升级为景区同本地生活的组合竞争，例如与商场、电影院、剧本杀/狼人杀体验馆、KTV等文化休闲场所之间的竞争。

在疫情防控常态化形势下，游客消费的场景发生了诸多变化。疫情发生之前，大部分游客在不同城市、不同景区之间选择。例如，游客会花费较长

的时间，提前一个月、三个月甚至半年对出游进行规划，并根据自身的需求量身定做旅游攻略。但疫情发生之后，游客通常不会过多考虑远距离出行，而是重点选择本地游、周边游等微度假旅游模式。

当前互联网平台发展较为成熟，使用场景也不再局限于明确意向后的旅游预订，更多成为给用户在无意向或弱意向阶段种草的内容平台。例如，用户可能会在周四、周五，或是其他的闲暇时段打开大众点评、小红书等 App 进行相关目的地攻略的查询，考虑如何在本地享受周末，是选择去本地的旅游景区参观游览，还是选择去 KTV 一展歌喉，抑或是选择去电影院沉浸式观影。除此之外，亲子游作为微度假旅游当中的重要组成部分，促使众多旅游目的地的住宿场景进行改造，民宿也成为本地游客出行的热门方案之一，这些都给传统的旅游景区带来新的竞争挑战。

消费场景的更新变化已经致使旅游行业形成了全新的竞争格局①，旅游景区因此也将面临种类、数量更多的竞争。

2. 产品要以客户为中心

微度假时代，旅游景区将面对更加复杂的竞争格局和更加多样的游客需求，如何设计出更具特色、更年轻化、更符合游客需求的旅游产品也成为旅游景区的新挑战。当今的旅游市场已逐步从传统的观光游转型为集休闲、亲子、娱乐、体验于一体的度假游。在传统观光游时代，旅游景区仅凭借其自身独有的山、江、河、湖、海、寺、庙、公园等优质资源便可获得大众青睐，可是随着旅游业的发展以及游客消费能力的提升，游客不再仅满足于旅游景区的自然风光，而是越来越在乎旅游景区能否为其提供更新奇有趣的旅游产品和更人性化、更有温度的服务体验。

微度假时代，游客注重的是自身的体验感，旅游景区应在满足游客观光、游览、休闲、度假等需要的基础上打造更具美学、游客互动交流更为深入、独创性更强的产品。同时，旅游景区需要打造公共参与度更高、互动性更强的游乐产品，让游客身心获得满足。旅游景区在设计产品的过程当中应

---

① 杨宏浩：《数字技术赋能旅游业高质量发展》，《中国旅游评论》2020 年第 3 期。

当进一步推动和发挥"文化＋旅游"的融合作用，打造具备高辨识度的旅游景区 IP，通过挖掘文化内涵的方式赋能旅游景区，使其能够加速进入新时代旅游业发展的快车道。

旅游景区"资源为王"的时代已经一去不复返，当下要面对的，是"凭借产品称王"①。如何基于美学视角、体验视角、人文视角为游客提供优质服务、提升用户体验，是旅游景区未来能否提升收益的关键所在。微度假时代，旅游景区的产品开发要精准把控目标人群的需求，重点关注休闲度假游客群体，这类人群追求有品质的度假生活，是微度假的消费主力军。在游览过程中，景区要将重点放在游客参与和游客感知层面，注重提升游客价值体验。在游玩之后，景区也要及时掌握游客的反馈信息，并在此基础上完善旅游产品，以实现对提升游客旅游体验起到促进作用。

3.营销要讲"品效合一"

微度假模式下，旅游景区在面对更加激烈的竞争格局时，更需要从多个维度思考制定营销策略，形成具有自己景区特色的主题 IP，通过品牌营销、活动营销、渠道营销、商品促销的组合阵法打造景区营销新模式。

要对目标客群进行分析，以往旅游景区的游客大部分来自异地，如今目标客群则以本地游客为主，且是更趋向于年轻化的游客群体，以家庭自驾游为主，无论是在游客结构上还是在出行方式上都与从前有很大不同。因此，旅游景区特别要对年轻客源市场进行细分，如家庭、情侣、同事或者朋友等，根据各个细分群体的需求差异与特点，优化产品服务与深度体验内容。

如何才能形成"品效合一"的新营销模式？可以借鉴互联网营销中的三量理论——声量、流量和销量。所谓声量，即通过多种品牌传播与创意的形式组合，向用户传达客户方核心价值，提升客户品牌吸引力与影响力，同时引发用户心智共鸣，起到引导用户的作用；所谓流量，即通过整合曝光类型资源，从高频生活场景曝光资源撬动无意向用户，到旅游场景曝光资源覆盖弱意向和强意向用户，最终达到全场景用户触达目的；所谓销量，即通过

---

① 《2017－2022 年中国旅游互联网市场运营现状及十三五投资价值分析报告》，2017。

定位当次推广的核心客群，结合市场环境，匹配相应产品策略，从而达到精准推广并有效转化为销量的目标。

（二）旅游景区发展新机遇

网络数字时代，丰富的线上供给是吸引异地游客和本地居民进行旅游消费的重要基础。互联网既是消费者广泛进入目的地居民休闲场所和生活空间的信息搜寻工具，也是实现供需匹配、满足游客需求的重要消费场景。[①] 互联网平台能够起到链接景区和用户的作用，但如何才能把互联网平台的作用发挥出来？关键就是提升景区的线上化水平。

首先，要推动景区门票的线上化。近几年，景区线上预约与数字化问题成为文旅行业发展的大趋势。2020 年以来，出于疫情防控需要，文化和旅游部曾多次发文强调，旅游景区在运行过程中要严格限流、预约、错峰。而要实现这一目标，均需从门票线上化出发。对于旅游景区而言，分析预约数据能令其更好理解游客需求，有效降低负峰值，通过分流提升游客出行愉悦度及幸福感，这是旅游景区开启数字化运营的起点和重要机遇。不过，虽然门票线上化率大幅提升，但其商业价值尚未完全发挥出来，如在实现门票与其他产品联动和交叉销售方面仍具有很多提升空间。互联网平台除了通过线上渠道分销门票，还能把景区和游客之间的关系通过产品和服务形成的链接，长期、持续地沉淀下来，实现"线下流量线上化，线上流量资产化"，帮助景区更好适应新的变化。

其次，要重视游客评价的线上化。只有看到游客真实反馈，才能真正了解客户需求，以此优化产品设计。当今互联网拥有十分庞大的用户群体，2020 年移动互联网用户接入流量为 1656 亿 GB，比上年增长 35.7%。2020 年末互联网上网人数 9.89 亿人，互联网普及率为 70.4%，其中农村地区互联网普及率为 55.9%。[②] 与此同时，随着网络社交平台的发展，游客早已习

---

① 美团研究院、刘佳昊：《旅游"本地化"的发展特征及成因分析》，2021 年 7 月。
② 国家统计局：《2020 年国民经济和社会发展统计公报》，2021 年 2 月 28 日。

惯于采用线上评论的方式分享自己的旅行感悟。海量的文字、图片、视频等UGC（用户生成内容）往往能够更加直观、准确地反映游客对于旅游目的地的形象感知，已然成为影响出行决策的关键因素之一。从旅游消费习惯来看，游客的出行决策在发生结构性的变化，以前游客可能会先在线上浏览，再决定要不要去，然后到景区门口再买票。但门票预约化和疫情影响，会让游客更提前地预订门票，更多游客会通过线上预览做消费决策。随着游客线上预订的比重持续提高，对线上评论数据进行科学梳理，通过用户评论探究游客关注偏好、分析游客需求差异，可以帮景区及时发现问题，优化营销策略，满足不同游客的需求。

最后，要探索二消产品的线上化。旅游已经从观光旅游发展到体验旅游，门票经济也将过渡到体验经济，旅游正在从单一门票模式向综合旅游模式转变。如果只把景区单独围起来收门票，不仅会阻止游客迈向景区的脚步，还关上了景区及周边商户增收致富的大门。因此，在如何提升景区综合收入方面，要具备流量思维，提高景区二消不仅需要丰富多业态产品的供给，还应当通过目的地营销平台，实现流量的精准分发。游客在出行前期以及游玩的过程当中，都可能通过互联网平台对景区内的二消产品进行搜索，并结合其他游客反馈信息即时决策。在设计二消产品时，既要结合自身品牌IP，也要充分考虑游客的消费偏好，结合热点主题打造更具实用性、创意性的文创周边产品。从目的地营销的角度来看，未来对二消产品的营销需要细分用户市场和消费场景，通过精准触达，匹配更愿意为特定体验场景付费的游客，要在营销过程中充分应用艾宾浩斯的"七次理论"，通过重复出现的方式加深游客印象，提升二消产品的销量。

三　科技助力旅游景区高质量发展

（一）借力互联网平台，形成发展新动能

近年来平台经济的快速发展从多个方面赋能旅游产业，为文化和旅游融

合创新及高质量发展提供了新动能。建议今后要借助互联网平台和数字技术在数据分析、交易撮合、精细管理等方面的优势，降低消费者决策成本，增强旅游决策的确定性、合理性、便利度；通过管理数字化赋能传统旅游企业，创新商业模式，提高经营效率，持续提升其服务质量和经营管理能力，增加旅游休闲行业的有效供给。要充分发挥平台经济的长尾效应，为旅游休闲及各类生活服务业中小商户提供线上交易场所，不断丰富和完善本地生活服务及旅游产品，满足游客和居民的多样化、品质化需求。①

（二）强化新基建配套，实现高质量发展

近年来，旅游行业在通过数字化技术实现便利方面取得了很大进展，在线预约、分时段预约、流量监测监控、非接触式服务、智能导览等不断应用，反过来又使整个行业增强了推动旅游体系智能化的信心和积极性。对于景区来说，促进服务创新，为游客提供安全通畅和优质便利的服务，也越来越依赖于新兴技术和数字化。

首先，在强化设施建设方面，景区应当大力建设景区门票和服务预约系统，加强身份证、二维码、人脸识别等电子门票应用；建设智能停车场，支持车牌识别、自助缴费等功能。要实时利用票务、停车场等客流数据，分析人（车）流趋势，便于及时疏导游客，加强精细化管理。

其次，在强化设施配套方面，景区应该积极提高宽带移动通信网络覆盖水平，满足日常信息采集、传输、通信等需求；优化景区智能导览，全面支持游客智能定位、智慧游览；提供多语种服务，提高国际游客消费便利性。

最后，要加强适老化和适残化改造，满足弱势群体需求，这也是旅游景区加强精细化管理需要关注的一大重点。《中国美好生活大调查》发现，排在老年人 2021 年消费意愿榜前三位的分别是保健养生、旅游和电脑手机等数码产品，老年人对旅游的关注度较上年提升了 4% 以上。景区在建设旅游

---

① 美团研究院、刘佳昊：《旅游"本地化"的发展特征及成因分析》，2021 年 7 月。

设施、组织旅游活动及完善景区服务保障时，也要考虑提供无障碍通道/厕所、手语导游、盲文服务等设施和服务，以及允许导盲犬进入，以更好地适应弱势群体的实际需要。

（三）促进景区数字化服务创新，提升旅游全链路消费便利度

首先，在信息展示方面，旅游景区需要充分满足游客对预约信息和服务的数据需求，及时更新景区的基本介绍信息、预约信息、限流信息并增强这些信息的完整性。景区应当建设多平台信息发布设施，在景区出入口、交通枢纽大屏、网站、短视频等多种渠道确保景区信息发布及时、畅通。

其次，景区在提升入园便利度方面要做好两方面工作。一是需要保持多元畅通的购票渠道，购票形式不局限于人工售票、官网购票、互联网电子商务平台购票、自助机购票等，购票地点不局限于景区入园处、重要交通枢纽、停车场、线上等。针对老人、残障人士等特殊群体，景点也可开设人工售票窗口，实现售票、换票一体化，使游客更加方便、服务更加便捷。二是需要开发智能检票功能，帮助游客轻松入园。例如，景区可推行多码同屏、一码入园等功能，使得游客线下扫码/刷脸核销时能够免排队零等待，避免景区入口通道拥堵。

最后，在旅游主要业态及产品体验方面，景区还应联动食住行游购娱多业态，围绕目的地做"景区＋各业态"打包组合产品，基于游客预约信息推荐定制化方案。景区应当丰富数字化产品供给，增强云直播、云展览、沉浸式体验、VR/AR、无人商店等项目。景区与互联网平台合作对接，要充分发挥互联网资源组合的最大效应，提升游客旅游全流程消费体验的满意度。

（四）积极发展智慧旅游，打造旅游圈新生态

现阶段，智慧旅游目的地不仅是展示城市旅游发展水平和城市形象的主要窗口，也成为提升便利度、促进城市建设发展的重要手段，要以提升便利度和改善服务体验为导向，推动智慧旅游公共服务模式创新。要通过景区智

慧化，持续推进旅游目的地智慧化建设，打造目的地智慧旅游服务平台，推动涉旅企业数据、服务和产品接入，强化全域智慧产品和服务应用推广。要构建高效协调的旅游服务质量监管体系，通过景区、酒店等不同旅游主体之间的密切联系形成以游客为中心的旅游服务质量监管网络。

所谓的微度假旅游模式，产品仅作为一个基础载体存在，其内在精髓是传递文化价值。与其认为微度假是旅游产品，倒不如将其比喻为人们的生活方式。建议旅游景区加强与互联网平台的联动合作，把景区内的内容和服务线上化，并努力实现全产业链覆盖，同时利用 IP 战略打造全新的微度假旅游生态圈，在获得消费者认可的同时为景区带来声量与流量。不仅如此，对于旅游景区和互联网平台而言，除了提供以往传统的线上优惠价，景区和平台还可考虑推出新的营销方式，形成多业态联动营销方案，深度打造吃住行游购娱一体化的微度假旅游模式，丰富微度假旅游内涵。由此，微度假时代下的旅游景区发展必能拥抱新生，再绽精彩。

参考文献

袁志超、程晨阳：《微度假旅游发展趋势研究——以河北省为例》，《中国市场》2020 年第 35 期。

张文菊、杨晓霞：《我国旅游门票研究综述》，《人文地理》2007 年第 2 期。

杨宏浩：《数字技术赋能旅游业高质量发展》，《中国旅游评论》2020 年第 3 期。

陈雅芬、李燕、侯华怡等：《基于价值共创理论探析疫后景区游客管理的思路——以武汉东湖风景区为例》，《湖北经济学院学报》（人文社会科学版）2021 年第 18 期。

美团研究院、刘佳昊：《旅游"本地化"的发展特征及成因分析》，2021 年 7 月。

G.14

从环球影城开园看主题公园之变

吴金梅*

摘　要： 2021年9月20日，历经20年筹划建设的环球影城在北京正式开园，随即成为国内人气最高的主题文化旅游度假区。以北京环球主题公园的正式开园为节点，中国主题公园正在发生一系列变化：环球影城成为主题公园新标杆；消费升级和疫情影响产生新需求；两大主题公园引领发展新格局；国际IP国内品牌纷纷入局形成新态势；中国IP领先发展粗具规模。疫情之下，供给、需求之变带来的格局之变和发展之变将深刻影响中国主题公园的未来。

关键词： 主题公园　环球影城　旅游度假区

　　2021年，是中国主题公园发展历程中需要着重记述的一年。9月20日北京环球影城在疫情之下逆势开园，随即进入全球主题公园前十。以北京环球影城正式运营为标志，由北京环球—上海迪士尼统领南北大区的中国主题公园新格局形成。以默林娱乐集团宣布深圳、上海乐高乐园度假区正式动工为代表，国际大IP疫情之中入局中国。与此同时，方特、长隆、欢乐谷等国内主题公园也在恢复中布局发展。在科技助力下，主题公园韧性复苏，克服经营的压力实现了更高水平的公共安全服务。

---

* 吴金梅，研究员、正高级经济师，中国社会科学院旅游研究中心副主任，北京首旅集团党委常委、副总经理，主要研究方向为旅游政策、旅游产业发展、旅游企业管理。

一 供给之变：环球影城开园树立行业新标杆

（一）20年不懈努力迎来盛大开园

北京环球影城的建设源起于2001年初，彼时北京市政府与美国环球集团就环球影城项目开始进行磋商，同年10月，双方签署了合作意向书。之后，项目筹备过程一波三折，这期间经历了审批暂缓，国内其他城市也曾争取环球影城落地。2014年9月25日，北京环球影城项目正式获得国家发展改革委批复，项目进入深化研究、设计和施工阶段。经过严格的论证审批程序，从用地条件、交通条件、市政条件、影响因素等方面考虑，北京环球影城项目在三个备选场地中最终确定落户通州文化旅游区。在环球影城项目启动建设之际，北京迎来了影响未来发展的重要历史性时刻：2016年5月27日，习近平总书记主持召开中央政治局会议，研究部署北京城市副中心规划建设。环球影城作为城市副中心建设的重要组成部分，经过坚苦的努力，克服了疫情的影响，于2021年建设完成、正式开园。

（二）投资管理构架首旅新模式

和日本大阪、新加坡的环球影城项目一样，美国环球集团起初意愿为仅采用知识产权许可模式不进行投资。中国主题公园市场的发展和北京市政府对环球影城项目的支持，让美方坚定了信心，经过协商，环球集团与首旅的合作突破了原有模式，美方最终决定出资。作为北京环球度假区的主体投资、运营公司，中美合资的北京国际度假区有限公司注册资本177亿元，中方股东北京首寰文化旅游投资有限公司（"首寰投资"）持股70%，美方股东康卡斯特NBC环球集团（"环球集团"）持股30%。北京环球度假区也因此成为美国环球集团第一个在项目启动时就投入真金白银的海外项目。首寰投资的控股股东正是首旅集团。在运营阶段，由合资公司下设两个分公司，分别委托环球集团管理方和首旅凯燕公司负责公园、度假区和酒店的专业运营管理，同时发挥合资公司的业主监督和治理职能。这一全新的项目开发模式和运营架构，为中国本土企业与欧美知名品牌的合作探索出一条成功的路径，打破了过往外资文旅品牌落地中国市场惯常套用的"借助中方土地和资金，垄断开发、把控运营"模式。北京环球度假区一期各项目本身的建设投资，加上政府部门在地铁、高速公路、立交桥等配套基础设施上的投入，累计超过 1000 亿元。

（三）建设组织形成示范经验

北京环球度假区在从规划设计、施工建设到园区运营的全过程中始终贯彻北京城市副中心规划中关于绿色城市建设的理念，采用创新技术和最佳实践标准实现绿色、节能、环保，助力北京城市的生态环境建设。在施工过程中，现场 95% 的土方加工回填、2.8 公里的自然水系智慧循环体系建设、49.5 米堪称国际最高水准的艺术品钢构架火山手工雕刻等工艺创新，以及疫情突发下签证包机联运、"园区大封闭、标段小隔离"管理、各种物料的跨境供应过程全程管控等建设组织方式史无前例。在 2020 年 7 月项目建设高峰期，整个环球度假区工地最多时有 3.6 万名建设者同步施工。2021 年该项目通过 LEED 城市和社区评估体系，获得 LEED 金级认证，成为全球第一个获此殊荣的主题公园度假区，为促进可持续发展和提升生活质量提供了可量化战略、制定了全球标杆。

（四）科技赋能实现迭代升级

北京环球影城在规模上全球占地面积最大，同时因为应用了最先进的设备、技术及媒介成为全球 E 级①景点最多的主题公园，更因为功夫熊猫、变形金刚和未来水世界三个中国游客"专属景区"成为具有独特性和唯一性的主题度假区。北京环球影城在景点创意、科技应用、本地文化元素融入、

---

① 高度 IP 主题化的大型复杂骑乘景点，代表着主题公园最核心的市场竞争力、游客吸引力和运营承载力。

运营管理等方面进行了大量创新，用美方的话说，就是打造了环球"最高版本"的度假区。七大主题景区包含了20多个景点及骑乘设施、演出和娱乐表演，加上汇聚了环球经典角色的花车大巡游，以及照亮魔法世界的哈利波特城堡灯光秀，为游客打造了"大片世界、在此成真"的沉浸式体验。同时，以"霸天虎过山车"、"哈利波特禁忌之旅"和"侏罗纪世界大冒险"为代表的多个E级景点及特技演出，集成了当前在骑乘、布景、机械、声光电、特效、投影、多媒体等方面全世界最先进的设备、技术及媒介，为中国主题公园产业带来一次全新的迭代和升级。

北京环球影城作为一个时期主题公园新增供给的代表，既有这一阶段中国主题公园的共性特征，也有其国际大IP与中国文化相结合的独有属性。其正式开园的意义在于提升了中国主题公园在世界的排名和站位，技术升级产品迭代为行业树立了新标杆，丰富了主题乐园类产品的供给，改变了供给格局。

二 需求之变：消费升级疫情影响提出新问题

（一）安全管理成为首要需求

聚集人群数量大、园区内各项目人员交叉点多、人群来源及去向分散，主题公园运行的这些特点在疫情之下显示出较高的防控风险。因为疫情还在反复，游客恐慌心理没有消除，主题公园的疫情防控成为游客和经营者共同关心的最大问题。为适应疫情防控常态化，中国主题公园进行了多方面的探索。环球主题公园在游客自愿的前提下，运用人脸识别技术，通过绑定游客身份信息与脸部数据，覆盖入口闸机、景点通道、酒店入住、消费支付等多种场景，提升游客的体验品质以及运营管理效率，同时为精准防控疫情提供了范例。上海迪士尼度假区继2020年1月暂时关闭后，2021年10月再次经历防疫考验，因为疫情要组织10月30~31日期间所有入园人员进行2天闭环管理和12天严格的社区健康管理。10月31日，在烟花绽放之中，医护人员和民警为游客做核酸检测，上海迪士尼为留在园内的游客在这个抗疫夜晚送上了彩色的记忆，人们说，这是"最美核酸检测现场"。与此同时，限流、分流、分区管控等措施在各主题公园有序实施。在疫情防控常态化下，科技助力、以人为本的主题公园人员安全管控体系建设正在形成中国经验和中国模式。

（二）关注度高且需求韧性增强

疫情发生以来，国际、跨省出行受到一定限制，旅游活动的形式和内容都随之重构，国内游成为出游的主要选择，城市周边游持续拉动都市休闲需求。在疫情缓解阶段，主题公园的恢复度高于旅游领域其他业态，一马当先。本土主题公园热度持续走高[①]，2021年9~11月，广州长隆欢乐世界、广东珠海长隆海洋王国的相关搜索量较暑期环比上涨400%，上海锦江乐园搜索量较暑期环比上涨367%，浙江杭州宋城相关搜索量较暑期环比上涨125%。北京环球影城开园门票开售10秒内就跃升为携程全球单景区销量榜首，1分钟内开园当日门票就已售罄，3分钟内门票预订量破万。[②] 相较于其他业态，在跨省游开开停停的大局势下，主题公园在疫情之下展现了强韧需求。适应客源本地化成为各主题公园的关注点。

（三）拉动本地消费形成新热点

行业数据显示，国际主题公园的收入占比30%是门票、30%是零售、40%是餐饮住宿。周边配套消费的占比大于门票收入是国际主题公园的经营常态，这使得中国主题公园在加强国内经济循环时成为拉动地方经济的重要力量。一方面，主题公园的场景大、故事性强、覆盖人群范围和年龄跨度大、适应群体出游的特点满足了当前二孩、三孩家庭出游的主流需求，其消费形式符合千禧一代、Z世代等众多消费群体的喜好。另一方面，主题公园大空间、大场景、多户外、综合消费项目全的特点，一站式满足多方面需求

---

① 途牛旅游网数据。
② 携程数据。

的特征格外吸引本地旅游者。主题公园有很强的聚客效应，应对大客流时全面启动商业、酒店等配套承接溢出效应，满足游客衍生消费、带动游客多日停留和消费的需求，被政府和企业格外看重。虽然投资建设、产业导入是个较长的过程，但在当前旅游消费持续下滑的形势下，主题公园周边项目被各方大力推进。

主题公园激情梦幻的场景刚好是缓解低落情绪、纾解压力的好去处，所以国内国外的主题公园在疫情之下虽然经历了关停、业绩下滑，但需求依然不减，甚至一度火爆。从具体需求来看，随着消费人群、消费需求的变化，在疫情防控常态化的预期中消费者对主题公园的疫情防控、运营管理提出了更高要求，对带动区域发展给予了更高期待。

三 格局之变：双峰三组团两增长勾画新版图

（一）中国已成为全球最重要的主题公园市场

据不完全统计，全国已累计开发主题公园旅游点近 3000 个[①]，其中规模性的主题公园 300 余家，包括大型和特大型主题公园[②] 93 家。根据近五年来公布的数据，中国大型主题公园市场主体数量增长速度领先世界其他地区，客流量增速高，结合"十四五"规划相关指标预测，中国大型主题公园市场将进一步扩大，与此同时，中国主题公园游客消费品质不断升级，体验要求不断提高。在全球前十大主题公园集团中，中国企业华侨城、华强方特、长隆位列其中，占据三席；从游客增长率来看，中国主题公园位居前三，表现抢眼。虽然疫情使得中国的主题公园遇到了停业、管控、在建项目停工等影响，但中国对疫情的良好控制、国内经济循环的政策支持，使得中国成为全球最具活力的主题公园市场，中国主题公园正在释放巨大潜力。

---

① 国家旅游局资源开发司统计数据。
② 国家旅游局资源开发司划分标准：总占地面积 600 亩及以上或总投资 15 亿元及以上。

（二）两高地、三组团、二新区域格局形成

在中国主题公园中，北京环球度假区与上海迪士尼度假区处于市场头部和行业领跑地位，在品牌价值、IP热度、骑乘设备、娱乐演出、主题装饰、技术应用、面客服务、配套消费等方面是国内其他主题公园所无法比拟的。随着北京环球影城的开园，北京环球、上海迪士尼两个项目领军南北方主题公园的双高地格局形成。从国内空间分布上看，我国主题公园的分布不均衡，东、中、西部差异明显，除港澳台之外的其余31个省区市中，东部11个省市拥有超过半数的主题公园。近年来，国际主题公园抢滩落地京沪穗深等一线城市，国内主题公园纷纷在一线城市及热点城市圈的二、三线城市布局。以北京环球影城、欢乐谷、天津方特为代表的华北组团，以上海迪士尼、上海海洋公园、杭州乐园为代表的华东组团，以及以广州长隆、深圳华侨城、香港迪士尼为代表的华南组团从品牌到市场全面领先中国主题公园发展。随着乐高乐园等国际品牌的进驻，千古情、方特、欢乐谷、海昌等国内品牌多地投资运营，西南和中部地区已成为最具成长潜力的主题乐园发展区域。①

（三）队伍扩大，IP扩充，行业衍生发展

重资产属性的主题公园前期投入大、回报周期长，且运营专业性强，投资模型并不优越，对此，各主题公园都在探索依托于主题公园的成长与衍生发展之路。重投资下的北京环球影城，在"环球品牌＋爆款IP"的基础上在IP营销、媒体投放、网络推广、渠道销售等方面做了大量工作，IP内容不断扩充，"碎嘴"威震天人气爆棚，小黄人周边产品成为潮品，城市大道品牌店卖出新高；上海迪士尼玲娜贝儿的出圈进而引发元旦连夜排队，带火周边产品；动物园、海洋馆的伴手礼让每个小朋友心心念念；假期主题公园周边餐饮住宿全面紧俏……这些都充分展示了主题公园的强大带动和溢出

---

① 根据AECOM发布的《中国主题公园项目发展预测》报告整理。

效应。

以北京环球影城开园为标志，中国主题公园的发展新格局已经形成。两个世界领先的主题公园，三个发展相对成熟的区域使中国成为全球主题公园最重要的市场，两个快速成长区则充分展现了中国市场的强劲动能。从资本层面看，已经有越来越多的跨界资本进入主题公园领域；从运营层面看，新IP的运营已经与设施项目运营齐头并进；从营利能力看，二次销售始终是主题公园收入的主要部分，主题街区、周边项目成为增长点。

四 发展之变：国内稳步前行国际 IP 入局中国

（一）本土主题公园审慎发展科学布局

在我国，大型主题公园的投资主体主要是国内企业，国际主题公园集团虽然积极寻找机会落地项目，但市场下沉程度欠缺，主要倾向于品牌输出、管理输出。随着我国旅游业发展、旅游消费持续升级、游客对主题公园的偏好不断增强，市场不断扩大，一批有一定实力的本土主题公园品牌和公司稳步成长，形成了华侨城集团、长隆集团、海昌控股、宋城演艺等多家主题公园企业共生共荣的发展局面。"十三五"期间中国本土主题公园数量和主题公园游客量都呈现了强劲的增长态势[①]，在做强一线城市项目的同时，各企业开始向经济发展较快区域的二、三线城市布局。疫情期间，中国总共有近20个乐园相继开业，包括在北京开业的环球影城、方特在绵阳开设的东方神画主题乐园等。与此同时，梦廊坊国际康乐旅游港沉浸式戏剧主题公园只有红楼梦·戏剧幻城、三亚丝路欢乐世界二期、临夏普乐方五色谷主题乐园、延吉金豆恐龙王国、陕西丝路欢乐世界、徐州海洋极地世界、珠海长隆海洋科学乐园、上海冰雪之星、襄阳华侨城奇幻谷等一批本土 IP 主题公园纷纷开始建设和筹备运营。疫情蔓延期间，主题公园经营下滑、投资建设的

---

① AECOM《中国主题公园项目发展预测》报告。

速度放缓，但总体来看中国本土主题公园行业积极布局、不断壮大的基本面没有变，预计 2021~2025 年将有约 80 个乐园开业。[①]

（二）国际大 IP 入局中国寻找机遇

中国经济稳定发展和成长的大市场对国际 IP 形成了巨大的吸引力。近年来，迪士尼、环球影城、六旗、乐高、尼克等国际大品牌已经纷纷进入或有意向进驻中国。迪士尼落户上海、环球影城在北京开园，默林娱乐集团的乐高乐园 2021 年宣告将在中国陆续建立 3 座乐高乐园，且都预计在 3 年内开业。2021 年 8 月，深圳的乐高乐园动工建设；10 月，四川乐高乐园度假区园区规划发布；11 月，上海乐高乐园度假区项目在金山区枫泾镇举行开工仪式。尼克主题公园积极筹划，准备在重庆、佛山落地项目。西班牙狂人国主题乐园预计将在 2022 年通过演艺项目 "SAGA 上海" 进入中国市场。滇池旅游·派拉蒙昆明国际度假区项目列入昆明滇池国家旅游度假区 "十四五" 规划，并计划大规模扩容。普德赋云南大理国际度假项目正式签约，将成为普德赋落地亚洲后的第一个综合主题公园。作为世界最大的主题乐园公司，美国六旗娱乐集团在中国授权山水文园集团，拟在中国建设多家六旗乐园，借此进军中国主题乐园行业，但原计划的乐园开业时间一次次推迟，至今尚未开业。

（三）相关企业跨界进入主题乐园行业

2022 年 1 月，泡泡玛特通过旗下子公司北京泡泡玛特乐园管理有限公司与北京朝阳公园开发经营有限责任公司达成合作。朝阳公园将授权泡泡玛特使用园区内 "欧陆风韵" 项目及其周边街道、森林。泡泡玛特缺乏运营主题公园经验，经营店铺与经营主题公园仍有不小差异，成效值得关注。2021 年 12 月深圳童话爸爸文旅科技有限公司发布了其国内首家元宇宙主题乐园落地深圳光明小镇的计划，项目计划总投资 75 亿元，将以《冒险小王子》原创主题形象和故事 IP 进入元宇宙时代。

---

① ARCHINA《主题公园，会造梦的新"基建"》。

中国主题公园的市场一直受到境内外投资者的关注，迪士尼和环球影城在中国的平稳落地，增加了国际品牌进驻中国的信心，看好中国市场的各大品牌纷纷入局中国，进入筹备建设运营阶段。疫情减缓了投资建设的步伐，但没有改变国际主题公园企业投资中国的决心。进入"十四五"时期，中国已成为全球主题公园发展的重要组成部分，中国主题公园的市场也变成了国际国内主题公园同场竞技的市场。在国际大格局中竞争中发展，成为现阶段中国主题公园发展的主基调。

五 未来之变：中国主题公园发展承载新期待

（一）政策、市场形成发展基础

中国主题公园经过 30 多年的发展，与中国经济社会同步成长，积累了经验，培养了队伍，为中国主题公园发展打下了基础。首先是政策指引体系已经建立。2003 年发布《关于加强主题公园建设审批管理的通知》、2010 年发布《关于暂停新开工建设主题公园项目的通知》、2013 年出台《关于规范主题公园发展的若干意见》、2018 年国家发展改革委等 5 部门联合印发《关于规范主题公园建设发展的指导意见》，为主题公园发展、转型升级、质量提升指明了方向。其次是主题公园消费市场已趋成熟。在中国全面打赢脱贫攻坚战，向全面小康迈进的历史新阶段，主题公园的发展正好契合了人民对美好生活的需要，市场需求旺盛。从国内文化旅游、度假消费市场的体量基础，以及未来 10~20 年的增长趋势来看，人们休闲娱乐需求和消费能力不断提升，主题公园市场将持续活跃。

（二）土地、人才资源汇集，发展条件成熟

在城市发展的进程中，主题公园已成为政府引领、行业推进、百姓期待的"新基建"项目，很多地区都在土地及空间规划上做了超前准备。以北京环球度假区为例，目前开园部分仅为项目 4 平方公里整体规划的一期部分，未来仍有 2 平方公里的地块可以开发利用。同时，在主题公园尤其是像

迪士尼和环球影城这样的国际项目建设中，中国建设者在开发阶段，从概念创意、图纸设计到工程建设、设备安装调试，在合作中按照各自的优势和擅长领域，分工协作，在运营阶段共同推进，积累了经验，培养了一批主题公园创意设计、工程建设、采购供应、设备调试和面客运营的专业人才，沉淀了开发和运营世界一流主题公园项目的全过程资产，为中国自主开发、运营重大文旅项目做好了准备。

（三）中国 IP 引领发展成为新期待

从古代神话、历史名著到现代动漫、未来科幻，中国从来都不缺文化IP，但将中国故事与现代技术相结合形成传播中国文化、具有世界影响力的主题公园项目需要集合各种资源、运用科技手段着力开发打造，还需要克服很多困难，做出很多努力。从我国主题公园企业的新项目开发，到环球主题公园二期的筹划建设，中国的主题公园设计者、建设者正在开始探索推出具有自主知识产权、以中国文化 IP 为核心的景区，并同步进行旅游商品、文化产品等衍生品开发，进而形成一条完整的 IP 知识产权链，提升中国优秀文化的世界影响力。通过引入一批文化设计、动漫游戏、演艺娱乐、影视制作等优质项目，打造中国主题公园文化产业集群，在中国这个大市场中打造引领世界的中国项目，并实现中国 IP 向世界的输出。

中国文化底蕴深厚、源远流长，在资源、条件已经具备的当下，我们期待中国的主题公园能够实现从引进借鉴、消化吸收到打造并输出中国 IP 的进化，最终实现创新并引领世界主题公园产业的升级发展。

参考文献

《泡泡玛特试水主题公园潮玩 IP 能成环球影城劲敌吗?》，《证券日报》2022 年 1 月 11 日，第 A3 版。

《"南北双雄"鼎立主题公园行业迎蜕变期》，《北京商报》2021 年 12 月 31 日，第 8 版。

G.15
社会型企业和共生共富模式的
乡村旅游经济研究

——机制探索与典型案例

陈琳琳　魏　翔　陈奕捷*

摘　要： 社会型企业将利润最大化和村民福利最大化纳入目标函数，能解决乡村经济发展中存在的产权分置问题和价值离散冲突，推进乡村振兴。本文结合了现实中的典型案例，探索分析社会型企业和共生共富发展模式的运营机制，并给出实现乡村可持续、长效发展的建议。

关键词： 社会型企业　共生共富　乡村旅游

一　社会型企业的定义

社会型企业的概念由来已久，典型的社会型企业类型有西班牙的蒙德拉贡、以色列的基布兹、东亚的综合农协等。中国早在18世纪末面临亡国危机、低价工业品倾销等一系列挑战的形势下，明确"实业救国"目标时就产生过"不以企业利益最大化为唯一目标"的近代社会型企业

---

* 陈琳琳，南京传媒学院讲师，中国社会科学院大学商学院博士研究生，主要研究方向为旅游管理与现代服务业；魏翔，中国社会科学院财经战略研究院研究员，中国社会科学院大学商学院教授，主要研究方向为休闲经济、时间配置与新人力资本；陈奕捷，博士，北京农村经济研究中心资源规划处处长，主要研究方向为乡村经济、休闲农业。

雏形。

2020 年 12 月，习近平总书记在中央农村工作会议上发表重要讲话，强调"全面推进乡村振兴、加快农业农村现代化，是需要全党高度重视的一个关系大局的重大问题"。站在建党百年的历史坐标上，稳固脱贫攻坚成果，实现乡村全面振兴，是我们党和国家实现民族复兴的重要战场。目前乡村可持续发展不缺少规划和建设，也不缺少市场，缺少的是专业的产业运营，缺少的是农村共生共富的模式，缺少的是在不破坏农村生态环境的基础上，以农民利益为首要，同时又能获取最大经济利益的企业。

综上所述，在与乡村振兴政策相结合，发展乡村旅游的背景下，社会型企业是将利润最大化和当地村民福利最大化同时纳入目标函数，为此配置资源，实现资源约束下目标函数最大化的企业。该类企业会主动负担起其社会责任，具有社会长远目标，对社会发展起推动作用。

二　推进乡村旅游社会型企业发展的有利条件

乡村经济的本质是集体经济，依赖村民集体的共同参与和共生协作，但缺少资本和人才的助力。目前，乡村休闲旅游问题不少，传统的发展模式难以激活乡村持续发展的动力。因此，只有改变传统企业理论的单一利润目标，将企业－村落的非合作博弈转变为双方利益共生的"合作博弈"才能让农民参与其中，使乡村旅游等乡村经济得以可持续发展。

（一）政策红利优势明显

2012 年以来，在国家层面上，政府出台了一系列促进休闲农业和乡村旅游发展的利好政策支持乡村休闲旅游业发展，多重政策红利的叠加效应明显。从级别上来看，国家对休闲农业和乡村旅游的重视程度空前提高，政策工具也更加灵活多样：不仅综合运用强制性工具、自愿性工具和混合性工具，还兼顾了休闲农业和乡村旅游产业各种要素，强调休闲农业和乡村旅游

的个性化和特色化。① 从力度上来看，涉及休闲农业和乡村旅游的政策支持力度越来越大。从政策内容上来看，重点从数量向质量转换，休闲旅游精品项目、乡村旅游精品工程和精品景点线路等成为休闲农业和乡村旅游的高频词汇。

（二）产业规模不断扩大

随着居民生活水平的提高和城市生活压力的不断增大，乡村休闲旅游这一新的旅游形式被越来越多的城镇居民所青睐，产业规模迅速扩大。根据农业农村部和中商产业研究院的数据，2012～2019 年，休闲农业接待旅游人次从 7.2 亿增加至 32 亿，年均复合增长率高达 25.3%；休闲农业年营业收入从 2400 亿元增加至 8500 亿元，年均增长速度超过 30%。随着经济水平的进一步提高，特别是全面实现小康社会之后，在人民群众对美好生活的向往和回归自然、追求原生态的内在驱动下，乡村旅游业的发展将会迎来更加美好的未来。根据《全国乡村产业发展规划（2020－2025 年）》的政策目标，2025 年，休闲农业的年接待规模将达到 40 亿人次，营业收入预计超过 1.2 万亿元。②

（三）乡村文化传承思想逐渐浓厚

随着优秀人才回归乡村和深入参与，社会治理格局发生新变化，文化修复、人心修复于无声处改变着乡风民风。营造、展示、传递和分享自己喜欢的生活方式、文化创意和情怀，成为一种度假生活方式。乡村旅游个性化、特色化要求挖掘当地历史、文化和民俗，启发文化创意理念，融入当地文化元素，在旅游的建筑材料、装修、装饰、餐饮、客房用品等方面体现地域特色，促进当地传统文化复兴。应避免同质化，创造特色品牌，把文化体验、乡愁情怀、原真性的生活状态呈现出来，把当地的风土人情、地方风味以及

---

① 马俊哲、耿红莉：《休闲农业和乡村旅游的政策解读》，中国农业出版社，2019，第 32～45 页。

② 陈琳琳、王鹏飞：《大力推动乡村休闲旅游高质量发展》，《中国发展观察》2021 年第 3 期。

主人的热情好客都容纳进去，满足人们对特色文化沉浸式体验的需求，满足都市人群回归自然、享受高品质精神文化的需要，用带有民间风情和文化特色的旅游产品留住更多的客人。

（四）人才回乡引力增大

现在乡村旅游经营者大多不再是传统意义上的农民，而是具有较宽广视野、较好商业才能和较高生活品位的商业运营人员。目前一些连片改造项目本身就是专业公司在运营，越来越多的专业人士成为开办乡村旅游的主力。乡村旅游经营呈现出由情怀到商业、由单店到连锁、由当地到外地、由一地到多地的规模化发展阶段特征。作为一种以情怀为商业基因的经营行为，规模化的发展必须要有规模化的经营管理和服务团队作为人力资源保障，职业化、规模化、专业化乡村旅游管理人才队伍在这个大背景下应运而生。

（五）乡村治理水平不断提升

国家关于加强和改进乡村治理的指导意见明确提出，要对村镇布局、生态环境、基础设施、公共服务等资源进行合理配置，促进当地经济、社会的发展以及生态环境的改善，不断提高广大农村居民的物质生活水平和精神文明水平，改变"脏乱差"的农村现状。乡村旅游通过把乡村资源有效地转化为资本，发展乡村产业，壮大集体经济，有效对接各类外来资本，实现多元"供血"，切实增强乡村集体经济的"造血"功能，为实现贫困村稳定脱贫提供了坚强支持。

（六）基础设施逐步完善

一方面，政府引导资金加大对道路拓宽、通信信号覆盖、宽带网络普及、景观小区建设、购物娱乐场所修建、公厕增设等基础设施及公共服务平台建设的投入；另一方面，当地政府利用其自身有形和无形的传统文化遗产，加强名胜、名街、名店、名园、名菜、名小吃等体验项目的配套建设，构建多业态、良性循环的产业生态圈，为乡村旅游提供友好的发展外部环境。

（七）发展方式转型升级

随着旅游经验的积累和休闲需求的变化，"吃农家饭、住农家屋、干农家活"的初级产品已经不能满足城市居民节假日休闲娱乐、返璞归真和怀旧思想的需要。① 实际上，进入高质量发展阶段以来，我国乡村休闲旅游已走出以往千篇一律、产能低效、供需失衡的发展阶段，进入了供需均衡、文旅融合、绿色发展的转型升级阶段②，主要体现在以下几个方面。

一是田园综合体模式表现突出。随着休闲农业和乡村旅游的不断发展，游客对乡村休闲旅游产品的品质需求越来越高。在需求内容差异化、多样化和需求质量精细化、精品化的动力驱动下，以产业耦合、功能复合、共同建设、收益共享为特征的田园综合体成为乡村休闲旅游转型升级的必然选择。③ 田园综合体依托田园风光和乡土文化等三农资源，建设新型农村社区、农业园区、休闲庄园、乡村旅店以及"吃住行游购娱"元素融合的一体化、复合型、多功能综合经济体。

二是标准化程度日益提高。2018 年，国家发展改革委、文化和旅游部等印发了《促进乡村旅游发展提质升级行动方案（2018 年~2020 年）》，明确提出要建立健全住宿餐饮等乡村旅游产品和服务标准，规范民宿、农家乐等乡村旅游服务标准，完善乡村旅游基础设施的服务配套标准。2019 年 7月 19 日，文化和旅游部《旅游民宿基本要求与评价》的正式发布标志着我国的乡村旅游正式进入转型升级的高质量发展阶段。

三是文旅融合不断深化。乡村休闲旅游成为旅游吸引物的关键元素就是乡村文化，这份具有独特魅力的"乡愁"也是乡村休闲旅游转型升级的灵魂所在。在开发乡村旅游产品的过程中，当地的物质文化和非物质文化成为

---

① 骆高远：《休闲农业与乡村旅游》，浙江大学出版社，2016，第 118~130 页。
② 罗文斌、雷洁琼、徐飞雄：《乡村旅游高质量发展的背景、内涵及路径》，《中国旅游报》2019 年 5 月 14 日。
③ 刘松鹏、杨忠伟、杨玉坤等：《田园综合体目标导向下休闲旅游型乡村转型升级策略》，《江苏农业科学》2019 年第 2 期。

区别于其他同类型产品的文化基因。① 乡村民俗、乡土文化、地方节庆等特色化、差异化和多样化的文化符号与乡村休闲旅游产品的深度融合，成为推动乡村旅游精品化和品牌化的优势路径。

三 乡村社会型企业的主要形态：共生共富乡村合作社

乡村社会型企业以农民为主体，以实现共同富裕为目的，改变目前乡村旅游发展中存在的问题，形成政府、企业、农民的合力，以共生共富乡村合作社的形态出现，成为共同参与、共享资源、共建设施和共生文化的整体。

（一）乡村社会型企业的难点突破

一是解决农民的信任问题，使农民想富裕、企业想合作的双向意向能够真正落地，解决两者之间存在的信息不对称问题和担保问题。2021 年 10 月25 日文化和旅游部公布《文化和旅游市场信用管理规定》（文化和旅游部令第 7 号），自 2022 年 1 月 1 日起施行。获得农民信任是专业团队发挥专业力量的一个最基本的前提。村民对风险的厌恶程度很高，如果项目由外来企业和资本主导，农民会很自然地想到风险的问题，会产生非常严重的信任危机。

二是帮助农民提高技术水平、管理能力，增长农民的见识，同时降低企业用工成本。我国乡村休闲旅游产品的经营者多是没有经过专业培训的农民，在管理水平、产品的标准制定和从业人员的服务意识上还有较大的提升空间。只有真正提高了农民的精神文明意识，从根本上帮助农民提升能力，才能保持乡村的可持续发展。

三是帮助改变乡村旅游同质化现象。乡村休闲旅游产品中"吃农家饭、住农家屋"的传统开发模式较为依赖农村地区的农业资源和自然资源，而这些产品在资源属性上的相似度较高，同质化的乡村旅游产品和开发模式对

---

① 窦群：《以文旅融合促乡村旅游高品质发展》，《中国旅游报》2019 年 6 月 24 日。

城镇居民的吸引力正在逐渐减弱。乡村社会型企业通过整体规划和专项规划，避免乡村旅游产品无序开发和盲目性开发，提高乡村休闲旅游产品之间的互补性和共生性，能够促进乡村旅游产品个性化、特色化发展，形成合作共赢的新局面。

（二）乡村社会型企业的形态特征

一是以提高农村生活水平为主攻方向，以解放农村生产力为抓手，以促进农民脱贫致富和创业增收为出发点和落脚点。建立企业与农民相互信任、互相依存的关系，将企业与用户的关系由弱连接变成强连接，是社会责任的产业化，对企业转型升级很重要。

二是乡村社会型企业发展模式多样化，各地可根据当地特点选择合适的发展模式，并进行统一的规划管理。土地、资金、技术和劳动力问题等都通过招商引资、专业培训和政策支持得以解决，有创造性的创意人才或"创客"也可以通过乡村社会型企业形成合作共赢的模式。创意带来的知识、技术、理念和市场等要素可以将初级产品进行迭代更新和深加工，从而有效促进乡村旅游产品的转型升级。

三是坚持农民主体地位，鼓励农民积极参与产品开发、服务提供和管理运营，构建三方共赢的利益分配机制，让农民享受到发展乡村休闲旅游的红利。在旅游产品的开发上，提高标准化服务水平，提升游客的乡村旅游体验。加强对农村从业人员的技能培训，提高乡村旅游产品的服务标准。改善乡村旅游基础设施，促进硬件服务现代化。提高乡村旅游产品的服务水平，促进软件服务人性化、个性化。

（三）乡村社会型企业的模式选择

一是"农户＋集体（主导）＋企业"模式。该模式是乡村经济合作社作为主导力量，代表当地农民与外来资本进行合作创办产业的模式。因为主导力量是代表农民的村集体组织，这种模式下村民的自主权、话语权相对较大，农民的想法和利益诉求也能够更多、更灵活地进行商权、调整，最重要的是对于农民这个比较特殊的群体来说，村集体主导的模式更有利于乡村旅游贴合当地的状况。同时从心理上来讲，村集体主导更能取得村民的信任，从而更加积极地参与到产业发展中来，也能使村民更有奉献精神和团结进取精神，能够很好地解决农民的信任危机，帮助农民迈出第一步。

二是"农户＋集体＋企业（主导）"模式。该模式是外来资本作为主导力量，与乡村集体合作社进行主要对接，村集体合作社代表广大村民的利益和意愿与外来企业沟通，这有利于农民整体的利益。对于企业来说，与村集体沟通省去了跟每户农民进行沟通的烦恼，可以大大提高工作效率、降低成本。这种企业主导的模式由企业制定规划、实施经营方案，企业专业的管理经验和能力可以帮助农民在文化水平、价值观念和学习意识上脱贫摘帽。

三是"农户＋集体（主导）＋运营团队"模式。该模式虽然是集体主导，但并不是跟外来资本合作，而是与外来的设计运营团队合作。外来的团队只负责设计和运营，农民的房屋等全部资产都是自己的，既不出售也不出让，农户自始至终保有财产的所有权。外来团队不参与资本的运作，只对乡村旅游产品进行设计、运营。与农户协调、沟通、出资修建等工作完全由村集体去做。这样就可以解决农民的信任危机，让农民大胆地加入集体，积极地参与项目，同时又可以解决农民专业技术水平较低、管理能力较差、眼光较浅的问题，并将运营成本降到更低，效率提升更多。

四是农户个体投资模式。该模式是农户个人投资筹备乡村旅游产品，例如民宿。农户可能有闲置的房屋或者新建的房屋，并且有创办民宿进行经营的想法和条件，于是就独自投资、经营和获益，类似于个体工商户。这种模式并不是产业化的主要模式，比较零星分散，专业化程度也低，但进入门槛很低，村民自己就可以经营起来。尽管不能获得很高的收益，也没有太大的发展前景，但不可否认的是这种模式在帮助村民增收脱贫方面可以起到很大的作用。

四　乡村社会型企业典型案例

现实中一些乡村旅游企业在探索中发现，企业以自身利润最大化为单一目标，兼顾公益或反哺乡村的做法没有从根本上解决企业－乡村共生共富问题，应建立双目标统一化的社会型乡村企业。在这个过程中，北京"隐居乡里"的企业前沿探索项目值得关注和思考。

（一）项目渊源

该项目的雏形来源于"远方网"，该网站为自驾游、自助游客户提供深度旅行攻略，为政府机构、小景区进行乡村旅游的策划和营销。通过互联网的宣传，曾为村庄带来了非常强的市场导入。例如河南郝堂村这个不到100户人家的村庄，最多的时候一天涌入近8万人。但是由于村里没人有能力做相关的运营和设计，没办法满足城里人诸多的消费需求，也就没能抓住人流量激增的果实。一次大流量的涌入击穿了村庄的软肋，也凸显出运营这一环节的重要性。

项目团队发现很多村庄在经历了时间的考验后仅仅留下了漂亮的外壳，乡村的农业产业没能得到真正的发展，农民更是没有机会搭上发展的快车，享受发展的果实，更别提实现人的全面发展。而那些亮丽的环境和现代化设施很有可能因为缺乏运营遭到废弃。由此引发了创业者的反思，他们发现真正的运营不能仅让村庄外表发生变化，更应从内在激活乡村持续发展的动力，通过三产融合推动乡村产业转型升级，同时让农民参与其中，得到锻炼与发展。

（二）项目发展

"隐居乡里"项目于2015年进入线下，建立了乡村度假运营业务平台。从第一个民宿运营项目——延庆下虎叫村的山楂小院发展到今天，已经在北京、河北、陕西、成都、贵州等地的17个村庄，发展运营由闲置农宅改造的农家度假小院共 150 多个。"隐居乡里"采用"乡村建设，企业运营，利益共享，在地共生"的合作模式，将村里老宅进行改造，发展民宿产业。"隐居乡里"协作招商为村庄引进很多业态运营商，丰富当地配套商业和产业形态，还引入强大的乡村产业运营模式，即通过对当地组织和资源进行重新挖掘与整合，以农文旅项目带动流量，促进三产融合，极大地拓展了乡村产业发展空间，有效地激发了乡村活力。

（三）项目经验

第一，在乡村建设的过程中，一定要始终坚持以农民为主体，与农民共生。如果做不到这点，发展就可能会遇到各种障碍，比如村里人不配合、社会资本入乡水土不服、政府一倡导村民就被动式"等靠要"等。因此，运营商与村集体经济合作可有效带动全体村民的参与积极性，这一"共生模式"在乡村治理现代化发展过程中越来越凸显出极大的优势。

第二，通过构建三产融合的乡创体系，推动全域旅游升级。以"隐居乡里"的第十个乡村改造项目楼房沟民宿为例，以楼房沟精品民宿为切入口，策划"爸爸去哪儿""秦岭红叶节"等旅游活动，推出"秦岭年礼"系列文创产品，搭建秦岭文创非遗活化体系，助推了一二三产业融合发展。通过培训管家、搭建平台，原乡产业集群在留坝连点成线、连线成面，促成了全域旅游大步前进的良好局面。所以说，产业运营才是乡村振兴的"芯片"。

第三，发展遇阻时需要及时引入新鲜血液、转换思路，转向组织的运营和资源的运营。乡村振兴不可能一帆风顺，乡村建设也不可能一蹴而就。有些项目由于水土不服、经营不善，可能会遭遇发展梗阻。在这种情况下，可以针对不同乡村采取因地制宜的产业运营方式，例如无中生有（即营销故事线）、移花接木（即开展资源整合）、以小博大（即打造示范项目）等。产生作用的逻辑就是以农文旅为地产项目引流，反过来再通过地产项目为农文旅赋能。

五　机制总结及未来建议

（一）机制总结

为实现乡村振兴，为农民谋福祉，解决农民的利益分配问题，社会型企业和共生共富模式主要通过利益目标内生化、管理手段本土化、运营效益外溢化、人才培养全面化、资金扶持多样化五项机制，为推进乡村旅游经济发展、实现乡村共生共富保驾护航。

第一，利益目标内生化。在产权分置（外来资本无法获得土地产权）的情况下，农民和外来企业进行"非合作博弈"必然导致在利益分配和福利分享方面的均衡结果是"次优结果"，此时如果能通过"事前谈判、透明雇佣、福利共享"等方法转而实施"合作博弈"，则能得到双方共赢的"最优结果"。

第二，管理手段本土化。鉴于乡村治理和企业治理在理念、手段和依据上存在较大差异，应做好管理流程的本土化、本村化再造，将企业的硬性管理转化为"民俗乡约、乡绅自治、利益均沾"的软性管理。

第三，运营效益外溢化。单纯乡村企业的局限是只关注本村、本地的发展，而没有动机带动邻村、本县和外围的产业振兴和福利改进。而乡村社会型企业则重在将本村模式做成可复制的"样板间"，将之同本县、本区域的比较优势、战略产业相结合，将局部经济效益外溢成为区域社会效应——这是社会型企业的目标，也是其优势。由于具备了创造社会效应的愿景和能力，社会型企业使本村本地能得到社会效应正反馈所带来的人、财、物资源回流、回注，保障乡村经济可持续发展。

第四，人才培养全面化。单靠企业运作不能带动全村人民的参与感和积极性，但农民的受教育程度和认知能力有限。从乡村振兴授人以鱼不如授人以渔的角度来看，社会型企业应鼓励农民积极参与产品开发、服务提供和管理运营，通过定期与不定期的培训，从企业运营角度培养各村长期稳定的人才，这样既能节省企业成本，又能保持企业长效运营。

第五，资金扶持多样化。2018 年《中共中央国务院关于实施乡村振兴战略的意见》明确提出，实施乡村振兴战略，必须解决钱从哪里来的问题，要健全投入保障制度，确保财政投入持续增长，拓宽资金筹集渠道，创新投融资机制，提高金融服务水平，加快形成财政优先保障、金融重点倾斜、社会积极参与的多元投入格局，确保投入力度不断增大、总量持续增加。目前乡村旅游主要通过国企帮扶、民营企业投资等方式引进资金，帮扶的方式包括免费建设基础设施或者先期的运营、设施无偿转让产权和经营权等。

（二）未来建议

第一，不断加深对农民农村共生互融的在地化发展模式的探索。采取与村集体经济合作的方式，让农民做村庄的主人。通过合约的方式约定各方利益，公正对待每一个利益方，确保各利益方合作共赢。

第二，根据各村的特点，因地制宜，逐步制定符合各村实际、易于执行、有效管用，又能与社会型企业和村集体经济合作社的基本制度相结合的柔性管理制度，并根据各村的经营状况适时总结、提炼和调整，做好管理流程本土化、本村化再造。

第三，不断丰富社会型企业示范村的业态，持续强化 IP 引流作用，升级示范村一二三产业，打造原乡产业集群。第一产业要把原来的大规模粗放式农业恢复到小农经济自然而然的状态，尽量恢复有机农种。第二产业要做一些农民能做的体现当地传统文化的手工业加工产业。第三产业要打造乡村民宿、乡村酒店、自然教育以及田园商业区、乡村联合办公等。再根据示范村打造的愿景、使命、价值观，将示范村成功经营模式复制推广至全省乃至全国。

第四，注重乡村人才培养，转变农民的思想观念，让广大农民在参与共建中享受健康文明生活方式，从根本上增强农村精神文明自信意识，用开放的态度欢迎外来的商家，培训更多乡村经理人，呼唤更多的年轻人回到乡村，将乡村打造成城乡综合体，构建新型的乡村生态体系和商业体系，促进

乡村产业兴旺。

第五，加快"乡建投"平台建设，吸引政府、社会资金、村集体、运营商等各方力量。将村民的个人资产如宅基地、农房等资源也纳入这个体系，托管给有经验的运营公司来运营，各方共享收益。这样将外来力量、内部力量与政府力量相结合，壮大村集体经济，最大受益者为村集体合作社，可推动产业可持续运行。

参考文献

马俊哲、耿红莉：《休闲农业和乡村旅游的政策解读》，中国农业出版社，2019。

陈琳琳、王鹏飞：《大力推动乡村休闲旅游高质量发展》，《中国发展观察》2021年第3期。

骆高远：《休闲农业与乡村旅游》，浙江大学出版社，2016。

罗文斌、雷洁琼、徐飞雄：《乡村旅游高质量发展的背景、内涵及路径》，《中国旅游报》2019年5月14日。

刘松鹃、杨忠伟、杨玉坤等：《田园综合体目标导向下休闲旅游型乡村转型升级策略》，《江苏农业科学》2019年第2期。

窦群：《以文旅融合促乡村旅游高品质发展》，《中国旅游报》2019年6月24日。

彭建交、翟翔楠：《社会型企业利润分红》，《中外企业家》2020年第5期。

张琳悦、陶然、陈祖祺、徐晟南：《社会型企业的盈利模式分析》，《科技经济市场》2012年第12期。

G.16

旅游上市公司视角下的行业发展趋势

张茜 赵鑫*

摘　要： 本文从上市公司视角观察疫情防控常态化背景下旅游业的发展趋势。先以旅游板块指数横向比较行业估值水平，再从经营基本面、负债结构、现金流等财务层面分析旅游上市公司的经营情况恢复和改善程度，最后分析旅游创投市场、并购市场。

关键词： 上市公司　疫情防控常态化　旅游业

新冠肺炎疫情的全球蔓延，给旅游行业带来了全面而深刻的影响。把握行业发展趋势，是完善政策、调整策略的重要前提。考虑到旅游上市公司数据公开及时、信息透明度高，在此，我们选取上市公司作为观察行业的窗口。样本的选择重点考虑以下两个方面的因素。一是覆盖面广，为此选取航空、旅行社、主题公园、酒店、邮轮及娱乐综合类六个细分行业上市公司。二是具有代表性，为此综合考虑公司市值大小、经营业绩情况、品牌影响力等因素，从每个细分行业筛选3家具有代表性的上市公司作为研究样本。在具体时间点上，选取截至2021年三季度财报的数据，这对于把握旅游行业的及时变化具有参考性。

---

* 张茜，经济学博士，邮政科学研究规划院金融研究所高级研究员，主要研究方向为资本市场运作、商业银行经营与管理等；赵鑫，金融学博士，中国社会科学院旅游研究中心特约研究员，主要研究方向为股权投资、产业投资等。

一 市场估值：旅游上市公司承压明显，不同 经济体呈现分化现象

（一）旅游板块走势落后于主要指数

2020 年以来，主要旅游上市公司一度经营困难，甚至在一段时间内处于停摆状态，公司正常运营受到明显冲击。在观察旅游板块走势时，我们选取消费者服务指数作为观察对象，该指数主要涵盖包括旅游行业在内的可选服务业。如图 1 所示，自疫情在全球发生以来消费者服务指数走势显著落后于标普 500 指数。此后旅游行业在应对疫情的手段和管控方式上有所改善，但投资者对旅游业的预期仍与其他行业有差距。从图 1 可见，消费者服务指数走势并没有随着疫情的修复追赶上标普 500 指数水平。而且，随着病毒的变异和一些不确定性，消费者服务指数承压更为明显，与标普 500 指数之间的差异逐渐扩大。

（二）新兴和发达经济体消费服务指数分化明显

过去两年时间里，各国采取了不同的措施遏制疫情扩散。目前来看，疫情并没有如开始期望的那样很快结束，越来越像一场持久战。2021 年出现的德尔塔和奥密克戎变异毒株，仍在不断扩散传播。2021 年 5 月在印度发现德尔塔毒株，6 月南美也一度成为疫情的暴风眼，11 月南非发现奥密克戎毒株，紧接着欧美出现大量奥密克戎感染病例。在此背景下，新兴和发达经济体旅游业对疫情的反应却不尽相同。原本相对脆弱的新兴资本市场叠加新冠病毒变异毒株蔓延的冲击，给消费服务业带来沉重的打击，旅游企业首当其冲。相较而言，发达经济体表现出一定的韧性，这可能得益于疫苗接种水平和医疗服务水平较高，相关指数走势相对平稳。

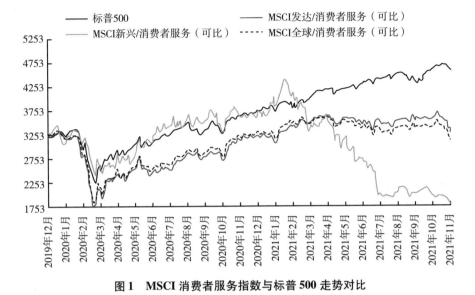

图1　MSCI 消费者服务指数与标普 500 走势对比

说明：MSCI 指数是由摩根士丹利国际资本公司编制的跟踪相关概念股票表现的指数，被纳入指数因素包括公司规模、行业代表性等。MSCI 指数是金融行业最受尊敬和广泛使用的基准之一，也是机构投资者广泛使用的参考基准。消费者服务指数是涵盖旅游、酒店、餐饮等行业的主要参考指数之一，对观察旅游业具有参考性。

资料来源：Wind。

（三）头部公司估值恢复到疫情前水平

从选取的 18 家样本旅游上市公司看，市场估值在 2020 年逐步得到修复，2021 年则呈现盘整之势。一方面，受益于外部环境的改善，随着疫苗接种的推广和疫情防控经验的积累，产业链在恢复正常。另一方面，受益于公司的积极调整，头部旅游上市公司试图在旅游寒冬通过并购、重组等资本运作增加市场份额、优化布局和提升企业估值。总体来看，旅游上市公司经过经营调整和资本运作，估值基本恢复至疫情前水平。然而，可得数据之外，中小旅游企业经营实际情况更加糟糕，从 OTA 到线下旅行社，从邮轮到航空公司，从主题公园到影院娱乐……旅游业相关的几乎所有企业都被压得喘不过气，"自救""纾困""破产""倒闭""裁员"等字眼成为大多数企业的现实写照。

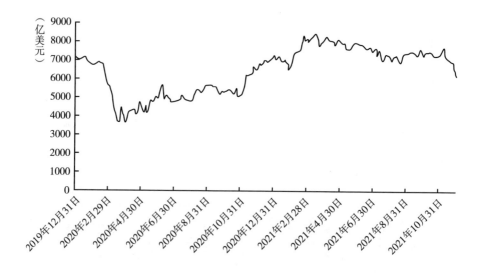

图2　18家样本旅游上市公司市值趋势

资料来源：Wind。

二　经营情况：分化趋势明显，恢复基础仍不牢固

（一）经营情况呈现分化，营收未恢复至疫情前水平

其一，轻资产企业温和复苏，如 Booking、Expedia、携程网等 OTA 公司经营情况优于 2020 年，但相比 2019 年疫情前仍有一定差距，两大巨头 Expedia、Booking 2021 年度前三季度营业总收入仅恢复为 2019 年同期的六成。其二，重资产企业仍受困于疫情影响，如航空公司、酒店、主题公园经营情况与 2020 年持平，恢复至 2019 年五成左右的水平。其三，邮轮公司经营持续恶化，嘉年华邮轮、皇家加勒比邮轮、挪威邮轮三家公司 2021 年营业总收入分别为 5.84 亿美元、6.55 亿美元、1.7 亿美元，较 2020 年同期继续下降，仅为 2019 年同期的 1/30。

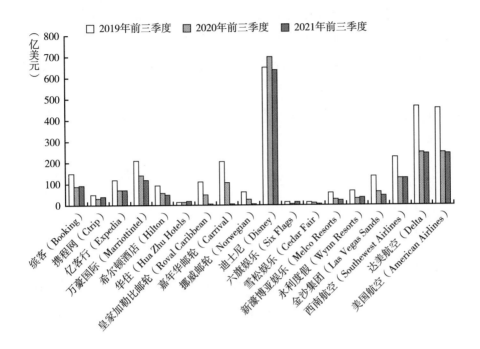

图 3　2019～2021 年前三季度 18 家样本旅游上市公司营业总收入

说明：为了更直观地对比企业经营情况，选取 2019～2021 年三季报数据对比，其中携程网（Ctrip）和雪松娱乐（Cedar Fair）三季报尚未披露，选取半年度数据处理替代。

资料来源：Wind。

（二）恢复基础仍不牢固，盈亏参半

总体上，旅游上市公司盈利情况在改善，但恢复基础仍不牢固。在 18 家样本企业中，2021 年 10 家（约占 56%）旅游上市公司仍处于亏损状态。第一，积极信号有待进一步确认。美国四大航司美国航空、西南航空、美国联合航空、达美航空供需恢复率快速回升，西南航空率先于 2021 年第一季度开始扭亏，达美航空、美国航空第二季度单季度实现盈利，美国联合航空第三季度也实现单季度盈利。在奥密克戎变异毒株出现之后，全球的航空业务都面临着相当严峻的考验，全球范围内一度又出现大面积的航班取消，航司经营能否持续好转有待观察。第二，盈利水平远未恢复到 2019 年同期水平，如万豪国际、迪士尼净利润同比"强劲增长"，主要受 2020 年低基数因素的影响，其盈利水平相较 2019 年分别恢复至 33%、13%。第三，嘉年华等邮轮公司和金沙集团等综合娱乐公司亏损持续加大，疫情对于此类弹性较大的需求压缩较为严重。第四，部分公司的净利润改善实质是亏损幅度收窄。如 Expedia 截至 2021 年第三季度亏损 7.7 亿美元，相较 2020 年大幅收窄，难言乐观。

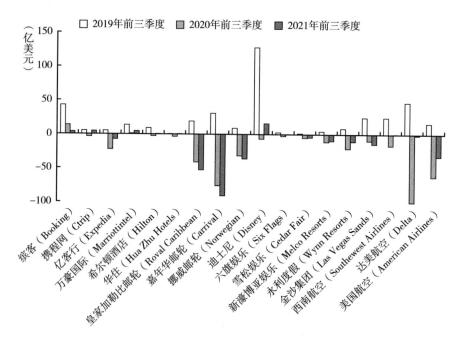

图 4 2019~2021 年前三季度旅游上市公司净利润

资料来源：Wind。

三 资产和财务：困境中负重前行，脆弱性值得忧虑

（一）财务费用普遍增加

疫情期间，政府给予的减税降费政策、公司压降经营成本的一系列手段

取得了一定的效果，帮助许多公司渡过危机。不容忽视的是，其间几乎所有旅游公司通过大幅举债缓解紧绷的资金链，虽然能解一时之围，但对于长时间未恢复正常经营的公司来说无异于饮鸩止渴。因为在经营尚未取得实质性好转的情况下，旅游公司的财务费用逐年增长，不仅侵蚀利润，也会增加公司负债率，如大病初愈的人要负重远行，这势必成为公司未来经营发展中的难题。如何改善财务结构、压降财务费用可能是接下来旅游公司面临的重要问题。

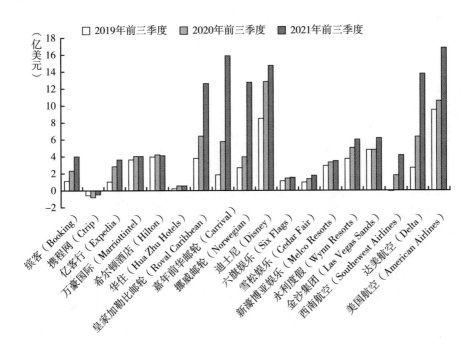

图5　2019~2021年前三季度18家样本旅游上市公司财务费用

资料来源：Wind。

（二）资产负债率居高不下

疫情并没有给旅游上市公司的负债按下刹车键，也没有使公司的经营者变得谨慎收敛，为了生存而持续举债反而导致旅游公司负债率持续走高。2020 年前三季度样本旅游上市公司资产负债率均值为 85.71%，相较 2019 年增长 10 个百分点，2021 年又增长约 3 个百分点。一方面，部分旅游上市公司采取借新债还旧债的方式续命，短期内不可能降低负债率，若公司经营情况恶化、信用评级调降，发债的成本还会继续增加，负债率还会继续攀升，财务状况可能进一步恶化。另一方面，部分旅游上市公司逆势抄底，加大在资产收购、产业布局方面的支出，导致负债进一步增加，如 Booking 收购产业链相关的战略资产，六旗娱乐试图进军中国主题公园市场，华住继续加码"千城万店"战略，掘金下沉市场。值得关注的是，在逆势和不确定的经营环境中，高负债模式存在较大隐患，一旦经营、销售甚至某个非常规经营环节出现问题，公司可能陷入困境。

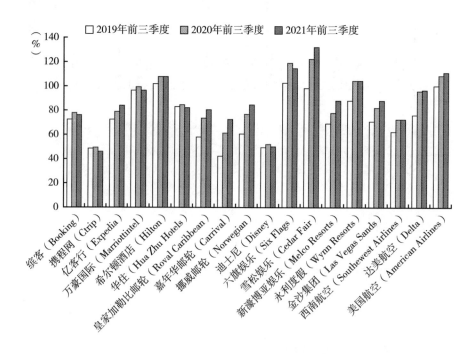

图 6　2019～2021 年前三季度 18 家样本旅游上市公司资产负债率

资料来源：Wind。

四　现金流：有所改善，结构性变化明显

（一）经营情况有所恢复

受到疫情极大影响，2020 年旅游上市公司经营活动现金流普遍较差。总体来看，仅有 27% 的公司经营现金流净额为正。分行业看，以万豪国际、希尔顿、华住为代表的酒店业受影响最小，其他公司经营现金流净额大部分入不敷出。对比而言，2021 年旅游上市公司现金流净额有明显好转，皇家加勒比等邮轮公司和金沙集团等娱乐综合类公司仍然未能恢复正常经营，其他旅游公司现金流净额均为正，这与前文经营情况温和复苏的判断彼此印证。即便如此，现金流净额也仅恢复至疫情前两成左右。

（二）投资动作有所收敛

旅游上市公司的投资支出、资本性支出有所降低。一方面，市场预期新冠肺炎疫情短期内难以彻底结束，对行业有较为长期持久的影响，所以大家对旅游业前景难有确定性、一致性的预期，担心旅游业相关资产估值进一步降低，因此投资较为谨慎。另一方面，旅游公司随时面临经营停摆的可能，但是停摆时员工薪酬、库存成本、财务费用等依然发生，此时旅游公司账上的现金显得格外宝贵，因此为应对不确定性，旅游公司在投资方面的频率、金额均有所收敛。

（三）筹资压力有所缓解

2020 年旅游上市公司纷纷举债渡过至暗时刻，2021 年随着经营的恢复，筹资压力有所缓解。2020 年，万豪国际先后在 4 月签订 15 亿美元的循环信贷协议，5 月从摩根大通银行获得 9.2 亿美元现金。希尔顿通过发行高级债权，向美国运通预售忠诚度积分共筹措 38 亿美元。达美航空、美联航纷纷

通过抵押飞机等资产筹资渡过危机。2021 年大部分旅游上市公司经营情况
有所恢复，资金周转情况改善，筹资压力大幅缓解。值得警惕的是，虽然增
量举债有限，但存量债务所产生的高额成本不容忽视。

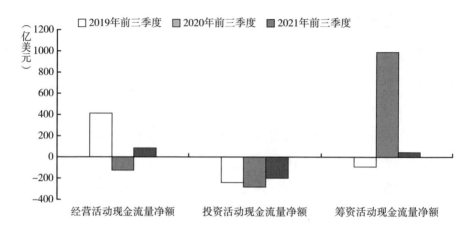

图 7　2019~2021 年前三季度 18 家样本旅游上市公司现金流总体情况

资料来源：Wind。

五　投资市场：活力再现，并购反弹

（一）旅游投资市场再度活跃

Phocuswright 发布的数据显示，2020 年上半年完成首轮融资的旅游企业
数量同比减少 50%，完成非首轮融资的旅游企业数量同比减少 26%，总体
表现清淡。然而，2021 年的旅游市场融资峰回路转，数据超过大多数机构
预期。根据 Skift 统计数据，2021 年旅游企业上市或即将上市的数量超过近
年来任何一年，包括度假住宿供应商、航空公司、包机运营商、叫车公司、
飞的开发商、旅行技术供应商和聚合商、活动管理软件开发商等多类细分行
业，体现了资本在旅游业投资前端的活跃性。

表1 2021年旅游企业（拟）上市情况概览

公司	主营业务	融资额度(亿美元)	(拟)上市类型	上市时间
Sun Country Airlines	航空公司	2.18	IPO	2021.3
FrontierAirlines	航空公司	2.66	IPO	2021.4
Zomato	订餐	11	IPO	2021.4
Membership Collective	社交俱乐部运营商	4.2	IPO	2021.7
Clear Secure	身份识别公司	4.09	IPO	2021.7
Inspirato	旅行服务	2.6	SPAC	2021.10
Grab	打车	45	SPAC	2021.12
Traveloka	在线旅游	4	IPO	年底
Sonder	短租、酒店住宿	6.5	SPAC	年底
Vacasa	度假租赁管理	4.85	SPAC	年底
Hotel Planner	酒店预订	1.05	SPAC	年底
GetYourGuide	体验预订公司	6	待定	待定
OYO	酒店	12	IPO	待定

资料来源：根据 Wind 和公开资料整理。

（二）旅游并购市场持续回暖

普华永道披露数据显示，尽管受新冠肺炎疫情不利影响，2021年上半年旅游并购市场延续2020年第四季度的强势反弹趋势。路孚特披露数据显示，2021年第三季度的交易总值较上年同期大增38%，创下史上季度新高。多方数据显示，酒店及休闲旅游业等细分板块并购持续回暖，主要是由于低利率、充裕的市场资本、政府刺激以及公司战略布局收购需求增加，交易热度得以延续。例如，部分旅游类公司通过直接收购、替代性并购解决方案（如合作伙伴关系、战略联盟）以及获得少数股权等多种手段收购意向标的，实现并购运作。

（三）兼并收购目的各不相同

各旅游上市公司在新冠肺炎疫情之后的战略调整和布局不同，其兼并收购的目的也不尽相同。其一，价值提升类，部分企业专注于竞争优势、价值

创造和产业链完善。OTA 行业相对积极，如 Booking 2021 年 11 月连续并购酒店分销商 Getaroom、欧洲机票业务合作伙伴 Etraveli Group，共计投入 30 亿美元。其二，报团取暖类，部分企业经营困难，期待并购后实现 1＋1＞2 的协同效应，如众信旅游和凯撒旅游的吸收合并虽未成行，也透露出疫情下两家主营出境旅游公司寻求转型的压力，两家公司在积极寻求破局之道。其三，逆势布局类，酒店类重资产行业属于另类资产投资，往往在危机后有较合适的估值，一般能获得较好的预期投资收益。近年来酒店业并购动作频频，如全球投资巨头黑石集团收购日本第二大物流公司近铁集团（GHD）旗下 8 家酒店，进入日本顶级酒店地产市场。再如比尔·盖茨控股的投资机构 Cascade Investment 耗资 22.1 亿美元收购四季酒店集团获得控股权。

六　结语

受疫情影响，旅游上市公司业绩短期承压已是必然，应借此机会休养生息，化危为机。就外部环境而言，无论是病毒的变异情况，还是疫苗的有效性，均存在不确定性因素，难以预测。就旅游公司内部基础而言，应该做好自己的事。第一，夯实经营基本盘。将疫情作为长期扰动因素纳入公司经营计划，尝试通过创新商业模式创造新需求、培育新市场，并通过有针对性的营销策略，实现快速引流汇流，形成收益。第二，开源节流，强化资金管理。上市公司应利用自身平台优势，在资本市场通过配股、发债等再融资为企业获取融资支持，或者引入战略投资者支持，寻求纾困基金帮扶；同时应压缩各项成本费用，优化各项流程，重新梳理成本结构。第三，降低负债率并优化负债结构。高负债率经营如走钢丝，一旦应收账款回笼或存货积压不能覆盖流动负债，企业可能面临财务危机。旅游企业应当在适当的时候通过引进战略投资、债转股、变卖资产等方式"瘦身健体"，剥离无效低效资产，优化资产负债结构，使资产和负债在规模、流动性方面相匹配。第四，妥善处理多方关系，稳定信心。对于投资者，可通过员工激励回购、增持等方式向市场传递公司对未来持续稳定发展的信心；对于消费者，避免发生消费纠纷，更要敏感把握旅游市场复苏时的市场机遇，及时创新符合消费者需求的服务和产品；对于合作伙伴，应加强沟通合作，探讨后疫情时代合作新机遇；对于企业员工，最大限度保障员工权益，这不仅能明显提升员工忠诚度，也有利于稳定就业市场，有利于公司长远发展，是多方共赢的举措。

参考文献

陈勇：《"大事件"，需求波动与旅游业经济周期：新冠肺炎疫情的影响及其他》，《旅游学刊》2020 年第 8 期。

范玮：《新冠肺炎疫情对全球旅游业的影响及发展对策》，《当代旅游》2020 年第 12 期。

刘淑芳、杨虎涛：《新冠肺炎疫情对中日韩三国旅游业的影响研究》，《亚太经济》2020 年第 2 期。

廖海勇：《疫情发生对经济影响程度和机制的国际研究》，《西部金融》2020 年第 8 期。

宋瑞：《长短兼顾、多策并举，全面振兴旅游业》，《中国发展观察》2020 年 Z5 期。

张茜、赵鑫：《2020 年新冠肺炎疫情对中国旅游行业的影响——以旅游上市公司为例》，载《2019～2020 年中国旅游发展分析与预测》，社会科学文献出版社，2020。

三大市场与港澳台旅游

Markets Analysis and Hongkong,Macau & Taiwan Tourism

G.17

2021～2022年中国国内旅游发展
分析与展望

黄　璜*

摘　要： 受新冠肺炎疫情影响，2020年国内旅游人数和国内旅游收入与2019年相比都出现了较大幅度下降，国内旅游人均花费出现小幅度减少。城镇居民是我国的主要客源市场，而东部区域占据了一半以上的客源市场。近十年来，我国东部、中部和西部区域之间的发展差距不断缩小，呈现出收敛发展的趋势，东北与其他三大区域的差距则逐步拉大。2021年旅游业逐步恢复，旅游企业生产经营向好，旅游业投资保持恢复势头。2022年国内旅游有望延续2021年的发展势头，旅游经济保持稳中求进的工作总基调。

---

* 黄璜，博士，中国旅游研究院（文化和旅游部数据中心）副研究员，主要研究方向为国内旅游、全域旅游、国民休闲。

关键词： 国内旅游　旅游客源地　旅游目的地　旅游流

一　2020~2021年国内旅游发展状况

中国旅游研究院（文化和旅游部数据中心）依据旅游经济运行分析和预测数据，以及国内旅游抽样调查、各省份旅游统计等资料，从全国宏观、区域中观和旅游者微观等多个研究视角，对国内旅游的客源市场、目的地特征、旅游者行为特征、旅游流动特征等进行了研究，并对国内旅游发展趋势进行了预测。

（一）2020年国内旅游总体情况

1. 国内旅游人数减半

受新型冠状病毒感染肺炎疫情影响，2020年国内旅游人数为28.79亿人次，比2019年下降52.1%（见图1）。其中，城镇居民国内旅游人数下降幅度更大，达到53.8%，农村居民国内旅游人数下降47.0%。

图1　2011~2020年国内旅游规模

资料来源：文化和旅游部：《2020年文化和旅游发展统计公报》，http://www.gov.cn/fuwu/2021-07/05/content_5622568.htm。

2020年文化和旅游部通过积极争取纾困政策、指导地方用足用好政策、抓好项目建设、推动产业创新发展、加强金融支持产业高质量发展等措施，推动旅游业复苏取得显著成效，国内旅游呈现分季度降幅收窄趋势（见图2）。

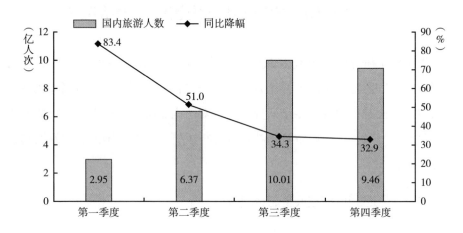

图2　2020年分季度国内旅游人数

资料来源：文化和旅游部财务司：《2020年国内旅游数据情况》，http：//zwgk. mct. gov. cn/zfxxgkml/tjxx/202102/t20210218_ 921658. html。

2. 国内旅游收入降六成

2020年国内旅游收入达22286亿元，比2019年减少约3.50万亿元，同比下降61.1%（见图3）。其中，城镇居民国内旅游花费下降幅度更大，达到62.2%，农村居民国内旅游花费下降55.7%。

3. 国内旅游人均花费小幅减少

2020年国内旅游人均花费774元，同比下降18.8%（见图4）。其中，城镇居民人均花费870元，下降18.1%；农村居民人均花费530元，下降16.4%。

（二）国内旅游客源市场特征

1. 城乡客源市场呈二元结构

从城乡划分来看，城镇居民是我国国内旅游的主要客源市场。2020年

图3　2012~2020年国内旅游人数和收入增长率

资料来源：中国旅游研究院（文化和旅游部数据中心）。

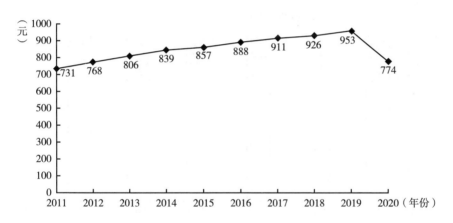

图4　2011~2020年国内旅游人均花费

资料来源：中国旅游研究院（文化和旅游部数据中心）。

城镇居民出游20.7亿人次，占国内旅游人数的71.9%（见图5、图6）；城镇居民出游花费1.80万亿元，占国内旅游出游花费的80.7%；城镇居民人均每次出游花费870元，是农村居民人均每次出游花费530元的1.64倍。随着乡村振兴战略的全面推进，农村居民的出游率在稳步提升，是国内旅游发展的重要潜在市场。

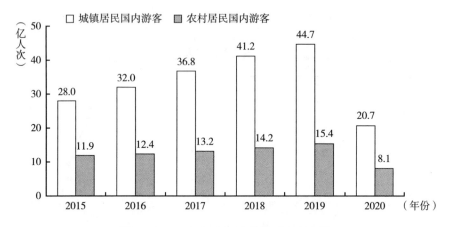

图5　2015～2020年国内旅游城乡游客量

资料来源：文化和旅游部2016～2021年《旅游抽样调查资料》。

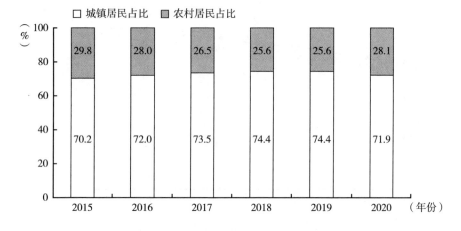

图6　2015～2020年国内旅游人数城乡比重

资料来源：文化和旅游部2016～2021年《旅游抽样调查资料》。

2. 东部占一半以上客源市场

国内旅游客源市场呈现显著的区域分布特征。综合考虑出游次数和停留时间，2020年东部区域占据了51.5%的国内旅游客源市场，其次是西部区域，占比为26.4%；中部区域占比为19.9%；东北区域仅占2.1%（见图7）。

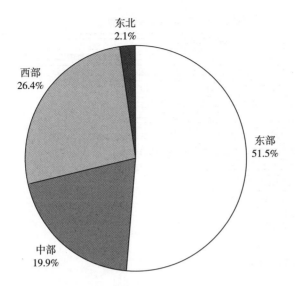

图7 2020年各区域国内旅游客源市场规模

资料来源：中国旅游研究院（文化和旅游部数据中心）。

2020年广东、浙江、重庆、江苏、湖南、湖北、上海、北京、陕西等省市既有较大的国内旅游客源市场规模，又有较高的国内旅游出游率（见图8）。

（三）国内旅游目的地特征

1. 国内旅游接待人数

国内旅游接待人数方面，我国东部、中部和西部区域延续了近十年来的收敛趋势，中西部区域的增长速度更快（下降速度更慢），与东部区域的发展差距不断缩小。2020年东部、中部和西部的国内旅游接待人数分别为32.18亿人次、30.35亿人次、32.14亿人次，未来中部和西部区域的国内旅游接待人数有可能超过东部区域。东北区域的国内旅游接待人数为5.98亿人次，且受疫情影响下降幅度最大，与其他区域有较大差距（见图9、图10）。

2. 国内旅游收入

我国东部、中部和西部区域的国内旅游收入也呈现出收敛趋势，东中西

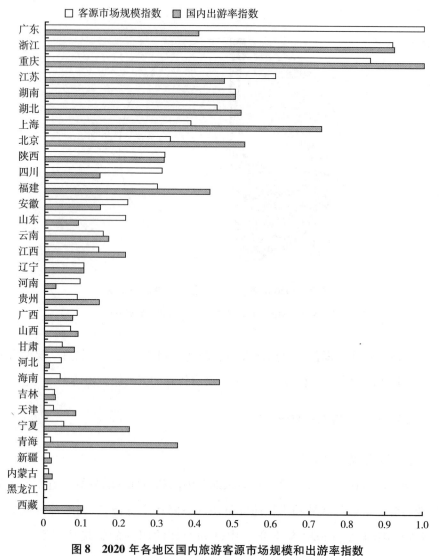

图8 2020年各地区国内旅游客源市场规模和出游率指数

资料来源：中国旅游研究院（文化和旅游部数据中心）。

部之间的差距在不断缩小。2020年东部、中部和西部的国内旅游收入分别
为43452.95亿元、30012.04亿元和33822.52亿元，中部和西部区域的旅游
收入与东部区域相比还有较大差距。2020年东北区域国内旅游收入为
6884.70亿元，占全国总收入的6.0%（见图11、图12）。

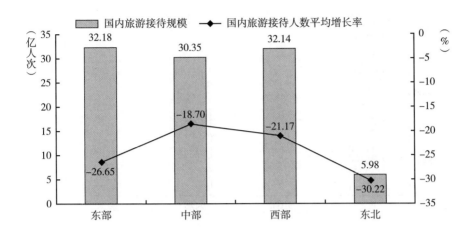

图9 2020年各区域国内旅游接待人数及平均增长率

资料来源：中国旅游研究院（文化和旅游部数据中心）。

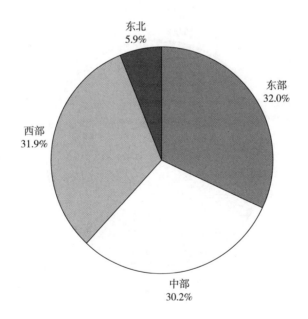

图10 2020年各区域国内旅游接待人数比重

资料来源：中国旅游研究院（文化和旅游部数据中心）。

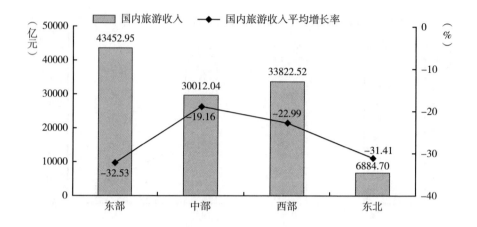

图11　2020年各区域国内旅游收入及平均增长率

资料来源：中国旅游研究院（文化和旅游部数据中心）。

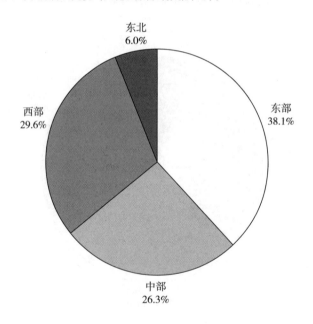

图12　2020年各区域国内旅游收入比重

资料来源：中国旅游研究院（文化和旅游部数据中心）。

3. 旅游人均消费

2020年东部区域国内旅游人均消费1359.22元，反映了东部较为发达的旅游产业体系和价值创造能力。东北区域国内旅游人均消费1233.45元，反映了东北较长的停留时间和较高的旅游成本。中部和西部区域的国内旅游人均消费分别为971.43元和1012.77元，未来在完善旅游产业体系、提高旅游服务质量方面还有较大潜力（见图13）。

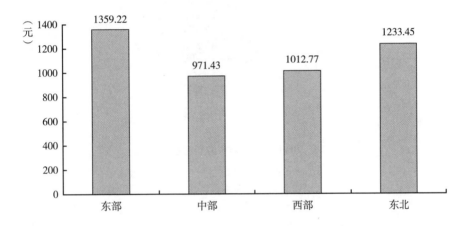

图13　2020年各区域国内旅游人均消费

资料来源：中国旅游研究院（文化和旅游部数据中心）。

4. 旅游吸引物

东部区域旅游景区资源最为丰裕，拥有全国34.8%的旅游景区资源。其次是西部区域，拥有全国34.2%的旅游景区资源。中部和东北区域则分别拥有22.1%和9.0%（见图14）。

综合测算旅游景区的规模和吸引力后得到各地区的旅游景区发展指数，山东、浙江、四川、江苏、广西和安徽等省区位居全国前列，旅游景区体系产生较强的旅游吸引力。甘肃、西藏、天津、宁夏、海南等省区市具有丰富的自然生态资源和历史文化资源，但旅游景区发展指数较低，未来应在自然资源的可持续利用、传统文化的创造性转化和创新性发展上进一步着力（见图15）。

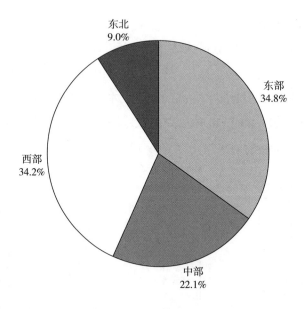

图14　2019 年各区域旅游景区资源比重

资料来源：中国旅游研究院（文化和旅游部数据中心）基于《中国文化文物和旅游统计年鉴 2020》计算得出。

（四）国内旅游者行为特征

1. 中青年是国内旅游的主要群体

依据最新的国内旅游抽样调查资料，2019 年国内旅游的最主要群体是 25～34 岁的青年人，占旅游者总量的 30.3%。25～44 岁的中青年旅游者合计占到国内旅游者总量的 52.2%（见图16）。

2. 国内旅游者呈现高学历趋势

2019 年有 64.99% 的国内旅游者具有大学本科、大专及以上学历，而初中及以下学历的国内旅游者仅占 19.15%，国内旅游者继续呈现出高学历趋势（见图17）。

以城乡区别来看国内旅游者的受教育程度，城镇国内旅游者的受教育程度显著高于农村国内旅游者，大学本科、大专及以上学历的城镇国内旅游者

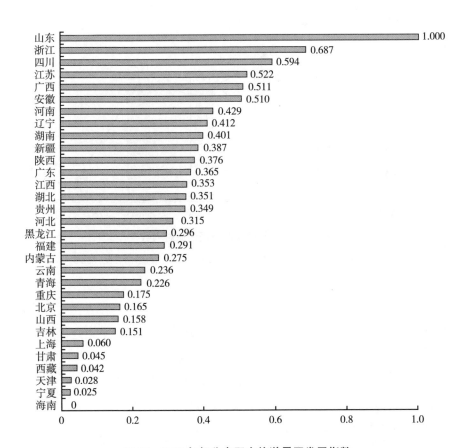

图15 2019年部分省区市旅游景区发展指数

资料来源：中国旅游研究院（文化和旅游部数据中心）基于《中国文化文物和旅游统计年鉴2020》计算得出。

占比达到71.15%（见图18）。

3. 城镇居民国内旅游出游特征

城镇居民的国内旅游目的以探亲访友为主，占30.0%；其次是观光游览，占28.8%；再次是度假休闲，占23.8%（见图19）。

2019年城镇散客旅游者的出游花费中，交通费所占比重最高，达到了34.3%；其次是餐饮费，占到了23.6%；再次是住宿费，占到了16.7%（见图20）。

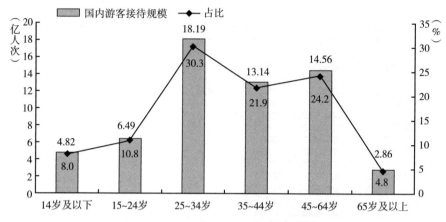

图16 2019年分年龄段国内旅游人数

资料来源：文化和旅游部：《旅游抽样调查资料2020》，中国旅游出版社，2020。

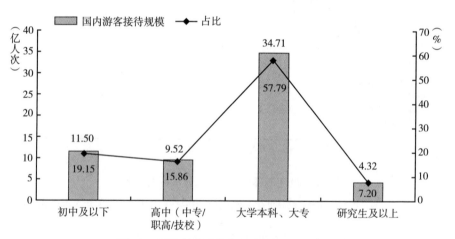

图17 2019年分受教育程度国内旅游人数

资料来源：文化和旅游部：《旅游抽样调查资料2020》，中国旅游出版社，2020。

4. 农村居民国内旅游出游特征

农村居民的国内旅游目的以探亲访友为主，占37.0%；其次是观光游览，占23.9%；再次是出差商务，占16.3%（见图21）。

2019年农村散客旅游者的出游花费中，交通费所占比重最高，达到了32.0%；其次是餐饮费，占到了26.1%；再次是购物费，占到了17.8%（见图22）。

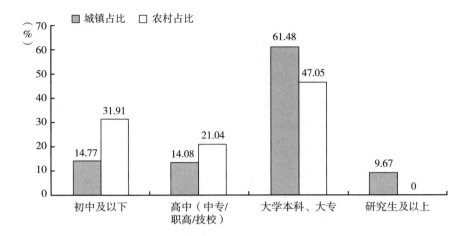

图18 2019年城乡国内旅游者分受教育程度比重

资料来源：文化和旅游部：《旅游抽样调查资料2020》，中国旅游出版社，2020。

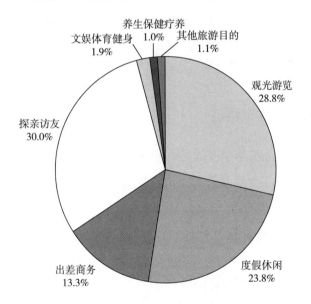

图19 2019年城镇居民国内旅游目的

资料来源：文化和旅游部：《旅游抽样调查资料2020》，
中国旅游出版社，2020。

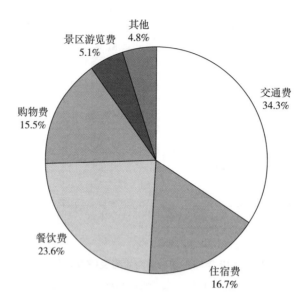

图 20　2019 年城镇散客旅游者出游花费构成

资料来源：文化和旅游部：《旅游抽样调查资料2020》，
中国旅游出版社，2020。

（五）国内旅游流特征①

1. 国内旅游流呈先降后升的"V"形走势

随着旅游业复工复产政策效果逐步显现，国内旅游流指标在年初大幅下降后持续恢复，2020 年呈现先降后升的"V"形走势。2020 年末，铁路、公路、水路、民航客运量分别恢复至 2019 年的 60.2%、53.0%、54.8% 和 63.3%。

2. 快捷高效旅游交通比重持续提高

2020 年末，我国高铁营业里程已达 3.8 万公里，已覆盖近 95% 的百万以上人口城市，动车组承担了铁路客运量的 65%。我国高速公路里程达 16.1 万公里，已覆盖近 100% 的 20 万以上人口城市。我国民航机场已覆盖

———————

① 相关交通运输数据来自《2020年交通运输行业发展统计公报》。

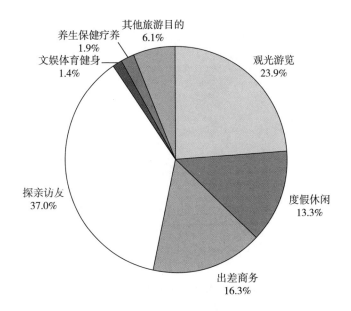

图21　2019年农村居民国内旅游目的

资料来源：文化和旅游部：《旅游抽样调查资料2020》，中国旅游出版社，2020。

92%的地级行政区，航班正常率超过80%。革命老区、民族地区、边疆地区、贫困地区的交通通达度进一步提高。"快进慢游"已成为国内旅游新特征。

3. 区域交通网络推进旅游目的地一体化

我国京津冀、长江经济带、粤港澳大湾区、长三角等重点区域的交通已经连片成网，区域交通网络建设有效促进了区域旅游目的地一体化。

4. 城乡公共交通促进本地游和乡村游发展

2020年末，我国百万以上人口城市公交站点500米覆盖率约为100%。我国农村公路网规模不断扩大，农村公路里程达438.23万公里，新增通客车建制村超过3.35万个，乡村公共交通逐步实现主客共享。同时，网约车、共享单车等共享交通新业态层出不穷，共享经济有效促进旅游绿色化、便捷化发展。

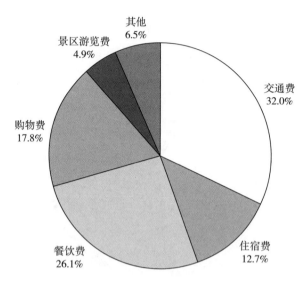

图22　2019年农村散客旅游者出游花费构成

资料来源：文化和旅游部：《旅游抽样调查资料2020》，中国旅游出版社，2020。

5. 交通与旅游深度融合发展

公路网络、旅游服务区、客运枢纽、邮轮游轮游艇码头等交通设施进一步完善旅游服务功能。以大运河国家文化公园为典型代表，旅游风景道、高速公路特大桥、港口机场、水运枢纽等交通设施自身也成为亮丽的"中国名片"和旅游景点。

二　2022年国内旅游发展展望

（一）"十四五"开局营造良好发展环境

2021年是"十四五"规划开局之年。旅游业逐步恢复，旅游企业生产经营向好，旅游业投资保持恢复势头。

（1）旅游企业预期继续恢复。旅游业有望延续恢复性增长态势。但是，国内疫情防控压力犹存，接触性、聚集性旅游消费恢复相对滞后，旅游业恢复不平衡、基础不牢固问题仍较明显。

（2）旅游新业态加速演进。线上化、数字化加速向更多旅游业场景延伸。旅游大数据平台、智慧旅游公共服务、云旅游平台、线上数字化体验、沉浸式旅游场景等加速发展。

（3）"七普"数据释放积极因素。我国有14亿人口，有4亿多中等收入群体，人口受教育程度明显提高，人口流动集聚的趋势更加明显，人口数量红利在向人口质量红利转换，作为世界最大的国内旅游市场具有巨大发展潜力。

（4）"一老一小"成为市场热点。我国少儿人口和老年人口比重双双上升。在生育政策潜力充分释放的同时，老龄化已成为我国的长期基本国情。研学旅行、亲子旅游、老年旅游、康养旅居等具有广阔市场前景。

（5）幸福产业与旅游深度融合。人民群众对美好生活的品质化、便利化、定制化需求不断提升，旅游与文化、体育、健康、养老等幸福产业进一步融合发展。

（6）碳中和催生绿色旅游。实现"双碳"目标带来旅游产业的结构调整和发展转型，将促进生态旅游、绿色旅游、低碳旅游等发展。

（二）2022年国内旅游发展相对乐观

2021年国内旅游市场全面复苏，旅游经济预期相对乐观。但也要看到，境外疫情输入压力依然较大，局部地区零星散发疫情仍有发生，旅游市场复苏仍存在不确定因素。预计2021年旅游经济呈阶梯形复苏、波动式回暖态势。

中国旅游研究院国家旅游经济监测与预警课题组预测，2021年国内旅游人数将达到39.15亿人次，国内旅游收入将达到3.31万亿元，同比分别上升36%和48%，分别恢复至2019年同期水平的65%和58%。

2022年将召开党的二十大，国内旅游有望延续2021年的发展势头，以供给侧结构性改革为主线，统筹疫情防控和旅游经济发展，保持稳中求进的工作总基调。

参考文献

文化和旅游部：《2020 年文化和旅游发展统计公报》，http：//www. gov. cn/fuwu/2021 -07/05/content_ 5622568. htm。

文化和旅游部财务司： 《2020 年国内旅游数据情况》，http：//zwgk. mct. gov. cn/ zfxxgkml/tjxx/202102/t20210218_ 921658. html。

文化和旅游部：《中国文化文物和旅游统计年鉴 2020》，国家图书馆出版社，2020。

文化和旅游部：《旅游抽样调查资料 2020》，中国旅游出版社，2020。

交通运输部：《2020 年交通运输行业发展统计公报》，http：//www. gov. cn/xinwen/ 2021 -05/19/content_ 5608523. htm。

G.18

2020~2021年中国入境旅游发展
分析与展望

刘祥艳[*]

摘　要： 2020年，受疫情影响，我国入境旅游出现前所未有的下滑。2021年，我国入境旅游在低谷徘徊，虽然相比2020年情况略有好转，但与疫情前水平差距依然巨大。2022年，伴随国内外环境的改善，我国重启入境旅游的可能性增大。在疫情对全球国际旅游的冲击下，区域旅游目的地竞争格局发生变化，我国需要实验性地探索入境旅游的重启模式。

关键词： 入境旅游　疫情影响　旅游重启

一　全球入境旅游发展概况

（一）全球入境旅游发展态势

疫情使国际旅游经受了前所未有的打击。2020年，受疫情影响，国际旅游市场规模出现断崖式下跌。根据联合国世界旅游组织（UNWTO）公布的数据[①]，全球接待国际游客4亿人次，同比下降73%，跌落至20世

---

[*] 刘祥艳，博士，中国旅游研究院助理研究员，主要研究方向为国际旅游市场、旅游目的地营销等。

① *Country Profile-inbound Tourism*, https：//www.unwto.org/country-profile-inbound-tourism.

纪 90 年代水平。国际旅游收入 5300 亿美元，同比下降 64%。国际旅游外汇损失达 1.3 万亿美元，是 2009 年全球金融危机造成损失的 11 倍以上。此次危机使得 1 亿~1.2 亿直接与旅游业相关的工作岗位受到威胁。2020 年堪称国际旅游史上最糟糕的一年。

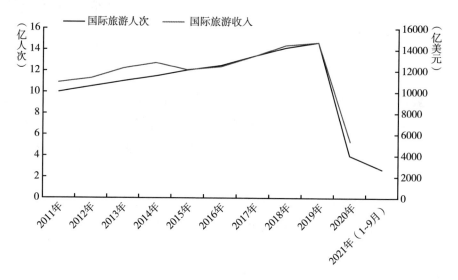

图 1　2011~2021 年全球入境旅游人次及国际旅游收入情况

资料来源：UNWTO。

国际旅游恢复前景仍不容乐观。根据世界旅游组织公布的最新数据，2021 年 1~9 月，全球共接待入境游客 2.7 亿人次，较 2020 年同期增长 55%，但仍比 2019 年同期水平低 38%。这一缓慢恢复得益于疫苗接种率的提升以及随之而来的许多旅游目的地的入境限制放松。展望未来，旅游业的复苏将仍然受制于全球不均衡的疫苗接种情况以及新冠病毒变异带来的扰乱。根据 UNWTO 的预测，2021 年，全球接待入境人次将与 2020 年类似，比 2019 年减少 70% 至 75%。世界旅游组织在 9 月的专家调查显示，大多数专家继续预计国际旅游将在 2022 年出现反弹，但近 1/3 的专家预计反弹将出现在 2023 年。近一半的专家继续认为，全球国际旅游将在 2024 年或者 2024 年以后恢复到 2019 年水平。

（二）全球国际旅行限制正在逐步放松

根据世界旅游组织 2021 年 11 月公布的《旅行限制报告》，全球有 21%（46 个目的地）的目的地边境完全禁止旅行，这一比例低于年初 2 月的 32%（69 个目的地）。伴随着疫苗接种率的持续提高，越来越多的国家开始基于疫苗接种证明和核酸监测结果，放宽国际旅行限制。目前，已有 4 个旅游目的地完全取消国际旅行限制。新加坡已将航空通行证的使用地区扩大至中国的香港、台湾和澳门地区。另外，自 2021 年 9 月 1 日起，已接种疫苗的旅客可申请"疫苗接种者旅游通行证"（Vaccinated Travel Pass）。这一政策适用于文莱、加拿大、丹麦、德国、法国、意大利、荷兰、西班牙、英国和美国等 20 多个国家。持有该类通行证的游客须持有出发前 48 小时的核酸检测阴性证明，在抵达机场后进行核酸检测阴性后即可免除隔离措施。欧盟自 2021 年 7 月 1 日起正式启用数字疫苗护照，新冠病毒筛检结果呈阴性、曾感染但恢复健康或已接种过疫苗的旅客可申领该护照，旅客在机场通过手机，出示 App 版的数字疫苗护照，便可快速完成相关的检疫核验。美国自 2021 年 11 月 8 日起，放宽中国、印度、英国以及其他欧洲国家等共 33 国的入境措施，结束了长达约 20 个月的国际旅游限制，允许这些国家已打两剂疫苗且登机三天内有核酸检测阴性证明的公民免隔离进入美国。新加坡最早对我国放宽入境限制，自 2020 年 11 月 6 日起，来自中国（不包括港澳台地区）的公民可通过申请"航空通行证"（Air Travel Pass）进入新加坡，只需要在机场进行核酸检测，而无需隔离。泰国自 2021 年 7 月起推出"普吉沙盒机制"，有条件开放普吉岛，来自中低风险国家且已完整接种疫苗的国际旅客可免隔离入境普吉岛，在岛上待满 14 天后可到访泰国其他地区。泰国于 11 月 1 日起进一步放宽入境限制，允许来自低风险国家和地区已完整接种新冠疫苗的游客持核酸检测阴性证明免隔离进入泰国。未来，将有更多的目的地加入放宽入境限制的行列，进一步推动国际旅行的复苏。

二 2020～2021年中国入境旅游发展基本情况

疫情同样对我国入境旅游产生前所未有的冲击。根据中国旅游研究院（文化和旅游部数据中心）的统计数据，2020年，我国共接待入境游客2747万人次，同比下降81.1%。这一接待规模与1990年基本持平。其中，入境过夜游客797万人次、外国人入境游客412万人次，分别下降87.9%和87.1%。

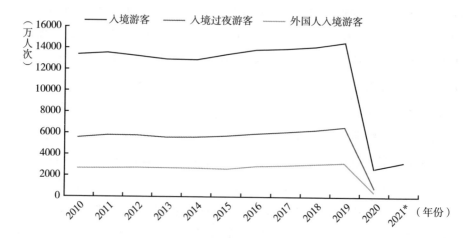

图2 2010～2021年中国入境游客、入境过夜游客及外国人入境游客人次

注：＊为预测数据。

资料来源：中国旅游研究院（文化和旅游部数据中心）。

周边地区一直是我国最主要的客源市场。2020年，排名前十五的入境旅游客源市场为中国澳门、中国香港、缅甸、越南、中国台湾、菲律宾、蒙古、韩国、俄罗斯、日本、美国、印度、印度尼西亚、马来西亚和加拿大。虽然疫情使入境旅游规模大幅缩小，但客源市场结构整体较为稳定。

中国澳门成为支撑我国入境旅游的首位客源市场。自2020年8月12日起，内地开始放宽澳门居民入境限制，允许符合防疫要求者免隔离进入。在这一利好政策的带动下，2020年全年，澳门来内地游客达1364万人次，撑起了入境旅游市场的半壁江山。与 2019 年相比，澳门来内地旅游人数下降 49%，远低于入境旅游市场超过 80% 的整体下滑幅度。这也间接表明，在全球疫情得到有效控制，我国放开入境限制后，入境旅游市场完全有可能快速走向复苏。

从外国客源市场来看，个别客源市场表现明显好于其他。2020 年，菲律宾从以往的第九位上升至第三大外国客源市场，蒙古由以往的第七位上升至第四位，印度尼西亚由第十五位上升至第十位，印度由第十一至第十二位上升至第九位。除了蒙古很大程度上得益于 2020 年 7 月后中蒙边境口岸实施的"绿色通道"政策外，其他几个客源市场，尤其是菲律宾客源市场排名的上升均受益于经贸往来引致的商务旅行，这一更加刚性的需求成为支撑中国入境旅游的基础。商务部的数据显示，2020 年，中菲贸易额实现正增长。中菲投资增长迅猛，中国对菲直接投资同比增长 132%，菲对华投资同比增长 70.1%。中国从印度尼西亚的进口贸易额增长 9.5%，中国企业对印尼直接投资同比增长 86.5%，印尼对华投资同比增长 7.4%。中国自印度尼西亚的进口贸易额同比增长 16.0%。

表 1 2016～2020 年我国前十大外国客源市场排名情况

排名	2016 年	2017 年	2018 年	2019 年	2020 年
1	韩国	缅甸	缅甸	缅甸	缅甸
2	越南	越南	越南	越南	越南
3	日本	韩国	韩国	韩国	菲律宾
4	缅甸	日本	日本	俄罗斯	蒙古
5	美国	俄罗斯	美国	日本	韩国
6	俄罗斯	美国	俄罗斯	美国	俄罗斯
7	蒙古	蒙古	蒙古	蒙古	日本
8	马来西亚	马来西亚	马来西亚	马来西亚	美国
9	菲律宾	菲律宾	菲律宾	菲律宾	印度
10	新加坡	新加坡	新加坡	新加坡	印度尼西亚

注：以上数据排名中的入境旅游人次包括边境旅游人次。
资料来源：中国旅游研究院（文化和旅游部数据中心）。

尽管最好的时期还没有到来，但最坏的时期已经过去。2021年，持续受疫情影响，我国入境旅游依然处于低谷，但相比2020年略有好转。根据中国旅游研究院（文化和旅游部数据中心）的预测，2021年全年，我国接待入境游客3198万人次，实现国际旅游收入208亿美元，分别同比增长18%和23%，分别恢复到2019年的22%和16%。

三 2022年中国入境旅游的发展形势展望

受新冠病毒变异毒株影响，全球疫情防控形势依然严峻，入境旅游重启仍然面临不确定性，但伴随全球对病毒知识的进一步掌握、疫苗对抗病毒有效性的增强，尤其是特效药的可能问世，2022年，入境旅游重启的可能性在增加。从旅游目的地竞争格局来看，疫情迫使我国同潜在的竞争旅游目的地重新站在起跑线上，区域竞争新格局中潜藏着新机遇，我国应积极做好入境旅游重启准备，对入境旅游开放模式进行实验性的尝试。

（一）入境旅游重启的可能性在增加

入境旅游重启的时间表不明确，但重启入境的条件将进一步成熟。全球的疫情防控形势依然严峻，我国"外防输入、内防反弹"的压力仍较大，入境旅游何时重启还存在诸多不确定性。尤其是新一轮的变异毒株奥密克戎让全球短时间内病例大量增加，其变异程度更大，使已有疫苗的防护效力下降。但专家表示疫苗对新毒株仍具有一定的免疫效力，直击病毒内部的治疗药物可能不会受病毒变异影响，变异毒株的影响依然在可控范围内。从国内来看，我国已建立起高效、程序化的防控机制，每次疫情局部零散的发生都能在较短时间内结束，这意味未来边境开放即使带来一定的疫情隐患，引致新的疫情出现，我国凭借已有的防控机制也能较快地控制疫情，为我国未来实验性地重启入境旅游提供了安全和制度保障。

（二）区域竞争格局将有所调整

与中国文化相近的周边国家，如日本和韩国，在作为我国主要入境旅游市场的同时，也是我国入境旅游最主要的竞争对手。在疫情发生前，日本国家旅游局公布的数据显示，2019年，日本接待入境过夜游客3188.2万人次，同比增长2.2%。当年，中国接待入境过夜游客6572.5万人次，但扣除港澳台地区的外国人入境游客仅有3188.3万人次，与日本的入境游客接待人数不相上下。如果考虑国土面积基础上的游客密度，日本的入境旅游接待相对规模领先我国，是我国入境旅游潜在的主要竞争对手。突如其来的疫情让各国入境游客接待量几乎归零，区域竞争格局发生变化。2020年，日本接待入境过夜游客410万人次，同比下降87%。我国其他潜在竞争目的地也面临相似的境遇：韩国2020年接待入境过夜游客250万人次，同比下降86%；泰国接待入境过夜游客670万人次，同比下降83%。疫情迫使各国入境旅游业重新站在起跑线上，这对我国而言是挑战也是机遇。在潜在竞争目的地还未全面重启入境旅游前，我国应积极谋划，为在目的地竞争中占据优势做好准备。

（三）积极探索入境旅游重启模式

针对不同的细分市场制定适宜的入境旅游重启模式。相较广大观光游客，商务游客的旅行线路更固定而且更容易追踪，且商务游客对我国构建国内国际双循环格局具有积极的推动作用，可以选择优先开放这一市场。在充分考虑疫情风险的前提下，可在上海、广州、深圳等城市试点对商务游客放开入境限制，对符合条件的入境商务游客简化或者免除隔离手续。对于度假游客，可以借鉴泰国巴厘岛的经验，允许符合条件的入境游客进入海南岛，在借鉴冬奥会的泡泡管理机制、划定专门接待入境游客的度假酒店、满足其度假需求的基础上，限定其活动范围，为其提供"玻璃罩式"服务，避免其与当地居民接触，在度假期满足一定时限后，允许其离岛进入我国其他地区。我国可基于这种入境模式策划中国旅游营销推广活动，在全球征集数量

有限的国际游客来中国体验我国疫情防控下的真实生活，强化我国安全的旅游目的地形象。

参考文献

中国旅游研究院课题组：《中国入境旅游发展年度报告 2021》，旅游教育出版社，2022。

中国旅游经济蓝皮书编委会：《2021 年中国旅游经济运行分析与 2022 年发展预测》，中国旅游出版社，2022。

2020～2022年中国出境旅游发展分析与展望

杨劲松[*]

摘　要： 2021年的中国出境旅游依然在疫情下低位盘整，在不确定中寻求确定性。未来的中国出境旅游，虽然面临疫情防控常态化下的"超长"压力测试，但是也得益于"双循环"新格局，正在聚集新的发展动能。2022年中国出境旅游的开放和复苏情况取决于两个"落差"的认知和弥合。主基调是开放进程安全可控，如果条件允许，将积极探索试验性开放可能性，并积极准备可及的复苏。

关键词： 出境旅游　入境旅游　旅游业

一　2020～2021年中国出境旅游发展总体概况

（一）疫情冲击下的底部盘整

突如其来的新冠肺炎疫情对中国出境旅游的冲击极为严重，导致出境旅游规模迅速跌至极低水平。2020年出境旅游人数为2033.4万人次，仅为疫前2019年的13%。在目的地分布上，近程目的地是2020年的主体。与往年

---

[*] 杨劲松，旅游管理学博士，中国社会科学院旅游研究中心特约研究员，中国旅游研究院国际所/港澳台所所长。

类似，2019 年依然以亚洲的周边目的地为主，份额在九成以上，其余目的地占比合计不足 5%，亚洲之后依次为欧洲、美洲、大洋洲和非洲。按国家或地区划分，前十位主要出境目的地依次为中国澳门、中国香港、越南、韩国、日本、泰国、柬埔寨、美国、新加坡和中国台湾。这与旅行社组织的出境旅游目的地有所差别。2020 年，旅行社出境旅游组织人次排名前十位的目的地国家或地区由高到低依次为泰国、日本、中国台湾、越南、新加坡、马来西亚、印度尼西亚、中国澳门、韩国和澳大利亚。除美国外，其余均为近程市场。出境目的地分布的不均衡表现依然突出。受疫情冲击，这些主要出境目的地的游客数量断崖式下滑，降幅虽然均在七成以上，但是随距离远近有所差异，较远程的目的地受影响相对更大一些。在近程目的地中，前往中国澳门的内地游客市场出现了明显的复苏迹象。

疫情带来的严重冲击也体现在旅行社的出境旅游业务上。2020 年全国旅行社出境旅游组织 341.38 万人次、1672.63 万人天。

旅行社的出境旅游业务营业收入为 163.91 亿元，相比 2019 年的 2145.56 亿元，下降了 92%。利润为 0.57 亿元，相比 2019 年的 98.58 亿元，下降了 99%。营业收入和利润占全国旅行社的比重，也从 2019 年的 42% 和 38%，下降至 2020 年的 12% 和 18%。

由于全球范围内的新冠肺炎疫情没有得到有效控制，2021 年的出境旅游依然处于停滞状态。根据中国旅游研究院的预测，当年出境旅游人数约为 2562 万人次，仅为 2019 年水平的 17%，但是与疫情发生的 2020 年相比，有 25% 以上的明显增长。

总体来看，由于边境开放和市场重启时间的不确定，相比已经有明显复苏的国内旅游市场，出境旅游市场面临更为复杂的形势、更为长期的压力和更为严峻的考验。比如，大部分消失的市场难以充分支撑市场主体的生存，出境旅游供应链某些环节的崩坏和行业、市场信心维护难度的加大又使得环境更为萧条严酷。事实上，相比 2020 年，许多类似"疫情将很快过去、出境旅游将快速恢复"等过于乐观的预期已经悄然转化为过于悲观。一方面，在极端的情绪转换下，"恢复确实会到来，但是无法保证自己坚持的时间和能力"的认知也有相当程度的扩散。另一方面，也有将之看作机会，希望重新整合，甚至乘势新进入的市场主体。他们的理念、认知和行动力也正在重新塑造当前和未来的出境旅游的面貌。出境旅游发展来到了一个关键的节点。

（二）在不确定中寻求确定性

不确定性既来源于疫情防控的复杂情况，也来源于逆全球化的思潮和行为，比如单边主义和保护主义。这些因素的综合作用，使得我国与目的地间的政策衔接、商务合作和技术沟通都复杂化了。出境旅游的开放和复苏，有可能不再是单纯的出境旅游问题，政治、意识形态或其他方面的因素都有可能产生重大影响。

确定性来源于扩大开放的时代潮流，也来源于中国与所有目的地的共同努力。中国拥有14亿多人口、超4亿中等收入群体，是潜力巨大、持续升级的超大规模旅游市场，这是任何目的地都无法忽视的，这也有力地保障了出境旅游的光明前景。中国稳健的对外投资也有利于未来的出境旅游复苏。2021年1至7月，我国企业在"一带一路"沿线对56个国家非金融类直接投资730.7亿元，同比增长1.2%（折合112.9亿美元，同比增长9.9%），占同期对外投资总额的18%，占比较2020年上升1个百分点，主要投向新加坡、印度尼西亚、孟加拉国、越南、马来西亚、泰国、哈萨克斯坦、沙特阿拉伯、阿拉伯联合酋长国和老挝等国家。这些国家，很多是我们的重要出境旅游目的地，同时也是我们的重要入境客源地。商务活动和投资活动的频繁和回暖，不仅在市场上，在行动上也为未来的旅游交流复苏提供了信心和经验。比如，其中的中外人员往来"快捷通道"就是重要的尝试。

在出境旅游的舞台上，坚持者、退出者、创新者和新进入者都力求在不确定性中寻求确定性。

管理层正在探索和重塑疫情防控常态化下的未来出境旅游管理模式。在坚决贯彻习近平总书记"把人民群众生命安全和身体健康放在第一位"的指示精神，确保安全的基础上，将推动更灵敏、更精细的政策指导和调整进

程。国内旅游活动积累了将安全保障和市场复苏有机结合的丰富经验，比如跨省旅游经营活动管理的"熔断"机制，就有望为出境旅游的未来开放提供有益借鉴。

在政府层面的沟通合作上，中国与各目的地积极推动防疫和安全政策对接、营商环境优化、为促销提供便利、人力资源培训和中小微企业扶持等方面的工作协调，持续在旅游便利化、基础设施建设、财政和金融支持、安全保障、旅游市场秩序整治、项目合作、联合产品开发和促销等方面加强沟通。

在出境目的地和市场主体的行动上，对未来的乐观依然是主流。出境目的地积极尝试开放边境，灵活调整入境旅行限制，并在华连续举办推广活动，与相关方密切互动。新加坡旅游局与国内各大旅游平台合作，线上线下联动展开以亲子游和健康游为主题的推广活动。新西兰在华举办以"新"愿制定线路大赛和"小小'新'愿"为主题的系列市场推广活动，期望保持中国游客对新西兰旅游的热度。德国国家旅游局先后推出了原味德国、生态乐享和德国·温泉·传统三项主题推广活动。出境市场主体依然在保持元气的基础上努力尝试新的发展方向和模式。原有市场主体有等待蛰伏的，有转国内旅游、转商务会展等细分市场的，也有战术性暂时转行的。在"生存第一"的坚持、休整或者转进中，大部分市场主体依然关注出境旅游市场，采取优化渠道、强化培训、创新产品服务和商业模式等方式为未来做准备。

二　对当前出境旅游发展形势的判断

（一）将面对疫情防控常态化下的"超长"压力测试

新冠肺炎疫情发生已经有两年，其间的起伏跌宕一次又一次地更新人们对未来的预期。疫情的长时间冲击将带来压力叠加的效应，产业和从业者时刻都在承受更高强度的压力测试。相比国内旅游，出境旅游固有的特性使得疫情、单边主义等不确定因素的影响扩大弥漫。特别是一些国家将防疫政治化，或者强化贸易保护主义的行动，明显增加了出境旅游的变数，也提升了疫情防控常态化下出境旅游供应链的修复和整合难度。这种"超长"的压力测试是面向管理层、市场主体、目的地和游客等所有群体的，随着时间的延长，各方对于压力的忍耐度有可能发生变化：或者冷漠躺平熟视无睹，坐等负面效应累积发酵，或者产生激烈并更具有破坏性的反应。这些"超长"压力测试带来的负面效应，容易同频共振，产生连锁反应，必须密切关注。

（二）"双循环"新格局正在聚集新的发展动能

人们对美好生活的向往和中国稳健持续的经济发展，为出境旅游发展提供了根本支撑。即便有疫情的严重影响，中国游客出境旅游意愿仍在，支撑出境旅游意愿成为现实的基本面也没有变化。2020年我国的国内生产总值依然达到了101.4万亿元，经济总量首破百万亿元大关。2021年上半年国内生产总值达53.22亿元，按可比价格计算，同比增长12.7%。经济合作与发展组织（OECD）预测2021年中国经济将增长8.5%，2022年将增长5.8%，两年的增速均高于全球平均水平。当前我国人均国内生产总值超过1万美元，尽管目前出境旅游受到疫情压制，但也要看到收入水平等因素影响下出境旅游需求结构和生产函数未来可能发生的重大变化，以及由此产生并聚集的新发展动能。

新发展动能来源于市场本身。超大规模的现实国内市场和资源丰富的广阔腹地存在，不仅为当前的出境旅游市场主体提供了"转国内""转细分市场""转行业"等转移求存的可能性，还为产品研发和模式创新提供了试错迭代的可能性。可以在某种程度上替代境外目的地的国内目的地，以及在某种程度上可以替代境外旅游产品的国内旅游产品，在这个特殊的时期进入了人们的视野，并成为旅游者的现实选择。在模仿、替代和创新的进程中，无论是成功还是失败，其间的思路和行为，都为未来的出境旅游复苏提供了宝贵的借鉴。比如，在形势牵引和有效应对下，2021年中国旅游集团的免税业务国际排名稳居全球第一，也为未来更好地优化免税业务体系提供了难得的经验。

新发展动能还来源于进一步开放带来的配套制度优化。"双循环"意味着更高水平的对外开放，要求更好地对接、引领国际规则，推进贸易、投资和旅游的便利化进程，优化营商环境。这会有利于国内国际相关区域与出境旅游相关的机会发现、模式的创新复制以及产业的协同和共振。

三 2022年中国出境旅游发展预测

（一）开放和复苏情况取决于"两个落差"的认知和弥合

"两个落差"是中国与境外目的地的接种率落差和中国与境外目的地的防控政策落差。中国与境外目的地的接种率落差意味着是否存在可信可靠的免疫屏障。作为客源地，中国的接种率提升迅速，覆盖面稳步扩大。截至2021年12月11日，中国累计报告接种新冠疫苗超26亿剂次，下一步将引导60岁以上老年人加快接种，积极稳妥开展3至11岁人群疫苗接种工作。作为目的地，境外国家和地区的接种率极其不平衡，既有达到"群体免疫"门槛要求的少量目的地，更有资源不足、接种率低下的多数目的地。我国与这些目的地之间的接种率落差决定了开展出境旅游面临较大的安全风险。中国与境外目的地的防控政策落差也是必须考虑的重要因素。目前世界上既存在中国这种强力防控、坚持动态清零的疫情防控；有采取一定的防控措施，但力度较小的疫情防控；有力度更小，只采取一些遏制措施的疫情防控；还有听天由命，完全"躺平"的做法。这些对疫情防控认知和政策的不同为出境旅游的开放复苏带来了现实的协调困难和安全隐患。即使按照中国的全民接种疫苗、建立群体免疫、社区群防群控常态化和研发有效的治疗药物并重的强力防控思路，出境旅游的未来复苏之路依然道阻且长。

（二）将确保开放进程安全可控，积极探索试验性开放可能性

未来的出境旅游开发思路依然落脚在安全上，过程可控、稳健妥当和影响符合预期是关注重点。应继续总结"旅游泡泡""旅游沙盒""旅行走

廊"等旅行放宽经验,评估其应用场景和推广复制可能性。在"两个落差"弥合良好的情况下,按照体量适中、边界清晰、疫情防控良好、沟通协作顺畅、负面后果可承受且有预案等条件试验性地探索开放一批出境旅游目的地,建立客源地与目的地间点对点开放的试点。与之相对应的原有出境旅游制度体系也有可能会有所优化调整。由于岛屿类目的地不仅边界清晰、更容易隔断不利影响,而且也是出境游客乐于选择的目的地类型,在开放初期有更大概率进入试点。与单个出境目的地相比,多出境目的地和跨区域的出境旅游行为风险敞口更大,不具有优先开放的可能性。

(三)将积极准备可及的复苏

即使疫情在世界范围内平息,也并不意味着高强度压力测试的立即结束。在疫情中受到严重冲击的出境旅游产业和目的地形象都需要更多的投入,也需要时间。有可能这段时间将成为很多参与出境旅游主体的重要临界点,如果准备充分、方向正确,将获得更多的优势。反之,如果方向有误、准备不足,那么出境旅游的复苏就会成为海市蜃楼和虚幻泡影。经历过疫情的出境旅游,将在游客心智模式、产业环境、市场需求和资源可及性等很多方面发生重要变化,抓住机遇、顺应潮流的方式也需要随之进行适当的改变。聚焦有前景的优势领域,明确自己在未来复苏中的地位,如哪些是必须抓住的,哪些是需要优化调整的,找到参与复苏的路径和方法,从而用确定性消解不确定性,用可控因素对冲不可控因素。对于每个出境旅游参与方而言,都需要做好准备,参与到可及的复苏之中。

参考文献

中国旅游研究院课题组:《中国出境旅游发展年度报告2021》,http://www.ctaweb.org.cn/cta/gzdt/202111/074b098d53e24375bfebf5352f67512a.shtml。

杨劲松:《让世界共享中国旅游业发展成果》,《中国旅游报》2021年11月11日,第三版。

国家统计局官方网站：http：//www. stats. gov. cn/tjsj/zxfb/202112/t20211217_ 1825 444. html；http：//www. stats. gov. cn/tjsj/zxfb/202107/t20210716_ 1819540. html。

商务部官方网站：http：//www. mofcom. gov. cn/article/tongjiziliao/dgzz/202108/2021 0803193271. shtml。

OECD 官方网站：https：//www. oecd – ilibrary. org/economics/data/oecd – economic – outlook – statistics – and – projections_ eo – data – en。

G.20

2021～2022年香港旅游业发展
分析与展望

万 燕 李咪咪*

摘 要： 香港作为国际休闲和商务旅游目的地，旅游业的兴衰直接受制于访港旅客规模。然而，2020年初突如其来的新冠肺炎疫情导致的全球旅行限制使得香港的入境游市场已受困近两年。本文首先剖析了香港旅游业在2021年的发展现状和特征，接着归纳分析了香港特区政府及业界的纾困策略，最后对香港旅游业短期和未来形势进行了展望并提出相应的发展建议。

关键词： 香港 旅游业 新冠肺炎疫情

多年来，香港旅游业发展势头强劲，尤其是1997年回归祖国后，中国内地庞大的旅游和消费动力推动香港旅游业逐步迈向高阶。至2018年，年访港游客人次创下历史纪录，达6515万，其中，78.3%为内地游客。其他指标如全年入境游相关消费、酒店入住率、客房平均单价均实现可观增长。历经几十年，旅游业已成为香港的支柱产业，对本地经济发展与社会稳定的作用不言而喻。2018年，旅游业对香港GDP的贡献率为4%，从业人员占全港就业人数的7%。然而，香港旅游业取得瞩目成绩的历程并非一帆风顺。2003年，受非典疫情影响，当年4至5月访港人次为1991年海湾战争以来的最低点。此后，业界相继遭受2014年和2019年两次大规模社会运动的重创，2019年7

---

* 万燕、李咪咪，香港理工大学酒店及旅游业管理学院，主要研究方向为旅游者行为。

月，访港人次相比上年同期甚至出现负增长。2020年初，突如其来的新冠肺炎疫情使得全球进入停摆状态，尚未从2019年社会运动冲击中恢复的香港旅游业随之陷入冰点。2020年，访港人次仅为356.7万，同比下跌93.6%。

近两年，政府和业界做出诸多努力以期挽救寒冬中的香港旅游业，也取得了一定成效。但当前全球旅行仍受限于反复的新冠肺炎疫情，香港作为国际旅游目的地，其旅游业所面临的考验尤为严峻。

一　2021年香港旅游业发展特征

（一）入境游彻底冰封，前景渺茫

2020年初，新冠肺炎疫情突如其来，香港旅游业在当年遭受了史无前例的重创，全年访客同比下降93.6%。香港所有重度依赖入境游的行业如航空、会展、旅行社、零售、餐饮、酒店等均不同程度地面临缩减规模、巨额亏损、倒闭裁员的困境。当业界熬过崩塌的2020年、翘首盼望重生之际，香港入境游市场则在2021年进入令人绝望的冰封状态。

2021年前10个月单月访港旅客数均在1.1万人次以下（见表1），该时期总入境游客为72458人次[①]，甚至未及2017~2019年同期日均访港人数。与惨不忍睹的2020年同期相比，2021年1至10月访客总数重跌98%（见图1）。毋庸置疑，没有游客支撑的香港入境游市场在2021年仍是一潭死水。

表1　2017~2021年每年1~10月单月访港旅客人次

单位：人次

年份	1月	2月	3月	4月	5月	6月	7月	8月	9月	10月
2017	5475176	4181417	4586186	4775834	4587014	4203256	5167700	5023433	4635161	5278677
2018	5333562	5280971	4995122	5301602	4953003	4741779	5461222	5895951	4718536	5884512
2019	6784406	5589628	5860346	5577201	5916541	5143734	5196969	3590571	3104049	3311571

---

① 《2017~2021年访港旅客人次统计》，香港旅业网，https://partnernet.hktb.com/china/sc/home/index.html。

续表

年份	1 月	2 月	3 月	4 月	5 月	6 月	7 月	8 月	9 月	10 月
2020	3207802	199123	82285	4125	8139	14606	20568	4449	9132	7187
2021	4368	5495	6675	5706	5305	6200	8666	10811	9879	9353

资料来源：《2017～2021 年访港旅客人次统计》，香港旅业网，https://partnernet. hktb. com/china/sc/home/index. html。

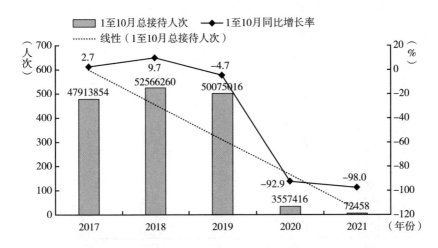

图 1 2017～2021 年每年 1～10 月累计访港旅客人次及同比增长率

资料来源：《2017～2021 年访港旅客人次统计》，香港旅业网，https://partnernet. hktb. com/china/sc/home/index. html。

受到访港旅客大幅缩减影响最大的是航空业。2020 年经历了东亚地区自新冠肺炎疫情发生以来最大规模的国泰航空裁员计划及营运 35 年的国泰港龙航空宣布结业等备受业界瞩目的事件①，香港航空业在 2021 年继续遭受重创。2021 年前 11 个月，香港机场客运飞机起降 5.2 万架次，比 2020 年同期减少 36.6%，约为 2017～2019 年同期的 20%（见图 2），甚至不及近 23 年来的单月最低记录②。作为国泰航空之外另一家重要的本地航空公司，

---

① 《香港国泰航空裁员 8500 人，旗下港龙航空结业成新冠肺炎疫情牺牲品》，BBC，2021 年 10 月 21 日。

② 香港机场管理局：《2021 年香港国际机场国际民航交通量确实统计数字》，2021 年 12 月。

香港航空集团在 2021 年陷入业务的全面停滞，客运总量从高峰期的年 750 万人次降至单周不超千人①。此前，香港航空集团受惠于香港特区政府"保就业"计划的 1.54 亿港币补助，得以保住其 2940 名员工的工作，但由于几乎没有客运收入，政府补助也只是缓兵之计。2021 年 6 月，香港航空集团宣布执行"长期带薪假计划"（Long Pay Leave，员工每休 6 个月假可获 1 个月工资）及裁员计划以缩减成本，共波及 1300 名员工，仅留下 8 架飞机以支持有限度的客、货运业务③。

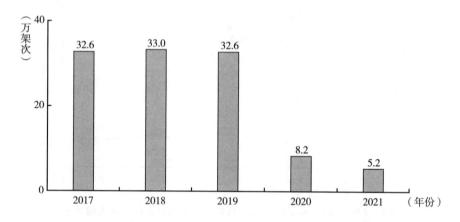

图 2　2017~2021 年每年 1~11 月香港机场客运飞机起降架次

资料来源：香港机场管理局：《2021 年香港国际机场国际民航交通量确实统计数字》，2021 年 12 月。

会展业是香港入境游的重要组成部分。历经 2020 年的停滞，香港国际会展业在 2021 年依然处于水深火热之中。海外会展访客为高净值客群，其人均消费高于一般过夜游客约 66%。香港每年承办约 250 场大型国际会议和 160 场大型国际展览②，吸引近 200 万名商务旅客。会展活动对香港经济和社会的贡献显而易见。2016 年，香港展览业为本地经济增值 529 亿港币，

① 《疫下航空业苦况未完，港航主席解读裁员内幕》，香港文汇网，2021 年 6 月 23 日。
② 香港商务及经济发展局：《立法会商业和工业委员会关于香港会展业的讨论》，2021 年 9 月。

占香港当年 GDP 的 2.1%，亦为香港就业市场创造了约 7.7 万个岗位①。然而，多达 203 场原定于 2020 年 2 月至 2021 年 11 月举办的会展活动因疫情取消或延期。香港展览会议业协会的调查显示，2020 年以来取消或延期的会展活动本可以吸引超过 9.9 万家参展商和 480 万参会人员。此外，75% 的受访会展主办机构表示，如果香港的出入境政策在 2021 年底仍未撤销，他们会将活动迁至其他国家或地区②。

香港旅游相关的零售和餐饮业也受到访港旅客急剧下降的严重冲击。2021 年，延续上一年的闭店潮，多家位于游客聚集区的店铺或品牌宣告结业、裁员或弃租。2021 年 1 月，H&M 关闭其位于闹市区包括旺角旗舰店的 4 家门店。2020～2021 年，往年生意火爆的莎莎化妆品来自内地旅客的销售几乎为零。截至 2021 年 4 月，莎莎已关闭十几家门店，其中八成位于游客区③。此外，多个游客必打卡的餐饮品牌如翠华相继关闭了位于尖沙咀、中环的多间店铺，许留山则宣布在 2021 年底全线结业④。

2021 年，香港旅行社入境业务持续低迷。香港约有 1700 家持牌旅行社，超过 8 成为小型规模，经营成本向来有限，2019 年的社会事件加上持续近两年的疫情使得其发展更加举步维艰。2020 年 1～9 月，73 间旅行社宣布结业⑤。2021 年 1～10 月，香港旅行社接待中国内地旅行团和游客数量均为零⑥。

香港的服务业就业市场亦受到其旅游业低迷状况的波及。2021 年前三季度，香港消费及旅游相关行业从业人员数量为 153.65 万，为 2012 年以来的低谷⑦（见图 3）。

---

① 香港展览会议业协会：《2016 年香港展览业经济贡献研究报告》，2017 年 11 月。
② 香港展览会议业协会：《国际活动商贸活动清零，香港展览业陷冰封促政府救亡》，2021 年 9 月 6 日。
③ 《莎莎今年要再关闭 20 家香港门店》，新浪财经，2021 年 6 月 17 日。
④ 《许留山月底真正结业》，雅虎新闻，2021 年 11 月 19 日。
⑤ 《旅游业救亡：疫前已岌岌可危，旅游业亟待救亡》，香港 01，2021 年 1 月 18 日。
⑥ 香港旅游业议会：《旅游业最新统计数字》，2021 年 11 月 9 日。
⑦ 香港特别行政区政府统计处：《2011 至 2021 年按行业及职业划分的就业人数》，2021。

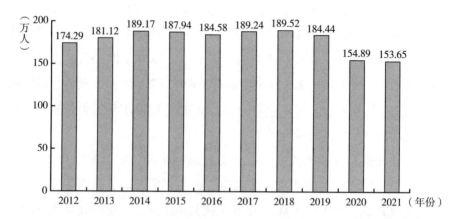

图3　2012～2021年每年前三季度香港消费及旅游业相关行业从业人员数量

资料来源：香港特别行政区政府统计处：《2011至2021年按行业及职业划分的就业人数》，2021。

（二）酒店业绝处逢生，迎来一丝曙光

值得一提的是，相较于2020年的裁员潮、客房入住率暴跌和收入负增长，2021年，香港的酒店业有了一定起色。截至2021年10月，香港的客房供应量达到86957间，为近5年来最高位，比2020年同期增长2%。自2021年2月开始，单月客房入住率均高于2020年同期水平[①]。2021年8～10月，月入住率回升到71%，部分酒店在2021年暑期的入住率甚至超过9成[②]。2021年1～10月，香港酒店客房均价为845港元，虽比2020年同期下跌5%，但由于这一时期平均入住率从2020年同期的44%升至61%，该时期的酒店总收入相较于2020年同期反而提升35%，达4482.2万港元（见表2、图4）。

香港酒店业在2021年的复苏表现主要源于酒店运营商的产品创新。其中，典型代表为staycation这一将住宿餐饮娱乐休闲打包销售的酒店套餐。

---

① 香港旅游发展局：《酒店入住率报告》，2021年10月。
② 《力挽狂澜的香港Staycation》，彭博商业周刊，2021年10月27日。

表2   2017～2021年香港酒店业主要指标

年份	客房供应量(间)	平均房价(港元)	平均入住率(%)	客房总收入(万港元)
2017	78935	1288	89	9048.5
2018	81465	1376	91	10200.7
2019	84089	1206	79	8011.5
2020(至10月)	85220	889	44	3333.5
2021(至10月)	86957	845	61	4482.2

资料来源：香港旅游发展局：《酒店入住率报告》，2021年10月。

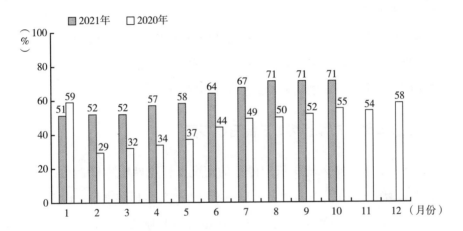

图4   2020～2021年香港酒店单月客房入住率

资料来源：香港旅游发展局：《酒店入住率报告》，2021年10月。

2021年，香港几乎所有有泳池、派对房间等娱乐配置的酒店均加入
staycation推广大潮。很多酒店亦积极创新staycation产品以保持竞争力。例
如，奕居与本地纯素奶茶店合作开设期间限定店铺，为staycation消费者提
供瑜伽冥想和健身课程；半岛为住客提供高尔夫球模拟器、飞行模拟器、劳
斯莱斯接送等服务[⑤]。此外，独立酒店品牌如唯港荟则推出foodcation套餐，
以城市景观套房结合应季主题下午茶如夏季的榴梿、秋季的海鲜、冬季的巧
克力，及各类特色餐厅为房客提供可自由组合的餐饮＋住宿套餐；此外，该
酒店还设置了厨艺、烘焙、环球品酒、鸡尾酒调制等课程及playstaion（游

戏区）等活动丰富住客的度假体验。

Staycation 已是广受香港居民欢迎的度假产品。据线上旅行社客路（Klook）在 2021 年 9 月公布的针对香港 staycation 的调查结果，64% 的受访者表示疫情下首选的旅游产品是 staycation；超八成的受访港人表示，近 6 个月内他们曾体验过 staycation；90% 的受访者则计划未来半年内去 staycation[①]。Staycation 使得疫情之下的香港酒店业枯木逢春，很多 staycation 热门酒店也在逐步扭转 2020 年的亏损局面。2021 年上半年，半岛酒店入住率比 2020 年同期提高 16 个百分点，在其平均房价下跌 19% 的情况下，客房收入仍大增 79%[②]。

尽管有回升迹象，2021 年，香港酒店业在客房平均单价、平均入住率、客房总收入等方面与 2017～2019 年的行业水平差距依然巨大。在香港旅游业的整体颓靡形势下，酒店业的振兴仍前途未明。

（三）本地游市场重启，产品日趋多元

2021 年，在香港入境游依旧停摆的情况下，业界延续 2020 年的尝试，将开拓本地游市场作为自救之道，积极推出和创新本地游项目并取得了一定成效。自 2021 年 4 月特区政府放开本地旅行团业务至当年 9 月，超过 500 间旅行社申请开启该业务，提供约 8000 个旅游产品供游客选择[②]，例如 360 大屿山黄昏写意之旅、南丫岛渔乐文化游等。2021 年 9 月，继前几年推出的旧城中环和深水埗地区游项目，香港旅游发展局（旅发局）推出西九龙艺术文化区旅游项目，设计了 5 条贯穿西九龙和油尖旺区的主题游线供游客深度体验在地文化。延续 2020 年美酒佳肴节的盛况，2021 年 11 月 1 日，旅发局推出香港美酒佳肴巡礼，设置"游 + 酒"自助行路线为香港市民提供近一个月的美酒美食体验。同时，该巡礼还配套了"美酒佳话 On-

---

① 客路（Klook）：《香港人体验 Staycation 新常态问卷调查》，2021 年 9 月 7 日。
② 《香港再推本地深度游保行业生存》，中国新闻网，2021 年 9 月 15 日。

air"美酒专家线上分享会，邀请市民参与互动①。随着美酒佳肴巡礼的顺利结束和节日季（圣诞、元旦）的到来，旅发局再接再厉推出活动期为2021年11月26日至2022年1月2日的香港缤纷冬日巡礼。活动期内，所有香港市民可参与旅发局与景区、商场、餐厅等合作推出的几十项节日专属优惠和活动，如赤柱广场圣诞集市、西九龙区香港跨年倒数、西九龙圣诞小镇等。

2021年，香港酒店业对staycation产品继续发力以吸引本地住客。同时，邮轮seacation已成为staycation以外的另一热门选择②。2021年5月26日，香港特区政府宣布将启动供香港居民参与、只停靠香港的邮轮"公海游"③，标志着自疫情以来停航近18个月的邮轮旅游重新启动。2021年7月底，由星梦邮轮执航的首班"公海游"启航，吸引逾千名游客。邮轮首航之时，次航也已满额。随后，皇家加勒比邮轮亦推出一系列"公海游"套餐。

在无法举办国际会展活动的情况下，香港会展业积极策划和推出本地会展。2021年第二季度，香港举办近20场线下会展活动，涵盖艺术、科技、时尚等主题，共吸引上百万人次。其中，香港贸易发展局主办的首届时尚购物展吸引了430家参展商和超过5.5万名观展人士④。此外，涵盖书展、运动、美食等主题的25场实体会展于2021年7~8月成功举办，接待超过129万人次⑤。2021年12月11日，由香港中华厂商联合会主办的工展会线下和线上同步开幕，为参展人士提供近20天的购物和表演体验。

在业界的努力及香港居民旅游热情的加持下，香港的本地游市场在2021年表现较为活跃，一定程度上舒缓了香港酒店业、餐饮零售业、旅行

---

① 香港旅游发展局：《香港美酒佳肴巡礼》，2021。
② 客路（Klook）：《邮轮公海游推介》，2021年11月9日。
③ 《超过50天本地"零确诊"香港邮轮"公海游"重启》，中国新闻网，2021年7月31日。
④ 香港会议及展览拓展部：《2021年第二季度香港实体展吸引逾百万人次》，2021。
⑤ 《新冠肺炎疫情暑期回稳，会展个半月办25个实体展览，130万人参观》，香港01，2021年9月20日。

社等在 2020 年面临的经营困境和裁员潮，提振了业界信心。求职网站
JobsDB 的调查显示，受雇于接待服务及旅游业的员工有望在 2022 年第一季
度加薪 2.4%，排名仅次于科技和银行业①。

二　香港政府及业界为复苏旅游业提供的支持

（一）政府提供财政支援，缓解困境

2021 年，香港特区政府延续 2020 年推出的防疫抗疫基金计划为旅游业
提供财政支援。该计划是政府自疫情以来实施的最大力度现金支援，现已下
拨四轮，总共为会展、酒店、餐饮、旅行社的运营商和从业人员提供超过
50 亿港元的补贴（见表 3）。截至 2021 年 8 月，53 场展览活动获得"会议
展览资助计划"1.2 亿港元的支持，涉及 7670 家参展商和 94.1 万名（93.8
万本地及 0.3 万名非本地）参展人员②。第二轮"航空业补贴计划"则为香
港的航空业提供补贴 3.67 亿港元③。

此外，政府的"保就业"计划对缓解旅游企业的困境起到了一定的作
用。例如，2020 年，香港永安旅游领取了 3200 万港元补贴，使得 600 名员
工的职位暂时被保住；香港航空集团获得 1.54 亿港元用以支付逾 2000 名员
工的薪水。"保就业"计划已于 2020 年年终暂停，之后是否会被重启仍然
未知。

---

① 曾蔼豪：《疫市加薪—港人 staycation 救市 – JobsDB：旅游业明年或涨薪 2.4%》，香港 01，
2021 年 12 月 1 日。
② 香港商务及经济发展局：《立法会商业和工业委员会关于香港会展业的讨论》，2021 年
9 月。
③ 香港特别行政区政府：《立法会二十二题：航空业》，2020 年 7 月 15 日。

表3 防疫抗疫基金下的旅游业相关资助计划

单位：港元

轮次	旅游业相关资助项	具体资助计划	预设支援
第一轮 （300亿）	会议展览业资助计划	（1）向所有参与贸易发展局主办展览的参与者给予50%的参会费用支持 （2）向在亚洲博览馆和香港会议展览中心举办的会展活动给予免租 （3）向曾在港举办展览的私人主办单位给予不高于100万港元的支援款项支持	10.2亿
	持牌宾馆资助计划	运营客房数1至5间，可获5万港元资助；大于6间，则可获8万港元资助	已结束
	旅行社资助计划		
第二轮 （1375亿）	旅游业支援计划	（1）根据规模大小，向每间持牌旅行社发放2万至20万港元不等的津贴；预计1730间旅行社会获得补贴 （2）就职于旅行社的雇员以及自由从业的导游可获为期六个月、每月5000港元补贴；预计2.6万名从业者受惠 （3）向每间持牌酒店发放最高40万港元的补贴；预计惠及300家酒店 （4）向启德邮轮码头的运营商提供为期六个月的租金和管理费免除优惠	7.59亿
	航空业补贴计划		已结束（3.67亿）
	保就业计划	为政府补贴期间不裁员、将所有补贴用于雇员薪资工资的合资格企业提供员工薪资补贴	已结束
第三轮 （240亿）	旅游业支援计划	（1）每间持牌旅行社可获现金补贴，具体金额根据雇员数量确定（每位员工5000港元为基准） （2）向每位就职于持牌旅行社的人员发放1.5万港元一次性补助	已结束
第四轮 （64亿）	餐饮业资助计划	按经营面积向提供堂食的餐厅给予10万~50万港元不等的一次性补助	33.5亿

资料来源：香港特别行政区政府：《防疫抗疫基金简介》，2021。

（二）推广优惠及补贴，支持本地游市场

2021年，旅发局推出若干针对旅游运营商和消费者的优惠计划以带动

本地游。2021 年 3 月,支持本地酒店业的"赏你住"计划推出,即香港市民在零售和餐饮实体店消费满 800 港元可换取 500 港元的酒店住宿折扣。包括半岛、四季等高星级酒店在内的 140 间酒店参与该计划①。由于第一轮"赏你住"收获了热烈反响,2021 年 9 月,旅发局推出第二轮"赏你住",由 146 间酒店提供 2 万个优惠名额,开启预定后第三天,近百间酒店满额②。此外,旅发局继续实施首推于 2020 年 11 月的"赏你游"计划,为在零售和餐饮实体店消费满 800 港元的市民提供换取免费参与本地旅行团的名额。2021 年 6 月"赏你游"已至第二轮,2 万个名额在开启预定当天便所剩无几,136 个行程中有 86 个立即额满③。2021 年 12 月,第三轮"赏你游"启动,预计提供 6 万个免费名额。

香港特区其他政府部门及相关协会亦通过资金支援来推动本地游。2019 年 12 月,香港商务及经济发展局等部门协同香港旅游议会推出"绿色生活本地游鼓励计划",旨在支援旅游业界和鼓励市民参与绿色旅游活动。为进一步带动本地游,特区政府在 2020 年 6 月加大该计划力度,将总资助金额由 5000 万港元增至 1 亿港元④、旅行社接待每名游客的鼓励金也由原来的 100 港元提升为 200 港元⑤。业界机构也试图缓解旅游从业者的困境。2021 年 8 月,香港工会联合会与多个旅游业界协会、商会共同举办"潮撑・旅游业市集",为本地旅游从业者提供免费推销商品的平台。

此外,为打消游客对在疫情之下开展旅游活动的安全顾虑,旅发局与香港品质保证局推出"卫生抗疫措施认证计划",为商场、餐厅、酒店、景点、旅行社等旅游相关行业制定统一的卫生标准,并安排专人对获得卫生认

---

① 《旅发局推"赏你住"计划,本地消费满 800 可享 500 元酒店住宿优惠》,雅虎新闻,2021 年 3 月 26 日。
② 《新一轮"赏你住"反应热烈,80% 参与酒店已满额》,东网,2021 年 9 月 9 日。
③ 《赏你游 2.0—旅发局:136 个行程已有 86 个额满》,香港 01,2021 年 6 月 1 日。
④ 香港特别行政区政府:《政府加倍资助绿色生活本地启动旅游业》,2020 年 6 月 18 日。
⑤ 香港旅游业议会:《绿色生活本地游鼓励计划:计划简介》,2021。

证的场所进行评核和不定期巡查。现已有 2682 家经营场所获得该计划的认证[1]。

（三）加强本地营销，预备全面复苏

2021 年，旅发局积极通过"线上＋线下"营销活动，为促进本地游市场繁荣和实现入境游市场在疫情后的复苏提供支撑。为了推广本地游产品以招徕更多游客，旅发局将其官网作为与市场沟通的渠道，对香港缤纷冬日巡礼、本地旅行团游线、西九龙文化区旅游项目进行项目特色和优惠计划的详细介绍。此外，为了加强西九龙文化区旅游项目的推广，旅发局与知名国际艺术家合作于西九龙公园推出大型艺术装置"Friends WithYou"，吸引市民前往打卡并到访西九龙区内不同景点[2]。2021 年 12 月，旅发局推出线上营销活动"旅游，就在香港"，涵盖对第三轮"赏你游"活动和始于 1999 年的"优质旅游服务"计划的全新宣传，希望通过宣传刺激市民的圣诞消费。除了发布"维港秘景""寻觅美味"等六大主题的宣传视频，该营销活动还邀请本地人气歌手参与营销[3]。虽然入境游市场何时恢复仍然未知，但旅发局已开展营销活动为入境限制解除后的香港旅游业预热。2021 年 2 月，为了维持香港旅游的全球曝光度，旅发局发起"Hong Kong Super Fans"营销活动。该计划邀请了居港外籍人士包括设计师、旅游作家、导游、渡轮水手等以第一视角阐述香港的多面性，希望借此鼓励他们的亲友疫情后来港旅游。此外，来自全球 20 个重要客源市场的旅游达人、意见领袖被邀请参与该活动发起的"云游"香港、线上直播等，并将他们的体验实时分享在社交媒体上以提高讨论度[4]。

---

[1] 香港旅游发展局：《卫生防疫，安全出行》，2021。
[2] 香港旅游发展局：《国际艺术家组合"FriendsWithYou"玩转香港，发掘西九龙》，2021 年 9 月 16 日。
[3] 香港旅游发展局：《旅发局加码推第三轮"赏你游"及"优质旅游服务计划"宣传》，2021 年 12 月 10 日。
[4] 香港旅游发展局：《旅发局邀本地环球粉丝加入"Hong Kong Super Fans"》，2021 年 2 月 10 日。

三 香港旅游业展望及建议

（一）未来展望

2021年，作为国际旅游目的地的香港几乎没有接待入境游客。在香港入境游市场成为一潭死水之时，航空、会展、零售、餐饮、旅行社等与入境游相关的行业也面临巨大困难。不可否认的是，本地游市场呈现出的活力一定程度上拯救了香港旅游业。同时，相较于2020年，香港酒店业在2021年的表现可圈可点。然而，香港酒店业2021年的积极表现主要得益于消费staycation等产品的本地市场。香港是高度依赖于入境游的国际旅游目的地，每年来自中国内地及其他国家/地区的几千万名游客支撑起其往日繁荣的旅游业，本地700万人口的消费能力显然不足以支撑香港酒店业乃至旅游业恢复到疫情前的水平。由于疫情仍在持续，国际旅行及与中国内地通关情况尚未明朗，香港入境游市场何时能解封仍不得而知。香港旅游业在当前仍面临生存挑战。

放眼疫情之后，香港入境游的恢复之路也势必艰辛。新冠肺炎疫情暴发前，香港旅游业正努力从2019年社会运动的暴击中回到正轨。事与愿违的是，疗伤中的香港旅游业迎来的是近两年的停滞。此外，香港旅游业多年来高度依赖中国内地市场，而2019年的社会事件在中国内地人民心中造成的恶劣影响不言而喻。因此，近三年来遭受双重打击、与核心入境市场产生情感危机的香港旅游业要想在未来重新建立起2019年前的国际地位，必然要付出更多努力。

（二）发展建议

首先，香港旅游业需要加强本地游产品创新，增强本地游客的持续消费动能。毫无疑问，在全球疫情得以全面控制之前，本地市场仍是香港旅游业的核心驱动力。而现有的本地游产品主要为staycation和市内主题旅游线路，类型上相对单一。此外，在政府的各项补贴加持下，短途性质的本地游产品实际产生的经济效益相当有限。因此，本地游产品要增强体验感以延长消费。酒店可以同本地旅行社、博物馆、手工作坊、慈善机构、网红餐厅等进行联动，推出针对不同客群的深度体验staycation产品。如针对亲子家庭，酒店可以与本地陶艺工作室进行合作推出二日staycation套餐，开设体验回收利用酒店破碎餐具的工作坊。

其次，积极筹办和推动本地会展及活动。业界应依托香港特色适当举办线上线下结合的大型会展，如大型艺术展、金融会议等，维系香港的国际曝光率。此外，提高小型会展活动的频次和丰富主题。例如，旅发局牵头与特色手工作坊、本地品牌、商场等开展合作，设置不同主题的周末和节庆集市，丰富本地居民的旅游体验。

再次，改善对旅游业的资助方案，由单一直接的资金补贴转变为对旅游产品创新的补贴。例如，对旅行社直接给予奖励金的"绿色生活本地游鼓励计划"可以改为对开发新颖且可行线路的旅行社进行奖励。此外，将对旅游产品创新的奖励计划扩大到酒店、零售、会展等领域，以保持本地游的持续活力。同时，政府应积极推动与低风险地区如中国内地和澳门特区构建旅行气泡，逐步推动香港入境游解封。

最后，在将本地游市场作为发点力的当前，香港要充分考虑入境游市场的重启工作。疫情之后，香港旅游业需要采取强力措施来重拾中国内地市场的信任。香港可加强对其旅游业在内地的宣传，例如在各大主要城市设置的旅发局办事处以宣传香港实时动态、与内地主要城市合作举办"香港文化周"等向内地游客展示香港的文化、美食、手工艺等特色；同时，可以设置专属于中国内地游客的优惠，如酒店折扣、购物券等。此外，香港可加强与大湾区的互动，携手广州、深圳等打造更高层次的大湾区旅游品牌；将香港作为大湾区会展和休闲旅游枢纽，进一步扩大长途游客的可玩区域，延长逗留天数。

参考文献

香港旅游发展局：《2018 年香港旅游业统计》，2019。

香港特别行政区政府统计处：《香港——旅游业概况》，2020。

《2020 全年访港人数统计》，香港旅业网，2021。

《2021 年 1 至 10 月访港旅客总人次》，香港旅业网，2021。

《香港国泰航空裁员 8500 人，旗下港龙航空结业成新冠肺炎疫情牺牲品》，BBC，2021 年 10 月 21 日。

香港机场管理局：《2021 年香港国际机场国际民航交通量确实统计数字》，2021 年 12 月。

《疫下航空业苦况未完，港航主席解读裁员内幕》，香港文汇网，2021 年 6 月 23 日。

香港商务及经济发展局：《立法会商业和工业委员会关于香港会展业的讨论》，2021 年 9 月。

香港展览会议业协会：《2016 年香港展览业经济贡献研究报告》，2017 年 11 月。

香港展览会议业协会：《国际活动商贸活动清零，香港展览业陷冰封促政府救亡》，2021 年 9 月 6 日。

《莎莎今年要再关闭 20 家香港门店》，新浪财经，2021 年 6 月 17 日。

《许留山月底真正结业》，雅虎新闻，2021 年 11 月 19 日。

《旅游业救亡：疫前已岌岌可危，旅游业亟待救亡》，香港 01，2021 年 1 月 18 日。

香港旅游业议会：《旅游业最新统计数字》，2021 年 11 月 9 日。

香港特别行政区政府统计处：《2011 至 2021 年按行业及职业划分的就业人数》，2021。

香港旅游发展局：《酒店入住率报告》，2021 年 10 月。

《力挽狂澜的香港 Staycation》，彭博商业周刊，2021 年 10 月 27 日。

客路（Klook）：《香港人体验 Staycation 新常态问卷调查》，2021 年 9 月 7 日。

《香港再推本地深度游保行业生存》，中国新闻网，2021 年 9 月 15 日。

香港旅游发展局：《香港美酒佳肴巡礼》，2021。

客路（Klook）：《邮轮公海游推介》，2021 年 11 月 9 日。

《超过 50 天本地"零确诊"香港邮轮"公海游"重启》，中国新闻网，2021 年 7 月 31 日。

香港会议及展览拓展部：《2021 年第二季度香港实体展吸引逾百万人次》，2021。

《新冠肺炎疫情暑期回稳，会展个半月办 25 个实体展览，130 万人参观》，香港 01，2021 年 9 月 20 日。

曾蔼豪：《疫市加薪—港人 staycation 救市 – JobsDB：旅游业明年或涨薪 2.4%》，香港 01，2021 年 12 月 1 日。

香港商务及经济发展局：《立法会商业和工业委员会关于香港会展业的讨论》，2021

年9月。

香港特别行政区政府：《立法会二十二题：航空业》，2020年7月15日。

《旅发局推"赏你住"计划，本地消费满800可享500元酒店住宿优惠》，雅虎新闻，2021年3月26日。

《新一轮"赏你住"反应热烈，80%参与酒店已满额》，东网，2021年9月9日。

《赏你游2.0—旅发局：136个行程已有86个额满》，香港01，2021年6月1日。

香港旅游业议会：《绿色生活本地游鼓励计划：计划简介》，2021。

香港特别行政区政府：《政府加倍资助绿色生活本地游启动旅游业》，2020年6月18日。

香港旅游发展局：《卫生防疫，安全出行》，2021。

香港旅游发展局：《国际艺术家组合"FriendsWithYou"玩转香港，发掘西九龙》，2021年9月16日。

香港旅游发展局：《旅发局加码推第三轮"赏你游"及"优质旅游服务计划"宣传》，2021年12月10日。

香港旅游发展局：《旅发局邀本地环球粉丝加入"Hong Kong Super Fans"》，2021年2月10日。

G.21
2021~2022年澳门旅游业发展
分析与展望

唐继宗*

摘　要： 澳门特区经济恢复步伐缓慢，当地入境旅游市场仍受零星散发的
疫情困扰。2021年澳门入境旅游市场从2020年的谷底逐步恢
复，但疫情因素影响持续存在，预计至2022年仍没法排除。访
澳旅客消费行为在疫下及后疫情时期出现变化，当中某些改变将
可能维持较长时间。此外，入境旅游市场主要产业的业绩于
2020年受疫情打击跌入谷底后至今仍未能走出阴霾。经过近20
年的较快发展后，新形势下的澳门入境旅游市场已到了必须进行
大幅度调整的时候。

关键词： 澳门特区　特区经济　入境旅游　琴澳深合区　美食旅游

2021年10月，IMF下调（较7月）2021年全球增速预测至5.9%，将
2022年的预测值保持在4.9%不变。疫情对需要当面交易的行业如款待业等
造成了困扰，大多数经济体的劳动力市场复苏明显滞后于产出复苏，各种因
素都预示着国际旅游市场在未来的复苏路上步履缓慢。

---

* 唐继宗，中国社会科学院研究生院经济学博士，现任澳门管理学院院长，中国社会科学院旅
游研究中心副秘书长，澳门特区政府人才发展委员会、高等教育委员会及旅游发展委员会委
员，主要研究方向为产业发展、服务贸易、旅游经济、区域合作及公共经济学等。

一 全球经济及国际旅游市场发展趋势与预期

（一）全球经济发展前景出现分化，提升疫苗接种率将有效降低经济风险

国际货币基金组织（IMF）2021年10月发布的《世界经济展望》指出，全球经济继续复苏，但复苏势头受疫情影响已经减弱。不同经济体的经济前景呈现出分化趋势。发达经济体的总产出预计将在2022年恢复至疫情前的水平，在2024年超出疫情前水平0.9%。相反，到2024年，大部分新兴市场和发展中经济体的总产出预计仍将比疫情前的预测值低5.5%。这种经济分化由各经济体疫苗获取能力和政策支持的显著不同所导致，报告指出在低收入经济体仍有约90%的人口没有接种疫苗。

（二）国际入境旅游市场要到2024年后才有望恢复至疫情前（2019年）水平

联合国工业发展组织有关疫情对经济打击的评估报告指出，2020年是旅游业有记录以来表现最坏的一年。国际游客人数从2019年的近15亿人次下降到2020年的约3.8亿人次，下降了74%。这意味着国际旅游支出损失约为1.3万亿美元，约为2009年全球危机时损失的11倍。出于多种原因，这种前所未有的影响对以旅游业占经济结构主体的微小型经济体产生了巨大的影响。

2021年国际旅游市场正缓慢前行。联合国国际旅游组织2021年9月发布的《世界旅游晴雨表》指出，2021年前7个月的国际游客人数（过夜游客）比2020年的水平低40%，与疫情前的2019年同期相比则下降了80%。

全球旅游目的地在2021年前7个月的国际旅游收入继续非常疲软，但

一些旅游目的地在 6 月和 7 月的收入略有改善，有些甚至超过了 2019 年的收入水平。在较大的目的地中，2021 年 6 月墨西哥的国际旅游收入大致与 2019 年同期持平，7 月比 2019 年同期更增长了 3%。

2021 年国际旅游市场尽管相对于 2020 年的谷底有所恢复，但仍远低于 2019 年的水平。展望未来，大多数受访的业内专家依然预计 2022 年将出现反弹，然而，近一半的专家仍估计国际入境人次要在 2024 年或之后才有望恢复到 2019 年的水平。

二　澳门特区宏观经济发展态势

澳门特区本地生产总值经历 2020 年的大幅萎缩后缓慢复苏。新冠肺炎疫情影响全球经济活动，包括博彩等综合旅游服务出口占 GDP 比重达 73.4%（2019 年）的澳门经济无可避免地遭受到沉重打击，总需求大幅下跌，2020 年全年经济实质收缩 56.3%。内部需求按年下降 10.3%，外部需求方面，受疫情防控出入境管制措施影响，澳门入境游客人次同比下跌 85.0%，导致博彩服务出口及其他旅游服务出口分别下跌 80.4% 及 73.4%，整体服务出口同比下跌 74.9%。货物出口则上升 128.9%。

按季度分析，澳门特区经济周期这一轮衰退始于 2019 年第一季度，主因是近年国际旅游目的地竞争日益激烈，在回归后所实施的自由行和终结赌权垄断政策对经济增长的刺激效果逐步减弱，依靠单一产业推动经济增长的模式受到边际报酬递减定律的约束。2020 年初突如其来的新冠肺炎疫情进一步凸显了原有产业结构的脆弱性，GDP 于 2020 年第二季度同比大幅实质下跌 67.9%，2020 年全年 GDP 约回到 10 年前的水平。经过了连续 9 个季度的下跌后，GDP 实质变动率于 2021 年第二季度止跌回升，同比录得 69.5% 增幅，技术上摆脱了衰退的局面。然而，2021 年澳门前三季度本地生产总值（1772.8 亿澳门元）仍仅为 2019 年同期的 53.6%，经济恢复步伐缓慢。

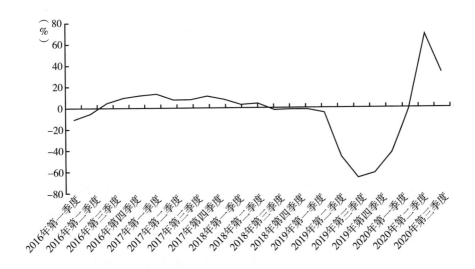

图1 2016年第一季度至2020年第三季度澳门特区GDP实质变动率

资料来源：整理自澳门统计暨普查局公布统计数据。

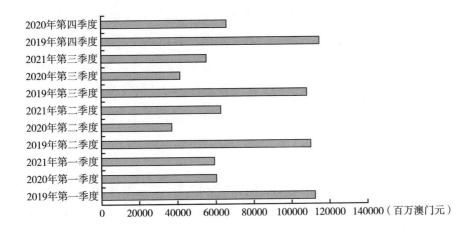

图2 2019年第一季度至2021年第三季度按当年价格计算之各季度GDP

资料来源：整理自澳门统计暨普查局公布统计数据。

三 澳门入境旅游市场发展趋势与展望

2021 年澳门入境旅游市场已从 2020 年的谷底逐步恢复，然而持续受到疫情因素的影响，预计 2022 年影响仍没法排除。

（一）入境旅客人次

澳门入境旅游市场仍受零星散发的疫情困扰。2020 年度澳门共接待了 589.7 万人次入境游客，同比下跌 85%。2021 年 1～10 月累计访澳游客有 608.4 万人次，同比上升 32.2%，但数量仅为 2019 年同期的 18.2%。

新冠肺炎疫情本土病例与入境旅客人次存在显著的负相关，自 2020 年 1 月 22 日澳门特区发生第一宗输入性新冠病例，至今（2021 年 11 月 22 日）已累计 77 宗，当中的 46 宗属于本土病例。按月分析，新冠肺炎疫情发生以来本土病例高峰期是 2020 年 3 月（22 宗），至当年 7 月暂没出现本土病例后，访澳旅客从谷底缓慢回升，然而在 2021 年农历新年前后、"五一"假期前后、暑假档期，以及"十一"黄金周前反复出现零星散发的本土病例，打击了访澳旅客人次和入境旅游产业链上各企业的收入以及对前景的信心。综观全球疫情发展趋势，目前仍无法预计病毒何时能彻底消失，新冠肺炎疫情阴影仍为困扰 2022 年澳门入境旅游市场的主要因素之一。

（二）入境客源市场结构

疫情及后疫情时期入境客源结构集中度提高。受疫情及疫情防控政策影响，澳门十大入境客源市场 2020 年全面萎缩，2021 年 1～10 月，除中国内地客源市场录得同比增长外，其余客源地市场继续收缩。澳门入境旅游市场当中的中国内地旅客比重从 2019 年的 70.9%，上升至 2020 年的 80.6%，并在 2021 年 1～10 月累计进一步攀升至 91.1%。期望随中国香港防疫防控政策调整并与内地保持一致后，为港澳放宽通关条件提供基础，访澳港客人次与中国香港客源市场比重可望于 2022 年止跌回升。

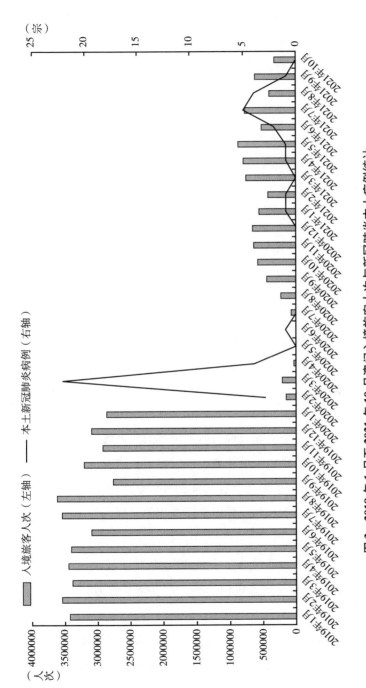

图3 2019年1月至2021年10月澳门入境旅客人次与新冠肺炎本土病例统计

资料来源：整理自澳门统计暨普查局及新型冠状病毒感染应变协调中心公布数据。

表1　2020年度及2021年1~10月澳门主要客源市场结构分析

客源地（按证件签发地）	2020年度				2021年1~10月			
	排序	游客数（人次）	比重（%）	人数变化（%）	排序	游客数（人次）	比重（%）	人数变化（%）
中国内地	1	4754239	80.6	-83.0	1	5541278	91.1	55.7
中国香港	2	843165	14.3	-88.5	2	483591	7.9	-35.8
中国台湾	3	104124	1.8	-92.2	3	58347	1.0	-37.8
韩国	4	44457	0.8	-94.0	13	13	0.0002	-100.0
菲律宾	5	32018	0.5	-92.4	8	26	0.0004	-99.9
日本	6	15200	0.3	-94.9	7	28	0.0005	-99.9
美国	7	13489	0.2	-93.2	4	95	0.0016	-99.3
印度尼西亚	8	12883	0.2	-92.4	19	5	0.0001	-100.0
马来西亚	9	9455	0.2	-95.4	11	19	0.0003	-99.8
澳大利亚	10	7915	0.1	-90.6	7	37	0.0006	-99.5
总数		5896848	100.0	-85.0		6083773	100.0	32.2

资料来源：整理自澳门统计暨普查局公布统计数据。

（三）访澳旅客消费行为

访澳旅客消费行为在疫情下及后疫情时期出现变化，这些变化当中有部分或将较长时间存续，值得澳门入境旅游市场的政策制定者、服务提供商等各方加以关注。而由于2020年第二季度为澳门疫情较严峻时期，暂停了访澳旅客调查，因此，本节以下有部分分析将没有相关数据。

1．旅客消费支出与结构

（1）旅客总消费。季度旅客总消费正从2020年的谷底逐步回升，然而到了2021年第三季度，受零星散发疫情影响，游客增长乏力，又回落至48亿澳门元的水平。

（2）旅客人均消费（非博彩）。疫情前访澳旅客人均消费（非博彩）多在1000~2000澳门元的区间徘徊，2020年第四季度起大幅增长至3000澳门元以上，在2021年虽有所回调，但仍录得2626澳门元，其原因或为在这

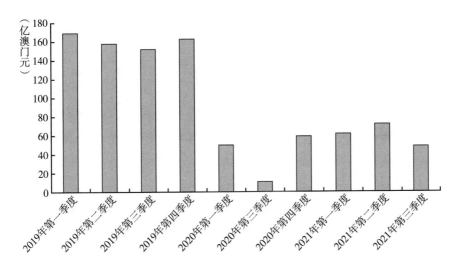

图4 2019年第一季度至2021年第三季度游客总消费

资料来源：整理自澳门统计暨普查局公布统计数据。

期间，澳门为内地居民出游少有的大部分时间仍能保持免隔离疫检通关的旅游目的地。

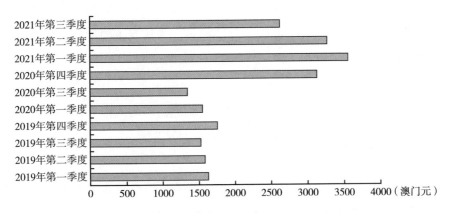

图5 2019年第一季度至2021年第三季度游客人均消费（非博彩）

资料来源：整理自澳门统计暨普查局公布统计数据。

（3）旅客消费结构（非博彩）。2020年第三季度至2021年第三季度，访澳游客用于购物消费的比重大幅增长至六成以上。

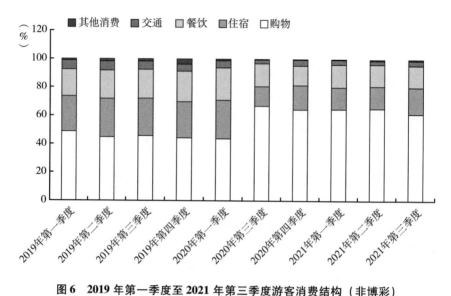

图6 2019年第一季度至2021年第三季度游客消费结构（非博彩）

资料来源：整理自澳门统计暨普查局公布统计数据。

2. 访澳主要动机

2020年第三季度后，受访游客当中以"探亲"与"购物"为访澳主要动机的比重增幅较大，以"度假"及"博彩"为访澳主要动机的比重降幅较为明显。

3. 入境方式

疫情自2020年初在澳门发生以来，受到澳门与内地以外的地区封关或隔离疫检措施影响，自海路与空路入境游客大幅萎缩。

4. 逗留时间

2020年第二季度受当时隔离疫检要求影响，访澳游客平均逗留时间达到了3.8日，其余季度则仍然停留在两日以下的水平。

5. 游客评价

自2020年第三季度后，受访旅客对澳门的环境卫生、公共设施、酒店、博彩场所、餐厅及食肆、购物、公共交通等感到满意的比重录得较明显的增长，或可说明澳门入境旅游服务提供商在疫情下或后疫情时期注意到旅客更

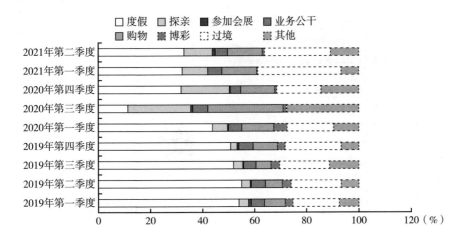

图7 2019年第一季度至2021年第二季度旅客访澳主要动机

资料来源：整理自澳门统计暨普查局公布统计数据。

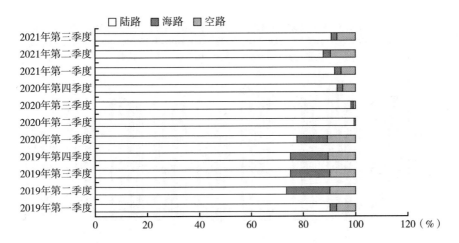

图8 2019年第一季度至2021年第三季度访澳游客入境方式统计

资料来源：整理自澳门统计暨普查局公布统计数据。

关注到环境卫生等议题而重点加强在这方面的工作。然而，认为澳门的观光点足够的受访游客仍在七成左右的较低水平徘徊。

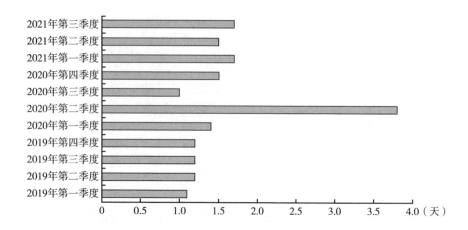

图9　2019年第一季度至2021年第三季度访澳游客平均逗留天数

资料来源：整理自澳门统计暨普查局公布统计数据。

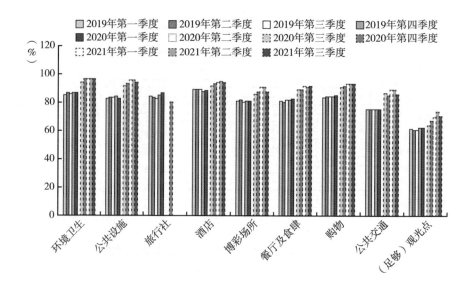

图10　2019年第一季度至2021年第三季度对服务/设施感到满意之访澳游客占比

注：因疫情关系，暂停了部分季度对旅行社的评价。

资料来源：整理自澳门统计暨普查局公布统计数据。

（四）入境旅游市场主要产业营运表现

澳门特区入境旅游市场主要产业的业绩于2020年受疫情打击跌入谷底后至今仍未能走出阴霾。

1. 博彩娱乐业

按增加值总额分析澳门产业结构，博彩及博彩中介业比重从2019年的50.9%下降至2020年的21.3%，但仍为同期澳门特区产业结构中占比最大产业。2020年度在新冠肺炎疫情影响下，入境旅客大幅减少，博彩收入录得较大跌幅。2020年博彩业全年总收入同比减少78.4%，至639.4亿澳门元；当中的博彩收入（603.2亿澳门元）减幅为79.4%。总支出共464.2亿澳门元，同比下跌60.6%；员工支出占总数的42.5%。全职雇员有56613名，按年减少1612名（下降2.8%）；员工支出方面录得12.5%的减幅。

2021年1~11月，博彩收入达789.01亿澳门元，同比增长49.9%，但仍仅为2019年同期的29.3%。预计2021年全年澳门博彩收入将不足900亿澳门元。澳门特区政府在2022财政年度特区预算案中指出，受疫情持续影响，预计2022年澳门特区经济情况仍然严峻，复苏需时，并预计2022年的博彩毛收入为1300亿澳门元。

2. 酒店业

疫情影响下，澳门酒店业占同期产业结构比重从2019年的4.6%萎缩至2020年的1.1%，整体行业更录得了亏损。2020年全年澳门客房平均入住率较上年明显下降，导致行业收入按年下跌66.2%，其中客房租金录得77.2%跌幅；支出下跌34.2%，其中经营费用及员工支出分别减少38.0%及22.6%。由于支出高于收入，行业年内录得93.6亿澳门元亏损。

截至2021年10月，在澳门营运的公寓（宾馆）及二至五星级酒店共有116家并提供35700个房间，同比分别下降3%和增长0.9%。2021年1~10月累计客房平均入住率虽较上年同期上升了25.3个百分点，不过也仅为49.9%。

3. 餐饮业 (饮食业)

近年来澳门餐饮业占同期产业结构比重较为稳定，2020 年的比重为 1.6%，受访澳旅客大幅减少影响，2020 年全行业亦录得了亏损。2020 年在当地有营运的餐饮店铺及街市熟食档共计 2512 间，按年增加 93 间；在职员工有 32827 人，同比减少 1204 人。受疫情下旅客明显减少的影响，行业收入同比下跌 28.8%，支出亦缩减 18.9%，当中员工支出及购货分别减少 13.4% 及 26.3%。行业全年录得 9.4 亿澳门元亏损。

2021 年 9 月，仅有 46% 的受访餐饮商户表示营业额按年上升，不过已较 8 月增加了 14%。对营业额的预期方面，受 2021 年 9 月底再次出现新冠肺炎输入关联个案的影响，有 66% 的受访餐饮商户预计 10 月的营业额环比下跌。

4. 零售业

在疫情前（2019 年）零售业是继博彩业之后受惠于访澳旅客直接旅游消费贡献的第二大行业，特区零售业无可避免也受到疫情冲击。2020 年全年零售业销售总额为 451.9 亿澳门元，按年下跌 41.5%。2020 年在营运的零售场所共有 7245 间，按年减少 74 间；在职员工减少 1295 人至 42296 人。行业收入按年下跌 39.9% 至 476.4 亿澳门元。行业支出按年减少 36.4% 至 462.0 亿澳门元。购货及佣金支出的跌幅最大，按年下跌 42.2%，经营费用和员工支出亦分别减少 27.4% 及 15.6%。

2021 年前三季度零售业销售额按年上升 105.1% 至 554.5 亿澳门元，数值已恢复至疫情前（2019 年）的 98.3%，可能是受惠于在此期间内地旅客访港仍受阻于内地与香港的通关政策，刺激了访澳的内地旅客在澳的消费金额提升。

5. 民航客运业

由于澳门特区民航市场缺乏内陆航线支撑，全为国际或区际航线，因此，在国际与区际通关受限的形势下，澳门民航客运吞吐量于 2020 年仅录得 1173231 人次，为澳门国际机场自 1995 年底启用以来年度的最低水平，较 2019 年大幅下跌 87.8%。2021 年 1~9 月累计，澳门民航客运吞吐量为

971837 人次，同比微升 0.8%。

2021 年 12 月 3 日澳门民航局局长陈颖雄在回应立法议员对特区民航业发展的提问时指出，疫情严重打击特区民航业，2019 年澳门有 24 条国际航线，现在只剩 1 条，估计澳门民航市场最快要到 2024 年才有望恢复原有国际客流量。

6. 会展业

2020 年全年会展活动共有 362 项；与会者/观众有 91.4 万人次。2020年全年收集到资料的 34 项展览，其收入及支出分别为 5351 万澳门元及 1.4亿澳门元。非政府机构主办的展览有 28 项，其收入共有 5071 万澳门元，在扣除支出（5515 万澳门元）和政府及机构资助（2859 万澳门元）后录得3303 万澳门元的负值。

2021 年前三季度会展活动共有 286 项，与会者/入场观众有 68.3 万人次。前三季度 35 项展览的收入及支出分别为 2721 万澳门元及 5064 万澳门元。33 项非政府机构主办的展览收入为 2608 万澳门元，扣除支出（2769 万澳门元）和政府/机构资助（473 万澳门元）后录得 633 万澳门元的负值。

7. 旅行社

2020 年营运中的旅行社共 200 间，按年减少 18 间；在职员工人数同比减少 19.9% 至 3743 名。受疫情影响，2020 年旅行社全年收入录得 75.7% 的按年跌幅，订房服务、旅行团及客运票务收入均下降约八成；支出同比亦减少 72.0%，其中购货、服务及佣金下跌 80.1%。行业全年录得 1.8 亿澳门元亏损。

四　中央与特区政府关于促进澳门入境旅游市场发展的规划与政策

澳门入境旅游在回归后的赌权有限度开放、内地赴港澳自由行家庭收入水平提升、境外资本投入及高管进驻，以及较宽松的外雇政策等利好因素的促进下，得以突破原先市场规模狭小、人力资本供应匮乏、竞争力薄弱的发

展瓶颈，以产值计算已跻身全球同类市场的前列。不过，由于当中的博彩业所产生的负外部性不断外溢，以及经济报酬递减，经过近 20 年的较快发展后，到了近年（2019 年）从旅游服务出口与访澳旅客人均消费等数据分析，澳门入境旅游市场又再次遭遇挑战，而 2020 年初出现的新冠肺炎疫情只不过是加剧了市场已存在的脆弱性，已到了不得不做出改变的时候。本文接着将探讨政府关于促进澳门入境旅游市场发展的主要规划与政策。

（一）国家"十四五"规划关于澳门特区经济发展

2021 年是国家"十四五"规划开局之年，"十四五"时期经济社会发展主要目标分别是：经济发展取得新成效、改革开放迈出新步伐、社会文明程度得到新提高、生态文明建设实现新进步、民生福祉达到新水平，以及国家治理效能得到新提升。

《中华人民共和国国民经济和社会发展第十四个五年规划和二〇三五年远景目标纲要》第六十一章第一节提出"支持澳门丰富世界旅游休闲中心内涵，支持粤澳合作共建横琴，扩展中国与葡语国家商贸合作服务平台功能，打造以中华文化为主流、多元文化共存的交流合作基地，支持澳门发展中医药研发制造、特色金融、高新技术和会展商贸等产业，促进经济适度多元发展"。第二节提出"完善港澳融入国家发展大局、同内地优势互补、协同发展机制。支持港澳参与、助力国家全面开放和现代化经济体系建设，打造共建'一带一路'功能平台。深化内地与港澳经贸、科创合作关系，深化并扩大内地与港澳金融市场互联互通。高质量建设粤港澳大湾区，深化粤港澳合作、泛珠三角区域合作，推进深圳前海、珠海横琴、广州南沙、深港河套等粤港澳重大合作平台建设"。

（二）国家《横琴粤澳深度合作区建设总体方案》

2021 年 9 月，中共中央、国务院印发了《横琴粤澳深度合作区建设总体方案》，并发出通知，要求各地区各部门结合实际认真贯彻落实。

习近平总书记强调，建设横琴粤澳深度合作区（以下简称"深合区"）

的初心就是为澳门产业多元发展创造条件。合作区实施范围为横琴岛"一线"和"二线"之间的海关监管区域,总面积约106平方公里。其中,横琴与澳门特别行政区之间设为"一线";横琴与中华人民共和国关境内其他地区(以下简称内地)之间设为"二线"。

合作区发展的促进澳门经济适度多元的四大新产业为科技研发和高端制造产业、中医药等澳门品牌工业、文旅会展商贸产业、现代金融产业。当中有关发展文旅会展商贸产业的内容提出高水平建设横琴国际休闲旅游岛,支持澳门世界旅游休闲中心建设,在合作区大力发展休闲度假、会议展览、体育赛事观光等旅游产业和休闲养生、康复医疗等大健康产业。加强对周边海岛旅游资源的开发利用,推动粤港澳游艇自由行。支持粤澳两地研究举办国际高品质消费博览会暨世界湾区论坛,打造具有国际影响力的展会平台。允许在合作区内与澳门联合举办跨境会展时,为会展工作人员、专业参展人员和持有展会票务证明的境内外旅客依规办理多次出入境有效签证,在珠海、澳门之间可通过横琴口岸多次自由往返。支持粤澳合作建设高品质进口消费品交易中心,构建高品质消费品交易产业生态。建设中葡国际贸易中心和数字贸易国际枢纽港,推动传统贸易数字化转型。

(三)特区"二五"规划

《澳门特别行政区经济和社会发展第二个五年规划(2021~2025年)》(以下简称特区"二五"规划),主要明确澳门特别行政区未来发展蓝图,对接国家"十四五"规划和2035年远景目标,引领澳门长远及可持续发展,更好融入国家发展大局,推动具有澳门特色的"一国两制"实践行稳致远。

特区"二五"规划的发展目标是到2025年,世界旅游休闲中心内涵更加丰富,中国与葡语国家商贸合作服务平台功能进一步扩展,"以中华文化为主流、多元文化共存的交流合作基地"建设稳步推进,经济适度多元取得实质进展,民生持续改善,文化更加繁荣,政府治理水平得到新提升,维护国家安全的法律制度和执行机制进一步完善,进一步融入国家发展大局,横琴粤澳深度合作区建设阶段性目标顺利实现,琴澳一体化发展格局初步建

立，澳门发展的动力、活力和竞争力不断增强，努力实现"精、优、特、美"发展，建设现代、美丽、幸福、安全、和谐的澳门。

（四）特区2022财政年度施政报告

2021 年 11 月 3 日，澳门特区行政长官贺一诚发表题为《凝心聚力、共创新局》的 2022 财政年度施政报告，指出 2022 年特区施政总方针是：防疫情、稳复苏、保民生、促多元、强合作、谋发展。2022 年将展开"筑牢疫情防控体系，推动经济稳定复苏""大力培育发展产业，加快经济适度多元""共商共建共管共享，务实推进横琴建设"等 9 个方面的工作。其中"大力培育发展产业，加快经济适度多元"部分提出要通过丰富世界旅游休闲中心内涵，推动综合旅游休闲产业提质发展；同时加大力度发展以中医药研发制造为切入点的大健康、现代金融、高新技术、会展商贸和文化体育等产业，培育新的经济增长点，实现新兴重点产业较快发展。促进旅游娱乐业依法规范有序健康发展，依法妥善推进博彩经营权重新竞投的相关工作。深化"旅游＋"跨界融合，促进旅游服务业复苏。加快中医科研成果在澳门及横琴开发和转化生产，推动知名药企落户澳门。推进现代金融业发展，加快科技产业发展，推动会展业专业化和市场化发展，借"澳门国际旅游（产业）博览会"举办十周年契机，向国际会展组织申请展会认证。协助中小企业转型升级，推动工业转型及多元发展。促进文化体育产业成长，发挥第十五届全国运动会对体育产业的拉动作用。

五　澳门入境旅游市场发展建议

澳门特区入境旅游市场经过回归后以博彩娱乐为核心产品，主要面向内地旅客的急速发展阶段后，在新冠肺炎疫情增加跨境活动不确定性、内地刑法修正案严惩组织跨境赌博等新形势下，旅游产品多元化和客源结构多元化已成为展开特区旅游服务出口新一轮发展所急需解决的议题。据此，本文尝试提出以下两点建议。

（一）美食旅游：深挖澳门美食之都魅力吸引更多访客

联合国世界旅游组织（UNWTO）把美食旅游（gastronomic tourism）定义为"游客及旅客出游的行程规划完全或部分是为了品尝旅游目的地的美食或开展与美食有关的活动"。

继澳门历史城区于2005年被联合国教科文组织列入《世界遗产名录》，2017年10月底，澳门特区成功获评为联合国教科文组织–创意城市美食之都。澳门获评为美食之都，是对历经四百多年演变成为经典的澳门美食文化遗产予以全球的肯定，将引发新一代对美食文化，特别是土生葡人美食产生兴趣，并且提供有利条件让美食文化传统得以流传。澳门美食元素转化成旅游产品的潜力仍有待深挖。

美食旅游的参与者大多有兴趣了解他们到访地区的饮食文化和习俗。他们对历史与故事着迷，不遗余力地寻找地道正宗的饮食体验。开发澳门的美食旅游产品要利用所有美食相关元素并将它们包装在一起，挑选独特菜肴，并通过故事将其提升为美食。参考欧盟较成熟的美食旅游产品规划经验，第一步要先归纳出澳门特有的饮食体验，这些体验可以很简单，但必须考虑哪些饮食体验在当地日常生活文化中很常见，而又与其他旅游目的地有所区别，越独特的体验，越有吸引力与竞争优势。第二步是把这些独特饮食体验和故事结合起来与访澳旅客进行沟通对话，告诉他们这些体验的重要性、是在什么时候出现、源自哪里，并尝试把故事与视觉元素相结合，通过全媒体与美食旅游市场需求方进行对话。第三步是针对不同的美食旅游客源目标市场对地道美食体验内容做出调整，以满足不同的品位需求。如大众美食游客倾向于寻找多样化和地道的美食体验，但对价格非常敏感，他们不介意在旅游目的地的街头享用各种特色小食。而美食家游客则更注重奢侈或独家的美食体验，他们愿意在所热爱美食的活动上花费更多，这类型游客除了饮食体验之外，还会对旅游目的地的其他文化活动感兴趣。

在美食旅游产品当中，还可细分出多个利基市场，包括美食节、地道特色美食路线、美食博物馆、烹饪班、品酒活动、食物种植/加工，以及食材

交易市场。美食旅游是更广泛的文化旅游的一部分，游客为了体验地方美食而出游。欧盟有关报告指出，60%的美食游客也有兴趣参加旅游目的地的其他文化活动。因此，"澳门美食之都"风味正好配上"澳门历史城区"故事，为参与澳门美食之旅的游客，提供独特难忘的美食与文化体验。

（二）推进琴澳旅游市场一体化：用好澳门与横琴两地各自优势，提升参与国际旅游市场竞争的能力

澳门特区陆地面积仅有44.52平方公里，可被利用与开发的旅游资源亦十分有限，至今缺乏足够丰富的旅游产品能为游客提供较长时间逗留的行程规划。尽管经过旅游市场各持分者的多年努力，近年来游客平均留澳时间仍少有超过两日，受访旅客当中认为澳门观光点不足的占比也多超过三成。因此，澳门入境旅游市场不容易开发中、长线多元游客已成为长期存在有待解决的问题。

2019年4月，国家发改委官方网站正式公布《横琴国际休闲旅游岛建设方案》（以下简称"建设方案"），根据建设方案介绍，与澳门隔河相望的横琴岛总面积为106.64平方公里，横琴山、海、林、湿地、岸线等生态资源丰富多样，植被良好，70%以上的土地被划为禁建区和限建区，生态用地比例超过50%。长隆海洋度假区连续创造五项吉尼斯世界纪录，荣获全球"主题公园杰出成就奖"。中国国际马戏节、世界女子网球（WTA）超级精英赛、环中国国际公路自行车赛和中国横琴WDC标准舞/拉丁舞邀请赛等一系列国际性赛事落户横琴，大大增强了横琴的社会影响力和吸引力。

因此，若能结合澳门自由港、单独关税区，以及世界级综合旅游体设施等优势，通过琴澳合作区"共商、共建、共管、共享"新体制，推进琴澳旅游市场一体化，一方面可借此吸引新一轮的海内外资本与人才投入，另一方面可利用琴澳两地各具优势的旅游产品所规划的琴澳一体化旅游行程，将更具备条件参与国际旅游的中、长线客源市场竞争。而在推进一体化的进程中，当前亟须突破的障碍则包括进一步降低琴澳之间的人员及运输载具通关手续与时间成本，放宽内地与第三方旅客多次往返琴澳两地的签（注）证

限制，以及在后疫情时期琴澳两地在防疫防控保持一致的前提下确保通关顺畅。

参考文献

《中华人民共和国国民经济和社会发展第十四个五年规划和2035年远景目标纲要》，2021年3月。

《横琴粤澳深度合作区建设总体方案》，2021年9月。

澳门特区政府：《2022年财政年度施政报告》，2021年11月。

国际货币基金组织网站：www.imf.org。

澳门统计暨普查局网站：www.dsec.gov.mo。

G.22
2020～2022年台湾旅游业发展
分析与展望

黄福才　陈伍香*

摘　要： 2020～2021年，台湾地区旅游业发展面临最大的困境是新冠肺炎疫情的影响。台湾观光管理部门先后推出"台湾永续观光发展方案"与"台湾观光迈向2025方案"，并配以实施措施，力图提振台湾观光业。受新冠肺炎疫情冲击，2020年台湾进岛旅客总人次大幅下跌。入台旅客中以旅游为目的者不断减少。大陆居民赴台游2020年前3个月为7万多人次，从2020年3月至2021年9月全部为零。在进出岛旅游基本停滞的状况下，台湾相关部门采取补助等措施，力图拉升居民岛内旅游，但2020年还是出现岛内旅游总人次和总费用均减少的局面。台湾观光产业基础受到前所未有的冲击，企业倒闭、人才流失严重。为了抗疫情保生存，台当局推出防控疫情、纾困补贴等措施，但对现阶段观光产业的促进效应十分有限。未来，台湾观光业将面临如何恢复被严重打乱的旅游服务体系的艰巨任务。

关键词： 台湾旅游　防控新冠肺炎疫情　旅游市场　旅游业复苏

---

* 黄福才，厦门大学管理学院旅游管理专业教授、博士生导师，中国旅游研究院台湾旅游研究基地首席专家，主要研究方向为旅游理论、旅游规划、台湾旅游市场等；陈伍香，广西师范大学历史文化与旅游学院旅游新业态研究中心主任，教授，博士，主要研究方向为旅游市场、生态旅游等。广西师范大学历史文化与旅游学院硕士生路博娣、邵瑞囡、姚晨洋参与核对整理数据和进行数据分析。

一 2020~2021年台湾旅游市场发展分析

近一年多来，新冠肺炎疫情肆虐全球，台湾地区外防输入内防感染，旅游市场深受冲击。三大旅游市场中，进出岛旅游市场极大萎缩，居民岛内游市场总人次和总费用下降。

（一）台湾进岛旅游市场发展分析

1. 2020年台湾进岛旅游市场遭重创

受新冠肺炎疫情的严重冲击，2020年台湾进岛旅客总数为137.79万人次，相较于2019年的1186.41万人次，总数遭断崖式下跌，跌幅为88.39%。2020年各主要客源市场均受到明显影响，所居位置发生变化，依人次排名分别是日本、韩国、中国港澳地区、中国大陆、越南、美国、马来西亚等。其中，日本以26.97万人次替代大陆市场成为2020年台湾进岛旅客的第一大客源市场，而大陆市场以95.91%的最高跌幅退出第一大客源市场，位居第四，共11.11万人次。韩国从2019年的第四大客源市场上升至第二位，韩国进岛旅客人次为17.89万人次，虽相对之下人数较多，但与2019年入岛旅客人次相比依旧下跌85.60%。中国港澳地区保持第三大客源市场位置，旅客人次的增长率由2019年的6.31%跌至-89.89%。各主要客源市场情况如表1所示。

表1 2020年台湾主要客源市场入岛旅客人次及其增长率

主要客源市场		入岛旅客数量（人次）		增长率（%）
序号	名称	2020年	2019年	
1	日本	269659	2167952	-87.56
2	韩国	178911	1242598	-85.60
3	中国港澳地区	177654	1758006	-89.89

主要客源市场		入岛旅客数量（人次）		增长率（%）
序号	名称	2020 年	2019 年	
4	中国大陆	111050	2714065	-95.91
5	越南	110882	405396	-72.65
6	美国	82872	605054	-86.30
7	马来西亚	72705	537692	-86.48

资料来源：台湾观光管理部门观光业务统计。

台湾观光管理部门组织调查的资料显示，进岛游有以下几方面情况值得分析。

2020 年进岛游客平均每人每天消费额 1～3 月为 152.09 美元，7～12 月为 86.25 美元。再据来台游客人次、来台游客平均停留夜数、来台游客平均每人每日消费金额三者乘积可估算出，2020 年台湾地区观光外汇总收入为 18 亿美元。相比于 2019 年的 144.11 亿美元，跌幅为 87.5%。

2020 年 1～3 月的主要进岛原因以"观光"居多，占 62.59%；其次是"探亲或访友"，占 24%。7～12 月的主要进岛原因以"探亲或访友"居多，占 57.28%；其次是"商务"，占 33.66%。

2020 年受疫情管制的影响，进岛游客平均停留夜数也与以往大不相同。2020 年 1～3 月平均停留夜数为 7.56 夜，4～12 月的平均停留夜数受居家隔离 14 天和自主管理 14 天要求的影响，高达 35.85 夜。但因 2020 年 1～3 月的进岛游客占全年的 90.62%，因此 2020 年全年进岛游客平均停留夜数为 8.29 夜。相较于 2019 年的 6.20 夜，同比增长 33.70%。

调查结果显示，2020 年 1～3 月以及 7～12 月均有 96% 以上的进岛游客对在台旅游的整体满意度倾向满意。其中满意度较高的是旅客观光便利性、观光环境规范化和环境设施安全。2020 年进岛旅游的重游率也发生了较大的变化。2020 年 1～3 月有 99.20% 的游客有重游意愿，其中以观光为目的再度进岛的游客最多，占 76.47%。7～12 月有 99.46% 的游客有重游意愿，其中以探亲或访友为目的再度进岛的游客最多，占55.37%。进岛游客旅游结束后的感知度较高，2020年1~3月和7~12月分别有98.64%和97.36的游客会推荐亲友来台旅游。

2020年1~3月与7~12月给进岛游客留下最深刻印象的均为美味菜肴，但第二名和第三名有略微差异。1~3月的第二名为景点，第三名为逛夜市；7~12月的第二名为人情味浓，第三名为便利商店。除此之外，水果、历史古镇、海岸风光、泡温泉等也给进岛游客留下深刻的印象。

2.2021年前7个月台湾进岛旅游市场持续萎缩

受新冠肺炎疫情防控措施的影响，2021年进岛旅客市场依旧受限明显。据台湾观光管理部门统计，2021年1~7月进岛旅客总人次为8.27万，与2020年同期的127.36万人次相比，减少119.09万人次，跌幅为93.51%。其中以观光为目的的进岛游客1~7月均在40人以下，其中4月人数最多为36人，6月1人，7月归零；7个月份以观光为目的入岛游客总人次仅为127人次，与2019年同期的69.40万人次相比，跌幅达99.98%。

2021年1~7月，台湾进岛旅客前七大客源市场旅游总人次及其增长率继续大幅下降，与2020年同期相比，日本赴台旅客人次跌幅最大，仅为5586人次，减少25.85万人次，跌幅为97.88%；其次是中国大陆地区，赴台旅客人次为5704人次（以旅游为目的者仍为零），跌幅为94.35%；其他主要客源市场跌幅为73.70%~91.16%。同时，进岛旅客主要客源市场排序也有很大的变化。越南由2020年1~7月的第五位上升至2021年同期的第一位，进岛旅客人次为2.19万人次，跌幅为73.70%。菲律宾由第七位上升至第二位，进岛旅客人次为6766人次。美国由第六位上升至第三位，泰国由第九位上升至第四位，印尼由第十一位上升至第五位，中国大陆由第四位下降至第六位，日本由第一位下降至第七位。2021年1~7月进岛旅客主要市场情况如表2所示。

表2 2021 年 1~7 月台湾主要客源市场入岛旅客人次及其增长率

主要客源市场		入岛旅客数量（人次）		增长率（%）
序号	名称	2021 年 1~7 月	2020 年 1~7 月	
1	越南	21918	83353	-73.70
2	菲律宾	6766	71076	-90.48
3	美国	6764	76501	-91.16
4	泰国	6101	56241	-89.15
5	印尼	6094	43183	-85.89
6	中国大陆	5704	100868	-94.35
7	日本	5586	264041	-97.88

资料来源：台湾观光管理部门观光业务统计。

（二）台湾居民岛内旅游市场发展分析

1. 2020 年台湾居民岛内旅游人次总量减少，旅游总费用减少

近一年多来，台湾观光市场只有岛内游勉强发展，但单靠台湾本地游的经营远不足以支撑观光产业的发展。2020 年受新冠肺炎疫情影响，台湾民众减少旅游行程，居民岛内旅游人次继续下滑，从 2019 年的 1.69 亿人次减少到 1.43 亿人次，减少 15.38%。居民全年平均旅游次数由 2019 年的 7.99 次下降至 2020 年的 6.74 次，减少 1.25 次，为 2011 年以来新低；居民岛内旅游比例为 88.4%，与 2020 年的 91.9% 相比下降 3.5 个百分点。旅游满意度、旅游消费费用等方面相对较好，其中旅游满意度（包括非常满意与还算满意）为 98.7%，每人每次旅游平均费用为 2433 元新台币，较上年增长 4.87%。台湾居民岛内旅游总费用由 2019 年的 3927 亿元新台币跌至 2020 年的 3478 亿元新台币，减少 11.43%。

2. 2020 年出游时间仍以周末为主，目的以观光休闲为主

台湾居民岛内旅游时间仍相对集中，以周末或星期日出游为主，占比为 52.6%，与 2019 年的 55.3% 相较，略为减少。从出游目的看，主要为观光、休憩和度假，占比为 79.2%，较 2019 年减少 2.2 个百分点，探亲访友为目的者占19.9%，较2019年增加2.6个百分点，与2019相比较，旅游目的无显著差异。从旅游的天数看，岛内居民出游多为1日游，占比为66.4%，与2019年持平。从出游目的地看，以居住地区周边为主，出游考虑的因素还以交通便利程度为主。

3.2020年出游停留时间及消费有限，个人游比例较高

由于居民岛内游仍以1日游为主，且以周边地区活动为主，出游平均停留天数为1.54天，比2019年的1.51天增长0.03天。居民出游中对住宿等消费有限，对观光业实际带动力处于较低水平。调查显示，2020年约有66.4%的岛内出游为当日往返，外出住宿率为17.0%，住宿方式与2019年的统计数据相比较无显著差异。在旅游方式上，个人旅游的游客约为89.0%，较之2019年增长了2.5个百分点，选择团队旅游的游客主要出于套装行程具吸引力、节省自行规划行程的时间、不必自己开车、价格具有吸引力、缺乏到旅游景点的交通工具等原因。

4.获取出游信息的渠道多样，借助网络订购旅游产品比例低

尽管居民出游信息获取途径多样，但通过计算机网络与社群媒体的比例最高，为52.8%；其次为从亲友、同事或同学处获取信息，为46.8%。与2019年相比，从计算机网络与社群媒体获取信息的比例增加3.9个百分点，从亲友、同事或同学处获取信息的比例降低1.3个百分点。再从岛内居民购买旅游产品的渠道来看，2020年借助网络订购的比例仍较低，为12.7%，较2019年无显著差异。按照订购产品类型划分，仅有10.4%的居民出游时使用网络订购旅馆民宿，1.1%的居民使用网络订购火车票，而在机票预订、旅游套餐、租车等方面的网络预订比例仍均在0.5%以下。

5.2020年下半年居民岛内游市场略有好转

2020年初，受新冠肺炎疫情影响，台湾地区疫情防控机构建议停止非必要的室内外集会活动以避免群聚感染，进而限制岛内旅游，因此4月旅次最少，占比为4.5%。下半年，疫情较为稳定，各种经济振兴的方案提出，加之台湾当局奖励消费政策的刺激，民众岛内游市场有所增加。岛内旅次在6月及9月较多，占比依次为14.5%、12.6%。2020年有37.0%的受访民

众减少岛内旅游次数，减少的原因主要为担心受到病毒感染及配合防疫政策。

（三）台湾居民出岛旅游市场发展分析

受疫情影响，2020～2021 年台湾居民出岛旅游市场处于萧条、低迷态势。2020 年居民出岛旅客累计 2335564 人次，与 2019 年累计的 17101335 人次相比，负增长 86.34%。2021 年 1～9 月出岛旅客累计 285002 人次，与上年同期 2261190 人次相比，负增长 87.40%。据 2020 年市场调查，17.2% 的台湾居民原有出岛旅行计划，因疫情影响，计划变更以"取消出岛"最多。据统计，有出岛旅游计划者中，有 75.5% 因新冠肺炎疫情影响而"取消出岛"，17.9% 为"延后出岛"，0.4% 为"提前回岛"，另有 6.2%"未受影响照原计划出岛"。

受 2020 年疫情影响和疫情防控措施限制，加上台湾观光管理部门组织的 2020 年台湾旅游状况调查在第一季度。因此，本文部分数据指标分析以 2020 年第一季度相关资料为主。

1. 居民出岛游市场总量减少，人均消费支出略有增加

2020 年第一季度台湾居民出岛总人次降至 211.6648 万，与 2019 年第一季度相比，减少了 49.17%；出岛旅游率下降了 6.3 个百分点；出岛旅游每人每次平均消费支出为 48419 元新台币，较之 2019 年第一季度增加了 1.73%。出岛旅游的总消费支出（含旅程机票）由 2019 年第一季度的 1982 亿元新台币降至 1025 亿元新台币，减少 48.28%。2020 年，有 30.2% 的台湾居民完全没有意愿出岛旅游。其他影响台湾居民出岛旅游意愿的因素，以假期长短或时间可以配合的比例最高，占 20.1%；其次是行程（景点或活动）具吸引力及预算充足，占比依次为 10.8%、10.5%。

2. 出岛游目的以观光为主，目的地集中于亚洲地区

2020 年第一季度出岛旅游目的地中，从大区域看，81.9% 集中于亚洲地区，其次是美洲地区，再次为欧洲地区。从国家或地区看，赴日本旅游的最多，占比为 32.2%；赴韩国旅游居其次，占总数的 12.5%；赴大陆地区

旅游居其三，占总数的 9.9%。居民出岛游的目的未出现较大变化，观光旅游仍居首位，占 76.2%；其次是探访亲友，占 10.9%；再次是商务活动，占 7.2%。出岛旅游原因以亲友邀约居多，占 40.4%；而以好奇和体验异国风情为次，占 18.5%；以疏解压力居三，占 17.9%。

3. 个人游仍是主要出游方式，网络订购旅游产品较为普遍

2020 年第一季度，在出游方式上，个人旅游方式占 72.8%，团队旅游占 27.2%。在出岛旅游选择团队方面，主要基于亲友推荐、价格合理公道、过去参加过该旅行社的行程等原因。在旅游产品的订购中，有 49.6% 的旅次使用网络订购，订购项目主要为旅程机票，占比为 41.4%；其次为目的地订房，占比为 32.3%。

二　2020～2021年台湾旅游产业发展分析

在世界性疫情的严重影响下，缺少进出岛旅游消费者，台湾旅游产业一落千丈，观光业所涉及的各行业深受冲击。

（一）2020年台湾旅游产业发展分析

1. 旅行社业发展状况

台湾观光管理部门的统计数据显示，截至 2020 年底，台湾地区旅行社总公司数量为 3194 家，较 2019 年增加 49 家，增幅为 1.56%，其中综合类旅行社总公司为 139 家、甲种旅行社总公司为 2753 家、乙种旅行社总公司为 302 家，三类旅行社总公司数量较 2019 年分别增加了 - 2.11%、0.84% 和 10.62%。与 2019 年增幅相比较，绝大部分旅行社数量增幅均下降，其中，旅行社总公司、综合类旅行社总公司、甲种旅行社总公司的增幅分别下滑了 0.88 个百分点、5.76 个百分点、1.48 个百分点，仅乙种旅行社总公司的增幅上涨了 7.60 个百分点，反映出 2020 年台湾旅游业受疫情影响明显。值得注意的是，这里的数据属于统计层面的数字，实际能正常经营运作的旅行社数量要大打折扣。另外，旅行社业务中以经营台湾居民岛内旅游为主的旅行

社业绩会好些,而一些以经营进出岛旅游业务的旅行社业绩凄惨。

旅行社从业人员方面,岛内旅行社从业人员中持有印尼语、泰语、马来语、越南语等执照的导游人数均有小幅提升。截至2020年底,以上各语种从业导游分别为96人、141人、25人和146人,较2019年分别增加了12.94%、8.46%、8.70%和10.61%,但这与2019年以上四语种从业导游数平均26.96%的增幅相去甚远,说明在疫情环境下东南亚地区进岛旅游情况受台湾当局"新南向"政策的刺激影响已明显减弱,进岛旅游人次总量跳水明显。截至2020年12月,旅行社中领取执照领队人数为65820人,领取执照导游人数为44190人,与2019年相比大体持平。统计层面的数据比较漂亮,由于4月以后进出岛旅游绝大部分停滞,实际上许多导游已无导游之事可干,大量已转行从事其他工作。

2.旅馆业及民宿发展状况

台湾岛内旅馆业与民宿发展在2020年呈明显的两极分化趋势(见表3)。观光旅馆业深受打击,一般旅馆艰难维持,而民宿经营者有所发展。统计显示,截至2020年12月,观光旅馆减少4家,房间数减少351间。民宿则有增长,2020年底台湾民宿数量为9798家,较2019年同期增加了530家;民宿房间数由39000间增加至41752间,增加2752间,增幅为7.06%。从统计数据面看情况不错,然而实际上许多住宿设施经营困难、勉强维持,主要业务是经营台湾民众岛内游。

从岛内住宿业的分布看,旅馆业集中于经济较为发达的台北、台中和高雄等地,三地合法旅馆数量均超过390家,占全岛旅馆总数的41.50%,其中台北市最多,达609家。民宿业则主要集中于花莲、宜兰、台东等自然风光资源丰富的地区,三地的合法民宿数量均超过1000家,占全岛合法民宿总数的48.32%。其中花莲的合法民宿最多,达1789家,占岛内合法民宿总量的18.26%,宜兰和台东的合法民宿分别占16.42%、13.64%。除此之外,屏东和澎湖的民宿数量也将突破1000家大关,分别为925家和938家,占岛内民宿总数的9.44%和9.57%。

表3　台湾旅馆业及民宿发展情况

旅馆业及民宿		旅馆			客房		
		2020年(家)	2019年(家)	增长率(%)	2020年(间)	2019年(间)	增长率(%)
观光旅馆	国际观光旅馆	78	80	-2.50	21897	22096	-0.90
	一般观光旅馆	45	47	-4.26	6710	6862	-2.22
一般旅馆		3393	3373	0.59	169650	167036	1.56
民宿		9798	9268	5.72	41752	39000	7.06

资料来源:台湾观光管理部门2019年和2020年的台湾旅馆业及民宿家数、客房数统计。

从观光旅馆业的整体经营状况看,2020年1~12月总营业收入为404.98亿元新台币,其中包括客房总营业收入144.76亿元新台币和餐饮总营业收入208.81亿元新台币。观光旅馆业总营业收入与2019年同期相比,下跌32.49%,其中客房收入比2019年同期减少123.05亿元新台币,下跌45.95%;餐饮收入比2019年同期减少55.24亿元新台币,下跌20.92%。在民众岛内游的支撑下,全年全岛民宿平均入住率为25.80%,较2019年的24.32%有小幅增长;平均房价为2265元新台币,较2019年的2363元新台币,略有下调。2020年全岛民宿合计收入为73.30亿元新台币,较2019年同期增长8.30亿元新台币,增长12.77%。

(二)新冠肺炎疫情对台湾观光业的影响

新冠肺炎疫情肆虐全球至今已近2年,受其冲击台湾百业萧条,观光业更是最主要受害者,海外和两岸业务都停摆,严重影响台湾旅游业所涉及的各行业。根据台湾观光管理部门公布的资料,2020年到台旅客量较2019年大减约1050万人次,观光业产值衰退超过3700亿元新台币,足见台湾观光产业遭遇巨大冲击,观光业所涉各行业经营困难。

1. 旅行社经营持续恶化

2020年以来,新冠肺炎疫情继续在全球流行,没有了进出岛旅游的消

费者，各类型旅行社只能想方设法维持门面，无业务可做，有的卖掉一些资产苦苦支撑，支撑不了只好关门倒闭。据台湾旅行业品质保障协会统计，2020 年至 2021 年上半年，已有 60 多家旅行社倒闭歇业①，还有大量旅行社裁员或"隐性倒闭"，不少旅行社业者转业另谋生路。线上旅游平台业者同样煎熬，多家 OTA 平台都表示受疫情冲击，订单几乎为零。2021年 5 月起，台湾地区本土疫情比 2020 年更加严峻，台湾商业总会 6 月公布的调查报告指出，2021 年 5 月服务业平均营收较 2019 年衰退 56%，旅行业营业收入下降 95%。

2. 旅游住宿业惨淡经营

据台湾媒体报道，台湾商业总会 2020 年 5 月上旬进行的调查显示，旅馆业 4 月营业收入不佳，都会型旅馆订房率不到 1 成，有的旅馆 3 月到5 月初两个月零订单，观光型旅馆订房率约为 15%。2021 年 5 月疫情再暴发后，很多饭店没有营业或改为防疫旅馆，很多餐厅也没有开，客人只能吃盒饭，旅宿业营收下降 70%，餐饮业营收下降 80%，交通运输业营收下降 90%，营收皆创下历史新低②。观光旅游住宿产业链中相关从业人员大量被迫放无薪假。据台湾媒体报道，2021 年 8 月台湾地区共有3700 多家观光旅馆，有一半歇业，另一半的二到三成转成防疫旅馆，剩下的都在挣扎③。

3. 旅游相关行业难逃厄运

疫情明显限制台湾民众及各类旅客的旅行活动，必然严重影响涉旅行业的经营业绩。与人们出游相关的航空业，继中华航空早先宣布主管减薪10%、鼓励员工请无薪特别事假后，长荣航空亦跟进开放员工申请"专案

① 《断崖式暴跌：台湾观光产业变"惨业"》，中国新闻网，2021 年 8 月 20 日，http：//www.chinanews.com/tw/2021/08 - 20/9547809.shtml。
② 《一潭死水，高雄旅行公会理事长叹看不到尽头》，中国评论新闻网，2021 年 8 月 13 日，http：//www.crntt.com/doc/1061/5/6/8/106156820.html？coluid ＝ 1&kindid ＝ 0&docid ＝106156820&mdate ＝0813103248。
③ 《断崖式暴跌：台湾观光产业变"惨业"》，新华社新媒体，2021 年 8 月 20 日，https：//baijiahao.baidu.com/s？id ＝1708591913096175114&wfr ＝spider&for ＝pc。

事假"。两岸航空客运原占有较大比例，2020年尚有10644个架次，2021年1月至8月，两岸客运直航合计飞航3571个班次，较上年度同期减少5131个班次（降幅为58.96%），载运旅客为18.7万人次，较上年度同期减少约72万人次（降幅为79.36%）①。与此同时，大陆游客及海外观光客大幅度减少，知名观光景区旅游人次断崖式暴跌，缺少境外游客，旅游购物等相关产业也深受影响。日月潭游艇业开始放无薪假，台北、高雄等地商圈经营困难。据2021年7月媒体报道，台中糕饼业产值砍九成。金门县受疫情冲击，2020年相关产业的业绩下降约70%，金门产业龙头——金酒公司营收减少19亿元新台币。再据台观光管理部门统计，2021年5月，岛内各大游憩据点游客数同比大减84.5%，多数县市衰退超过90%，金门、马祖游客人数更是挂零。6月中旬，因疫情管控升级，台观光管理部门宣布各主要风景区和观光游乐业景点全面暂停开放数月。

三 推行相关政策及效应分析

面对疫情蔓延，台湾观光管理等部门除了实施推动观光业务发展的政策和实施方案，更有针对疫情防控的管制政策，还有纾解行业及从业人员受疫情冲击所遇困难的举措。然而，疫情涉及全球、影响程度前所未有且延续时间长，这些政策短期内实际效应十分有限。

（一）推观光业发展政策，实际效果作用有限

台湾观光管理部门在观光业务政策上，先后提出"台湾永续观光发展方案"与"台湾观光迈向2025方案"，同时推出实施方案的具体措施。这些实施方案和措施在一定程度上推动观光业的发展，让观光业者有一定的政策方向。但有的业者认为，管理部门不断有新的口号，每年都要重新开始，

---

① 《台湾飞大陆航点仅剩4个，台业者忧"复点"不易》，http://shtaixie.org/hot/1732-cn.html？ivk_sa=1024320u。

前后衔接上效果不理想，这样的做法不断铲除人们的记忆和想象，去创造新的体验与尝试，还是应考虑观光政策措施的延续性，从而接续促进台湾观光业更有序发展。在具体举措上，观光管理部门主要推进两大方面的政策：一是因应新冠肺炎疫情对观光产业的冲击，推动"观光产业纾困及振兴方案"；二是推出"观光前瞻建设计划"，力图协助观光产业渡过难关，稳固观光发展成果。在推动前瞻基础设施建设方面，提出加速东北角、北观、日月潭、阿里山、东海岸及澎湖等6个重点风景区的景点建设，为疫后观光业进一步发展做准备。在观光产品及营销上，推出2021年主打的"自行车旅游年"，优化环岛自行车路网，规划建设多元自行车路线、自行车友善旅宿及特色游程等。这些措施作为一个区域观光产业的日常工作，发挥正面作用，然而疫情严重且拖延时间长，促进产业发展的相关举措短期效果十分有限，等不到批量进岛游客的观光业者又将在煎熬中过去一年，台湾观光业仍处于经营困难的境地。

（二）推出防控疫情措施，旅游为目的入台少

2020年疫情突发之初，台湾地区在全球新冠肺炎防疫排名中居第二，但2021年5月疫情防控出现明显反复，在下半年的全球防疫排名中台湾地区退至倒数第七。因应防疫需要，台湾当局相关管理部门宣布自2020年3月19日零时起，限制所有非台湾本省籍人员入境，事前申请核准者予以放行，且所有入境者都须进行居家防疫14天。同时要求旅游业暂停组团赴境外旅游及接待来台观光团队入境，并提醒台湾居民应避免所有非必要之出岛旅游。这些措施对防控疫情扩散发挥应有作用，但对台湾观光业而言，势必造成以旅游为目的的旅客数急速下降，2020年1~3月时旅游市场偏弱，但仍属正常，各有入岛旅游者48.67万、11.54万、32万人次；但自4月开始，每月以旅游为目的的旅客均不到50人次，最少的4~6月仅有10~12人次。2021年的状况更加恶化，2021年1~9月以旅游为目的入台旅客总数仅有138人。由此可见，自2020年4月至今，台湾入岛旅游市场已基本萎缩，形势异常严峻。

（三）当局推出纾困方案，力图救市成效有限

自疫情发生以来，台湾观光业者一直处在十分艰难的境地。台湾当局推出 4 波补贴措施，力图协助业界展开紧急救助。2020 年台当局提出 3 波防疫纾困预算共新台币 4200 亿元，这些纾困补贴绝大部分使用台湾观光发展基金，致使至 2020 年底观光基金创下 22 年来首度用罄的纪录。2021 年 5 月底，台当局再推出防疫纾困 4.0 方案。首先，纾困方案涉及从业人员的纾困补贴，导游领队、岛内游随团服务人员、旅行业和观光旅馆业及旅馆业等四个方面分别对符合申请资格的相关业者发放补贴。这举措之目的包括企图稳住观光产业的人才，但实际效果不能如当局所愿。纾困方案对暂时缓解业内人员生活困难有一定帮助，但疫情影响时间长，且纾困力道不足，补助杯水车薪，观光从业人员还是大量流失。其次，台观光管理部门向市县政府提供财政援助，鼓励酒店参与"防疫旅宿"计划，以配合开展防疫工作，降低社区感染风险。该措施有利于防控疫情，也为一部分酒店解决经营出路。最后，为鼓励旅行业落实防疫规定，创新组合旅游产品，观光管理部门在 2021 年 10 月推出奖励旅行业推广特色团体旅游政策，对组团人数 15 人以上的居民岛内游给予奖励。这措施在一定程度上促进民众岛内游市场发展，但由于奖励方案对补助限制多，不少业者抱怨"看得到吃不到"，效果有限。应该讲这些措施在减缓疫情对观光业者影响和扶持观光企业还是有一定作用的，不过从实际效果来看，不少民众对此并不买账，认为这种撒钱式的补助救不了观光业，补贴一旦用完，产业不景气等问题依然无法避免。

（四）疫情防控措施变化，进出岛人次波动大

2021 年初由于欧美疫情大暴发、台湾赴欧美留学的学生纷纷回台"避难"等因素，3~5 月入岛人次明显增加，与 2020 年同期相比，4 月和 5 月分别增长 597.26% 与 229.82%。在这前后台湾本土疫情出现反复，台湾岛内疫苗一剂难求，引发出岛打疫苗的场面。6~8 月出岛人次显著增长，据岛内业者分析，一些人是抢着到中国大陆或美国打疫苗。据国台办公布的数

据，截至 2021 年 8 月 31 日，有 15.6 万余名在大陆台胞接种疫苗，累计接种逾 29 万剂次①。当然，打疫苗属重要因素，其他还包括商务、探亲等因素。

（五）推措施促岛内旅游，旅行社难获政策红利

疫情发生之前，台湾旅行社八成从事出岛游，经营入台游和居民岛内游则各占一成，这是个结构性问题。在疫情发生后，进出岛游的业务绝大部分停止运行，旅行社很难均转为经营居民岛内游，一方面居民岛内游规模以往大概一年 1.6 亿人次，但大部分采取自助游方式，只有约 10% 会通过旅行社安排，另一方面居民岛内游对旅行社而言利润微薄。因此，大部分旅行社难以分享政策红利，旅行社这一结构性问题也造成疫情下旅行业运营面临严重挑战。

四 2021~2022年台湾旅游业发展展望

（一）当局政策重点将调整，关注疫后重启旅游业

旅游业之发展要有人员广泛且安全的流动环境和条件。台湾观光业恢复与发展，既要有重启恢复产业的政策措施，更要有可靠的防疫管控措施，同时台湾应逐渐优化检疫隔离政策。在台湾观光业界呼吁尽快开放观光客的情况下，台湾相关部门提出"要两剂疫苗覆盖率达到八成，才会考虑放宽边境的防疫政策"。可见，在当前全球疫情防控形势下，防疫成为观光业正常发展的最大症结，其中关键是尽快提高台湾民众疫苗接种率，且接种的疫苗要取得国际组织的认证，以免影响出境旅客行程。台湾民众希望当局对新冠肺炎疫苗的选用不要受意识形态影响，不应刻意排除国际上认可的大陆制疫

---

① 《已有 15.6 万余名在大陆台胞接种疫苗》，中国日报网，2021 年 9 月 16 日，https：// baijiahao. baidu. com/s？ id = 1711021539604585983&wfr = spider&for = pc。

苗，以使台湾能获得足够的疫苗。在产业恢复发展上，前一阶段台湾当局扶持观光业的政策侧重补贴纾困，在 2021 年推出防疫纾困 4.0 方案之后，台当局举债近 60 亿元新台币注入观光发展基金，并明确今后这一发展基金重点不再用于纾困和振兴旅游补助，而是着重硬件设备建设。《台湾观光迈向2025 方案（2021~2025 年）》显示，台湾旅游业接着将通过"打造魅力景点、整备主题旅游、优化产业环境、推展数位体验"等主要策略，逐渐推广出入岛旅游；在疫情趋缓后以"广拓观光市场、加大行销力道"为重点，逐步树立台湾从有效防疫成为特色观光的品牌形象。在客源拓展方面，视疫情发展渐次调整宣传步调，疫情解封后，以优先恢复来台旅客人次为目标，再争取游客人次稳定增长，重点包含精准开拓入岛旅游市场客源，争取高消费目标客群。强调要根据国际上疫情解封状况，落实"解封前维持温度，解封后迅速加温"的做法。疫情期间以在线宣传媒介为主，疫情缓解后，再精准营销，优先瞄准航程 4 小时内的主力市场，特别注重开拓亚太区、东南亚邻近区域的客源市场，同时持续关注欧美长线市场。

（二）市场复苏不确定性强，进出岛游市场恢复慢

当前不单全球疫情防控形势依然严峻，国外疫情此起彼伏，区域疫情也时有反弹。台湾地区内疫情仍处于动态清零进程中，岛外输入病例的发生并未停止，各地仍在严加防控，这些给未来的出入岛旅游市场的复苏带来了不确定性，出入岛游的恢复尚需时日。台湾观光管理部门曾乐观地预测，2021年赴台游客可能不超过 100 万人次，且大多还不是以观光为目的的。然而实际情况十分残酷，可能全年入台旅客在 15 万人次以内，最乐观也达不到 20万人次，而且入台者基本上是商务工作上的需要，真正填报以旅游观光为目的者可能不足 200 人次。展望 2022 年，台湾观光业复苏与发展程度仍寄托于疫情形势，特别是应尽快解决好疫苗问题和开拓大陆市场等问题，更多地回归市场规律，采取有效措施，友善待客，从而吸引更多游客赴台游。从台湾民众出岛游的预期状况看，民众出岛游目的地选择将更加谨慎，人们将首先选择防范疫情方面做得好、以往更为熟悉、方便交流的地方。结合传统上

台湾民众出岛游主要区域考虑，台湾民众将以中国大陆、中国港澳地区和日本为优先考虑的出游地。受全球疫情不断反复的冲击加之台湾民众缺乏疫苗，估计 2021 年民众出岛游人次不会超过 40 万，2022 年出岛游将在全球或一定区域范围内疫情缓和稳定之后逐渐恢复。

（三）交往是民众权利需求，疫后两岸旅游将重启

两岸民众有权利在共同家园内来往交流，他们也有相互旅游等多种需求。在疫情发生前数年里，台湾民众每年有 600 万人次前往中国大陆，大陆居民赴台游也自 2008 年之后的多年里达数百万人次。自 2020 年疫情发生后，两岸人员往来被按下暂停键，但疫后在旅游等需求的强烈推动下，旅游肯定还会重启。当前两岸经贸依存度走高，据台湾相关部门统计分析，2021 年 1 ~ 9 月，台湾地区对大陆出口占总出口量的 42.7%，大陆稳居台湾出口市场第一位。目前至少有 100 万位台商长期在大陆，他们及亲朋好友也需要经常往来于两岸。不仅绝大部分台湾同胞渴望游览祖国壮美河山、探寻祖地文化，大陆居民也对祖国宝岛的自然和人文景观有着特殊感情。两岸民众都有强烈的旅游观光及交往交流的需求，这成为推进疫后两岸旅游重启的动力。恢复两岸旅游，成为相当一部分台湾民众心底的期待。台湾观光业者忆及当年大陆居民赴台游热潮时表示，超过八成大陆游客都是环岛游，带来的是近一周的住宿以及非常可观的购物规模，这对台湾经济成长的带动，相比其他国家和地区高出七成。他们也因此认为大陆客源市场仍是托起台湾入岛旅游市场的重要动力因素，建议相关部门积极规划未来开放的脚步。大陆旅游部门已为重新启动入境旅游进行营销工作，特别注意吸引台湾同胞赴大陆旅游，近期着力推出"美丽中华相约冬奥"活动和长江文化、黄河文化等旅游线路。

（四）两岸旅游重启难事多，期待"小三通"成突破地

两岸旅游交流要在疫后重新启动，迫切需要解决已暂停的运作业务程序和防疫问题。疫情防控情势好转初期，既有两岸疫苗认证协调问题，又有解

决目前仅剩4个城市航点、增加开放城市航点协调等问题，还有两岸旅行业者业务对接运行是否调整等问题，而种种问题的协商渠道、平台问题也有待解决。可见，两岸旅游交流重启将面临重重困难，一段时间内大陆赴台游难有明显增长。坚信两岸人民的智慧将克服这些难题。当前，台湾民众的议论多是希望能以重启"小三通"为试点，在疫情得到有效控制后，逐步推动"小三通"及两岸海空客运复航，逐步开放两岸交往与旅游，为两岸旅游业界与民众创造福祉。

（五）疫后台湾观光业恢复，面临已乱的接待体系

如前所述，在疫情较长时间冲击下，台湾观光产业所涉行业受到巨大影响。据统计，在台观光部门登记的旅行业从业人员约4.8万人，但在执行从业人员纾困登记中，接受薪资补贴的只有1.7万人，可见近六成员工已流失，这批流失的人员能否在疫后重回观光企业，情况难料。另据报道，在疫情蔓延期间台湾游览车普遍没有生意可做，大量司机转行，有的改开物流车、工程洒水车等，还有人转行成为外送员；而且交通管理部门对大游览车司机要求高，规定游览车驾驶员须有两年大客车驾驶经验，这样就出现游览车司机难找的情况，近期岛内一些景区便面临游览车"有车没司机"的窘境。再者前一年多台湾还有不少旅行社几乎停顿，有的有换办公室的问题，还有不少旅行社内勤业务人员转行，也需在复苏后重新招聘员工。一些地方还有将整体通关检疫及码头设施等建设好的问题。可见疫情解封后，台湾观光业将面临被打乱或瘫痪的服务接待体系等问题，要找回已转行的导游员，要准备合适的经营地址，要解决"有本没司机"等诸多难题。

参考文献

中共中央台办、国务院台办网：http：//www.gwytb.gov.cn/。

中国台湾网：http：//www.taiwan.cn/。

《业务资讯——观光政策》，台湾观光管理部门网，https：//admin. taiwan. net. tw/ BusinessInfo/zhengce。

《业务资讯——观光统计（观光市场概况概述、观光市场调查摘要、观光业务统计、观光统计月报等）》，台湾观光管理部门网，https：//admin. taiwan. net. tw/BusinessInfo/ TouristStatistics。

《业务资讯——观光产业（旅行业、旅馆及民宿）》，台湾观光管理部门网， https：//admin. taiwan. net. tw/BusinessInfo/TourismIndustry。

Abstract

Tourism Development in China: Analysis & Forecast (2021 – 2022) (Vol. 20 of Tourism Green Book) is the 20th annual report on tourism development compiled by the Tourism Research Center, Chinese Academy of Social Science (CASSTRC). Centering on the theme of " New Development Paradigm of Tourism", this book forecasts the new trends of China's tourism development in 2021 – 2022 through one general report and nearly 20 special reports.

In 2021, the globaleconomy is recovering imbalanced under the impact of COVID – 19, and the recovery of the global tourism market is slow and unstable. China's economic and social policies provide support for structural adjustment, and the tourism industry is accelerating to form a new development paradigm: tourism has integrated into the "14th Five – Year Plan" comprehensive development; under the normal situation of epidemic prevention and control, the safe and healthy development of tourism has been guided; the two-way adjustment of supply and demand has promoted the recovery of tourism; the innovation of digital economy has stimulated the development momentum of the industry; the integration of various industries has boosted the high-quality development of tourism, the red tourism has focuses on highlighting historical and social values. In 2022, the tourism industry should better adapt to the changing of supply and demand in the tourism market, promote the implementation of tourism-related policies and guidelines, give full play to the leading role of advantageous areas, and take advantage of major events to boost the integrated development of tourism, in order to grasp the new situation and new opportunities of the industry recovery. During the "14th Five – Year Plan" period, the path of high-quality development of tourism is to gather market confidence, expand industrial integration, strengthen

by science and technology, led by national projects, and adhere to tourism for the people.

Focusing on the annual theme of " New Development Paradigm of Tourism ", experts from different fields conducted a comprehensive analysis from different perspectives. Specifically involved in three aspects: First, under the new development background, how to construct the new development paradigm of tourism with the new development concept, how to promote the green and low-carbon transformation of tourism, how to grasp the opportunity of scientific and technological revolution, and how to explore development in adversity through new marketing methods, etc. Second, under the new development paradigm, what innovative measures have been and will be taken in the Beijing – Zhangjiakou region, the Guangdong – Hong Kong – Macao Greater Bay Area, Zhejiang and Shanghai Province in terms of ice and snow tourism, urban tourism, common prosperity and museum tourism? Thirdly, under the new development environment, travel agencies, hotels, tourist attractions, listed tourism companies are facing what kind of new development trends, etc. As the traditional advantageous section of *Tourism Green Book*, several reports are provided for readers who are interested in relevant markets development, including domestic tourism, inbound tourism, outbound tourism, Hongkong, Macau and Taiwan tourism and so on. Detailed data and systemic analysis can be found in these reports.

Keywords: Tourism Industry; Integration of Various Industries; High-quality Development

Contents

I General Report

Abstract: In 2021 , the global economy is showing an unbalanced recovery under the influence of COVID −19 epidemic. The recovery of the global tourism market is slow and its foundation is not solid. Economic and social policies providing support for the adjustment of China's development structure, tourism is accelerating to form a new development paradigm in China: Tourism has integrated into a comprehensive development layout of the 14th Five −Year Plan; Tourism has been guided to safety and health development by the pandemic while adhering to regular prevention and control measures; The recovery of tourism has been promoted toughly with the two-way adjustment of supply and demand; The new momentum of industry development has been stimulated by the innovation from digital economy; Integration of various industries has been conducive to the high-quality development of tourism; The historical and social value of Red Tourism has been highlighted more profoundly; The construction of ecological civilization has reached a new level driven by tourism; Opening-up of tourism has been deepened and improved. In 2022 , new trends and opportunities for industrial recovery of tourism should be grasped from perspectives of adapting better to

changes in market supply and demand, promoting the implementation of policies and guidelines of tourism, playing an exemplary and leading role of advantageous areas, and taking advantage of major events. During the 14th Five – Year Plan period, the high-quality development path of tourism includes to enhance market confidence, to broaden industrial integration, to strengthen science and technology empowerment, to be driven by national projects and to develop tourism for the interests of the people.

Keywords: High – Quality Development of Tourism; The 14th Five – Year Plan; New Development Paradigm

Ⅱ New Trends of Tourism Industry

G.2 Apply the New Development Philosophy to Create a New Tourism Development Paradigm

Wang Jiaying, Zhang Hui / 020

Abstract: During the 14th Five – Year Plan period, China has put forward the strategic deployment to build the new development paradigm of "dual circulation". As the one of important service industries and hAppiness industries, how should tourism meet the development requirements of building the new development paradigm? Based on the basic principles of economics and characteristics of the new tourism development stage, this paper analyses how to Apply the new development philosophy to create a new tourism development paradigm, from the perspectives of the demand side, the supply side and the development priority. Firstly, this paper focuses on how to create a new development paradigm of tourism demand side from the perspective of tourism market and tourism forms. Secondly, based on the new tourist supply development requirements of high-quality, convenience, innovation-driven, digitization and efficient management, this paper demonstrates the new development philosophy and new development paradigm of tourism supply-side reform. Finally, in order to drive tourism to serve national strategic deployment, this paper analyzes the new development philosophy and new development paradigm such as building a comprehensive tourism demonstration area within the county, expanding the influence of inbound tourism and improving the quality of the farm stay. This paper can provide useful references for promoting the tourism high-quality development and driving the integration of tourism into the national strategic deployment.

Keywords: "Dual Circulation"; the New Development Philosophy; New Development Paradigm; High-quality Development

G.3 Research on Comprehensively and Deeply Promoting the Green and Low-carbon Transformation of Tourism Industry

Jin Zhun, Song Changyao and Tao Zhihua / 035

Abstract: The strategic decisions of carbon peaking and carbon neutrality constitute an important base and prerequisite for China in the new development stage. Under the background of the "double carbon" strategy, tourism industry is facing new opportunities and challenges. It is necessary to accurately measure the overall level and depict the structure of carbon emissions in tourism industry of China. Besides, green low-carbon transformation of tourism has significant value in carbon peaking and carbon neutrality and can promote high-quality development of tourism industry. Focusing on the top design, circular economy system, technology innovation and market-oriented mechanism, comprehensive efforts should be made to speed up the process of tourism green low-carbon transformation, so as to promote the "double carbon" strategy and achieve the goal of high quality development of tourism industry.

Keywords: Tourism; Carbon Peaking; Carbon Neutrality; Green Development; High-quality Development

G.4 The Practical Exploration and Development Thinking of Tourism
Promoting Common Prosperity

—*Taking Zhejiang Province High Quality Development and
Construction of Common Prosperity Demonstration
Zone as an Example* *Wang Ying*, *Zhang Limin* / 046

Abstract: Common prosperity is endowed with new connotation in the
critical period when China is building a moderately prosperous society in an all-
round way and basically realizing socialist modernization. Zhejiang is a
demonstration area of China's high-quality development and construction of
common prosperity and tourism as an important channel of industrial poverty
alleviation, which plays a positive role in alleviating regional development
imbalance, narrowing the gap between urban and rural areas, optimizing social
distribution and promoting public service sharing. It is the new requirement of the
new era to explore the mechanism of Zhejiang tourism promoting common
prosperity, explore the new ideas and new paths of tourism development in the
new era of high-quality construction of common prosperity, strengthen the role of
tourism in the construction of spiritual common prosperity, create fair development
opportunities and explore the third distribution.

Keywords: Material and Spiritual Common Prosperity; Equitable
Development Opportunities; Third Distribution; High-quality Development

G.5 The Trend of Tourism Marketing in China: Exploring
Development in Adversity

Yang Yang, *Jiang Naipeng and Shen Han* / 058

Abstract: In the context of epidemic, China's tourism industry is still in a
turbulent external environment, posing many challenges to tourism

marketing. How to adopt effective marketing strategies to make the tourism industry grow in adversity is an urgent problem to be solved. By analyzing the opportunities and challenges faced by China's tourism industry, this paper makes an in-depth analysis of the new trend of China's tourism marketing, in order to provide reference for China's tourism industry to adapt to the new situation.

Keywords: Tourism Market; Marketing Trend; China Tourism; the Marketing Strategy

G. 6　Mode and Trend of Tourism Technology Innovation in the New Context in China

Song Changyao, Yin Tingting and Gu Jiaqian / 071

Abstract: With the recurring global pandemic and the new round of technological revolution, tourism development will usher in new development opportunities and challenges. Science and technology innovation is the source of economic growth and social progress, and the underlying variable that promotes tourism development. Digitization, integration, intelligence, virtualization, precision and efficiency have become the main engine of tourism development and the new momentum of high-quality development. This is manifested as the improvement of tourism resource integration, extension of tourism experience, the transformation of tourism marketing, quality ascension of tourism service, innovation of tourism commercial activities, and efficiency of tourism governance under the empowerment of science and technology. Faced with the unprecedented changes, technological innovation is the key to develop tourism industry. However, it is necessary to fully grasp the characteristics and rules of the development of tourism empowered by science and technology, cooperate in the complex competitive environment, and realize sustainable development under the guidance of cultural connotation.

Keywords: Tourism Market; Marketing Trend; China Tourism; the Marketing Strategy

III　New Structure of Regions

Abstract: The successful bid for the 2022 Winter Olympic Games has greatly promoted the development of ice and snow tourism in Beijing – Zhangjiakou region. The scale of ice and snow venues keeps expanding, and the number of participants in ice and snow tourism increases substantially. Snow and ice sport events are increasing, snow and ice featured events are becoming diversified. The construction of supporting facilities is constantly improving, the number of ice and snow tourism talent reserve is increasing. The driving role of ice and snow tourism is enhanced, and the linkage effect between Beijing and Zhangjiakou is initially emerging. However, the development of ice and snow tourism in Beijing and Zhangjiakou still faces some challenges in product supply, epidemic impact and regional coordination. Looking forward to the future, with the positive response to the epidemic impact, relying on the comparative advantages of cultural services and ice and snow facilities, as well as the deepening and solid coordinated development of Beijing – Tianjin – Hebei industries, the chain division of labor and cooperation pattern of the ice and snow industry will be accelerated, and the ice and snow tourism in Beijing and Zhangjiakou will usher in new growth.

Keywords: 2022 Winter Olympic Games; Beijing – Zhangjiakou; Ice and Snow Tourism; Beijing – Tianjin – Hebei

G.8 Research on the Conditions and Paths of City Walk

Development under the Guidance of the People's

City Concept

—*Practice from Shanghai* *Wu Wenzhi, Qiao Meng* / 095

Abstract: City walk originated in European countries and has been widely popular in China in recent years. It is an organized activity to enjoy urban landscape and architecture in the form of walking for the purpose of feeling urban history and culture. Urban construction under the guidance of the important concept of "people's city" in the new era provides new conditions for city walk, and also promotes city walk to become a new way of urban micro-tourism and door-leisure under the current Epidemic normalization prevention and control, which greatly meets the needs of the people for a better life. In leading the people's urban construction, Shanghai has created new conditions for city walk through urban renewal and fine management. Taking buildings that can be read and streets that can walk as the main path, Shanghai has vigorously developed city walk, so that local residents and foreign tourists can feel the urban temperature during hiking, which has a strong reference value for the development of other cities in China.

Keywords: People's City; City Walk; Practice in Shanghai

G.9 The Innovation of Host – Guest Sharing Urban

Leisure Tourism

—*A Case Study in the Guangdong – Hong Kong – Macao*

Greater Bay Area, China *Zhang Shumin, Wang Yong* / 109

Abstract: During the era of moderately prosperous tourism time, people are pursuing a higher level of demand for a better life, the upgrades of consumption are the driving force to advance this industry. Gradually, with the culture-tourism

integration, leisure-tourism integration and tourism-life integration, host-guest sharing is becoming a vital trend in the developing urban leisure tourism period. Host-guest sharing mode breaks the limitations of the traditional tourism. Residents and tourists share the same lifestyle of the destination. Firstly, the host-guest sharing model is building. Based on this model, the crucial requirements for the innovation of urban tourism are concluded and the solutions are put forward. Taking the Guangdong － Hong Kong － Macao Greater Bay Area as an example, the current development characteristics of urban leisure tourism in the Greater Bay Area are summarized. Furthermore, the main creative Approaches to co-build the Humanities Bay Area and the Leisure Bay Area employed by OCT, is the very practice case based on the host-guest sharing model.

Keywords: Host-guest Sharing, Urban Leisure; Leisure Tourism; the Guangdong － Hong Kong － Macao Greater Bay Area; OCT

G . 10 TheRole of Museums in Promoting Urban Tourism Development

—*With Cases of Beijing and other Cities*

Wang Yena, Song Rui / 123

Abstract: Driven by the integration of culture and tourism, museums play an increasingly important role in the development of urban tourism. Its role mainly includes five dimensions: rich functions of museum public cultural services urban cultural environment; museum services and spillover effects to promote the improvement of urban tourism public services; museum landmarks and radiation effects to shape urban image and brand; museum resources and cultural experience to stimulate the demand for Museum leisure tourism; and museum operation and multiplier effects to lead the development of tourism industry. In practice, it has gradually explored the Beijing model of "museum city" promoting global tourism, the Zhengzhou model of cultural and creative industry leading the economic development of cultural tourism, and the Suzhou model of Museum landmark building shaping the city brand and image. At the same time, under the background of the new era and the demand of tourism consumption, the museum also presents a new concept and trend of globalization, digitization, content and cross-border.

Keywords: Museum; Urban Tourism; Beijing; Cultural and Tourism Integration

Ⅳ New Developments of Tourism Sectors

G. 11 Persistence and Response of Travel Agency Industry
from 2021 to 2022 *Long Fei, Wu Jinmei* / 135

Abstract: 2021 is a more difficult year for China's travel agency industry. The travel agency industry adheres to difficulties and survives in seeking change. The inbound and outbound tourism business has not recovered yet. Although domestic tourism continues to recover, the growth rate of travel agency industry is slowing down, the overall operation effect is poor, the industry losses continue, some traditional travel agencies shut down and hibernate, the staff turnover rate continues to expand, the industry confidence is insufficient, and the survival problems are serious. The pilot work for paying the quality of travel service deposit with insurance, the action plan for strengthening the construction and management of tour guides and the special rectification action of operating travel agencies without permission have created a good environment for the development of travel agencies. Through the exploration of innovation and the perspective analysis of the industry dilemma, this paper puts forward the development direction of the travel agency industry in 2022, explores returning to the true value of service, decentralized business development, pan-centralized business development, paying attention to the in-depth development of micro vacation products and diversified management, etc.

Keywords: Travel Agency; Tourism; Micro Vacation

旅游绿皮书

G . 12   Foresight on the Development of the Hospitality Industry

under the Normalization of the Pandemic   *Sun Jian* / 149

Abstract: Since the outbreak of the Covid − 19 in 2020, it has had a huge impact on the hospitality industry worldwide. Under this situation, the hospitality industry in China and worldwide have had varying degrees of influences in different dimensions, also, there are different trends in the recovery and development of the hospitality industry. The China hospitality industry took a lot of steps positively under the Covid − 19. Including the Chinese government, industry association, and enterprises have all used various methods to help themselves to survive and develop. During this period, many enterprises have taken practical actions and practices that are worth learning from to serve important events under the Covid − 19. At the meanwhile, they have also sought new strategy of growth under the normalization of the pandemic.

Keywords: Normalization of Epidemic Prevention and Control; Hotel Industry; Hospitality Industry

G . 13   Opportunities and Challenges of Scenic Spots in the Era of

Micro − Vacation   *Zhao Lisong* / 161

Abstract: With the high-quality development of China's social economy and the continuous improvement of the vacation system, the tourism industry of China has a strong vitality and toughness. After the outbreak of COVID − 19, the "Micro − Vacation", a brand new tourism pattern, has changed the traditional tourism development mode with the characteristics of "short time, short journey and strong experience". In view of the current situation of smaller travel radius, higher frequency, vaguer intention and more play scenes, the scenic spots are facing a more fierce competition pattern. In addition, due to the lack of online development of scenic spots, they are also facing new challenges in designing products and making marketing strategies. In the future, scenic spots in the era of micro vacation need to innovate the product design and marketing mode of scenic spots in combination with the diversified scenes of local life; At the same time, making full use of digital technology for intelligent management; In addition, scenic spots need to strengthen the cooperation with the government, market-oriented platforms, tourists and other tourism subjects to form an "ecosystem", so as to promote the sustainable development of scenic spots in the era of micro vacation and realize multi-party value creation.

Keywords: Micro − Vacation; Smart Tourism; Tourism Localization; Improvement of Tourism Service Quality; Sustainable Development

G.14   How the opening of Universal Beijing Resort causes
the transition of China's theme park   *Wu Jinmei* / 173

Abstract: After 20 years of planning and construction, Universal Beijing Resort officially opened on 20 September, 2021, soon becoming the most popular theme tourist resort in China. The opening of it has triggered a series of changes in China's theme park market. Universal Beijing Resort has become the new icon in industry; the consumption upgrade due to the Covid − 19 brings new pattern of needs; top two theme parks lead to create a new development path; both international IP and domestic brand are taking part in to form the new trend; the leading position of China's IP has begun to take shape. Under the pandemic, the changes of supply and demand are transforming the market, which will deeply affect the future of China's theme park.

Keywords: Theme Park; Universal Studios; Tourist Resort

G . 15   Research on Rural TourismEconomy of Social Enterprise and
Symbiotic co – Rich Model

—*Mechanism Exploration and Typical Cases*

Chen Linlin , Wei Xiang and Chen Yijie / 184

Abstract: Social enterprises include profit maximization and villagers' welfare maximization into the target function, which can solve the problem of property rights separation and value discrete conflict existing in the rural economic development, and promote rural revitalization. This paper combines the typical cases in reality, explores and analyzes the operation mechanism of social enterprises and symbiotic co-rich development model, and gives the development suggestions to realize the sustainable and long-term development of rural areas.

Keywords: Social Enterprises; Symbiosis and Common Rich; Rural Tourism

G . 16   Trends of Tourism Industries from the Perspective of
Listed Companies   *Zhang Xi , Zhao Xin* / 197

Abstract: This paper attempts to observe the recovery and development trend of global tourism in the post epidemic era from the perspective of listed companies. Firstly, the paper compares the industry valuation level horizontally with the tourism sector index, which finds that there is an obvious differentiation between the valuation of emerging economies and developed economies. Further, this paper analyzes the operation of listed tourism companies from the financial aspects of operation fundamentals, liability structure and cash flow. Although the epidemic situation has recovered and improved to a certain extent, there is still a certain gap compared with the operation before the epidemic. Finally, from the perspective of the venture capital market and M & a market, the investment and financing activities of tourism industry are relatively active.

Keywords: Listed Companies; Normalization of Epidemic Prevention and Control; Tourism

V Markets Analysis and Hongkong, Macau & Taiwan Tourism

G.17 The Overview and Prospect of China's domestic Tourism

Development (2021 −2022)　　　　　*Huang Huang / 210*

Abstract: affected by the epidemic of COVID −19, the number of domestic tourists and domestic tourism income decreased to a large extent in 2020 compared with 2019, and the per capita spending on domestic tourism decreased slightly. Urban residents are the main tourist market in China, while the eastern region accounts for more than half of the tourist market. In the past ten years, the development gap between the eastern, central and western regions of China has been narrowing, showing a trend of convergence, while the gap between the Northeast and the other three regions has gradually widened. In 2021, the tourism industry has gradually recovered, the production and operation of tourism enterprises have improved, and tourism investment has maintained the momentum of recovery. In 2022, domestic tourism is expected to continue the development momentum of 2021, and the tourism economy will maintain the general tone of seeking progress in the midst of stability.

Keywords: Domestic Tourism; Tourist Source; Tourist Destination; Tourism Flow

G.18 The Overview and Prospect of China's Inbound Tourism

Development (2020 −2021)　　　　　*Liu Xiangyan / 229*

Abstract: Under the Covid −19, the inbound tourism in China experienced unprecedented decrease. Although the situation was a little better in 2021, the gap

with the level before the epidemic is still huge. With the improvement of the internal and external environment, we may see a higher possibility to restart inbound tourism in China. Under influences of Covid – 19, the competitive competitive landscape faced by China inbound tourism has changed. It is crucial to; experimentally explore the restart mode of tourism.

Keywords: Inbound Tourism; Epidemic Impact; Tourism Restarting

Abstract: China's outbound tourism in 2021 is still at a low level under the pandemic, seeking certainty amid uncertainty. Although China's outbound tourism in the future will face the "super long" stress test under the normalization of pandemic prevention and control, it is also benefiting from the new pattern of "dual circulation" and is gathering new development momentum. The opening and recovery of China's outbound tourism in 2022 depends on the recognition and bridging of the two "gaps". The main tone is that the opening process is safe and controllable. If conditions permit, it is necessary to actively explore the possibility of experimental opening and actively prepare for accessible recovery.

Keywords: Outbound Tourism; Inbound Tourism; Tourism

Abstract: Hong Kong is a business and leisure tourism destination globally, and the number of international arrivals positively influences the city's tourism prosperity. However, Hong Kong's inbound tourism market has been struggling for nearly two years due to restrictions regarding international travel caused by the

COVID − 19 from early 2020. This report primarily inspected the situation of Hong Kong's tourism in 2021 under the pandemic. Second, supportive measures for alleviating the woe of Hong Kong's tourism industry from key stakeholders were summarized. Finally, the outlook of Hong Kong's tourism market was prospected, and suggestions were addressed accordingly.

Keywords: Hong Kong; Tourism Industry; COVID −19

G.21　The Overview and Prospect of Macau's Tourism Development (2021 −2022) *Tang Jizong / 262*

Abstract: The economic recovery of the Macao Special Administrative Region is slow, and the inbound tourism market is still plagued by sporadic epidemics. In 2021, Macau's inbound tourism market was gradually recovering from the bottom of 2020. However, it is expected that it will be continued to be affected by the epidemics till 2022. The consumption behavior of tourists has changed during epidemics. Some of them may be short-term, and some may last for a longer period of time. In addition, the performance of the main industries in the inbound tourism market hit the bottom of the epidemic last year (2020) and has still not been able to get out of the haze. After nearly 20 years of rapid development, under the new situation, the Macau inbound tourism market has reached a time when it must undergo substantial adjustments.

Keywords: Macao; Economic; Inbound Tourism; Hengqin − Macao In-depth Cooperation Zone; Gastronomy Tourism

G.22 The Overview and Prospect of Taiwan Tourism Development (2020 -2022)

Huang Fucai, Chen Wuxiang / 282

Abstract: From 2020 to 2021, the biggest dilemma facing Taiwan's tourism development is the tremendous impact of COVID - 19. Taiwan tourism department has launched "Taiwan Sustainable Tourism Development Plan" and "Taiwan Tourism 2025 Plan", together with implementation measures, in an attempt to boost Taiwan's tourism industry. Hit hard by the COVID - 19 pandemic, the total number of visitors to Taiwan fell dramatically. Mainland residents made only 70,000 visits to Taiwan in the first three months of 2020, and none from March to September 2021. Despite the stagnation of inbound and outbound tourism, relevant departments of Taiwan have taken subsidies and other measures in an attempt to promote domestic tourism. However, the total number of inbound tourists and total expenses still decreased in 2020. The foundation of Taiwan's tourism industry has been unprecedentedly impacted. In order to fight the epidemic and survive, the Taiwan authorities have introduced measures such as epidemic prevention and control and rescue subsidies, but the promotion effect on the tourism industry is very limited at the present stage. All sectors and businesses in Taiwan are eagerly looking forward to the victory of the fight against the epidemic, but due to the ideological constraints of the Taiwan authorities, vaccines are difficult to solve, and there is still a long way to go before the tourism industry recovers. After the epidemic is lifted, Taiwan's tourism industry will face the arduous task of restoring the severely disrupted tourism service system.

Keywords: Taiwan Tourism; Prevention and Control COVID - 19; Tourism Market ; Tourism Recovery

权威报告·连续出版·独家资源

皮书数据库
ANNUAL REPORT(YEARBOOK)
DATABASE

分析解读当下中国发展变迁的高端智库平台

所获荣誉

- 2020年，入选全国新闻出版深度融合发展创新案例
- 2019年，入选国家新闻出版署数字出版精品遴选推荐计划
- 2016年，入选"十三五"国家重点电子出版物出版规划骨干工程
- 2013年，荣获"中国出版政府奖·网络出版物奖"提名奖
- 连续多年荣获中国数字出版博览会"数字出版·优秀品牌"奖

皮书数据库　　　　"社科数托邦"
　　　　　　　　　微信公众号

成为会员

　　登录网址www.pishu.com.cn访问皮书数据库网站或下载皮书数据库APP，通过手机号码验证或邮箱验证即可成为皮书数据库会员。

会员福利

- 已注册用户购书后可免费获赠100元皮书数据库充值卡。刮开充值卡涂层获取充值密码，登录并进入"会员中心"—"在线充值"—"充值卡充值"，充值成功即可购买和查看数据库内容。
- 会员福利最终解释权归社会科学文献出版社所有。

数据库服务热线：400-008-6695
数据库服务QQ：2475522410
数据库服务邮箱：database@ssap.cn
图书销售热线：010-59367070/7028
图书服务QQ：1265056568
图书服务邮箱：duzhe@ssap.cn

社会科学文献出版社 皮书系列
SOCIAL SCIENCES ACADEMIC PRESS (CHINA)
卡号：11182328754l
密码：

S 基本子库
UB DATABASE

中国社会发展数据库（下设 12 个专题子库）

紧扣人口、政治、外交、法律、教育、医疗卫生、资源环境等 12 个社会发展领域的前沿和热点，全面整合专业著作、智库报告、学术资讯、调研数据等类型资源，帮助用户追踪中国社会发展动态、研究社会发展战略与政策、了解社会热点问题、分析社会发展趋势。

中国经济发展数据库（下设 12 专题子库）

内容涵盖宏观经济、产业经济、工业经济、农业经济、财政金融、房地产经济、城市经济、商业贸易等 12 个重点经济领域，为把握经济运行态势、洞察经济发展规律、研判经济发展趋势、进行经济调控决策提供参考和依据。

中国行业发展数据库（下设 17 个专题子库）

以中国国民经济行业分类为依据，覆盖金融业、旅游业、交通运输业、能源矿产业、制造业等 100 多个行业，跟踪分析国民经济相关行业市场运行状况和政策导向，汇集行业发展前沿资讯，为投资、从业及各种经济决策提供理论支撑和实践指导。

中国区域发展数据库（下设 4 个专题子库）

对中国特定区域内的经济、社会、文化等领域现状与发展情况进行深度分析和预测，涉及省级行政区、城市群、城市、农村等不同维度，研究层级至县及县以下行政区，为学者研究地方经济社会宏观态势、经验模式、发展案例提供支撑，为地方政府决策提供参考。

中国文化传媒数据库（下设 18 个专题子库）

内容覆盖文化产业、新闻传播、电影娱乐、文学艺术、群众文化、图书情报等 18 个重点研究领域，聚焦文化传媒领域发展前沿、热点话题、行业实践，服务用户的教学科研、文化投资、企业规划等需要。

世界经济与国际关系数据库（下设 6 个专题子库）

整合世界经济、国际政治、世界文化与科技、全球性问题、国际组织与国际法、区域研究 6 大领域研究成果，对世界经济形势、国际形势进行连续性深度分析，对年度热点问题进行专题解读，为研判全球发展趋势提供事实和数据支持。

法律声明